中国企业会计制度设计

周晓娟 孙亚宁 著

化学工业出版社

·北京·

本书是一部介绍企业内部会计制度设计知识的著作，主要内容包含企业内部会计制度设计概述、会计核算形式设计、财务会计报告内部会计制度设计、货币资金业务内部会计制度设计、采购业务内部会计制度设计、销售业务内部会计制度设计、存储业务内部会计制度设计、固定资产业务内部会计制度设计。本书可供企业财会人员阅读使用。

图书在版编目（CIP）数据

中国企业会计制度设计/周晓娟，孙亚宁著. —北京：化学工业出版社，2017.12（2020.9重印）
ISBN 978-7-122-31302-7

Ⅰ. ①中…　Ⅱ. ①周…②孙…　Ⅲ. ①企业管理-会计制度-中国　Ⅳ. ①F279.23

中国版本图书馆 CIP 数据核字（2017）第 319518 号

责任编辑：满悦芝　　装帧设计：张　辉
责任校对：边　涛

出版发行：化学工业出版社（北京市东城区青年湖南街 13 号　邮政编码 100011）
印　　装：涿州市般润文化传播有限公司
787mm×1092mm　1/16　印张 13　字数 318 千字　2020年 9 月北京第 1 版第 2 次印刷

购书咨询：010-64518888　　售后服务：010-64518899
网　　址：http：//www.cip.com.cn
凡购买本书，如有缺损质量问题，本社销售中心负责调换。

定　　价：58.00 元　

前 言

随着改革开放的不断深入，企业会计制度设计的研究已成为财经界的热门话题，引起了人们的广泛关注，本书旨在能够丰富与拓展企业会计制度设计中的内涵与外延，为财经类专业从业人才的培养略尽绵薄之力。

本书对我国企业及区域经济特点和行业需求进行了充分调查研究，力求内容丰富、概念清晰，深入浅出地介绍基本理论知识，并辅以大量的各具体分项会计制度的业务流程，有关原始凭证、记账凭证、会计账簿、会计报表等表格的设计；能够帮助读者加深理解有关授权批准、不相容职务分离等内部控制制度及有关业务处理方法。通过本书的介绍，使读者一方面能够很快上手从事会计工作；另一方面能够发现实际会计工作中企业内部会计制度存在的问题，提出改进的意见和建议。本书构建的新体系以技术技能培养为主，遵循易学、易用原则，强调以能力为本位，符合企业对会计从业人员的能力要求。本书还创新内容呈现形式，推进“任务驱动”“项目化”、工作过程导向的研究模式。

全书由周晓娟、孙亚宁撰写，具体分工如下。

第三、第四、第六、第七、第八、第九、第十章由周晓娟（盘锦职业技术学院）编写；第一、第二、第五章由孙亚宁（中国联合网络通信有限公司盘锦市分公司）编写；周晓娟负责拟定编写提纲并对全书进行修改、定稿。

本书的顺利完成，得益于众多同行专家的支持和帮助，特别是在编写过程中得到辽宁沈阳万工科技有限公司、盘锦市烟草公司、中国联合网络通信有限公司盘锦市分公司、盘锦市北方缝制品有限公司等多家企业的大力支持和帮助，在此对大家表示衷心的感谢。

由于笔者水平有限，书中不妥之处在所难免，恳请读者见谅并提出意见。本书将不断改进并完善，进一步提高质量，突显特色，从而更好地为读者服务。欢迎同行们和广大读者批评指正。

著者

2018 年 3 月

目 录

第一章　企业内部会计制度设计概述 …… 1

一、会计与会计制度 …… 1

（一）会计的概念 …… 1

（二）会计机构及人员 …… 2

（三）会计对象 …… 2

（四）会计规范 …… 2

（五）会计手段及方法 …… 2

（六）会计目标 …… 2

（七）会计主体 …… 2

（八）会计职能 …… 3

（九）会计制度 …… 3

二、企业内部控制制度 …… 5

（一）企业内部控制制度的发展 …… 6

（二）企业内部控制的含义 …… 7

（三）企业内部控制的目标 …… 8

（四）内部控制的原则 …… 8

（五）内部控制的构成要素 …… 9

（六）内部控制的制约因素 …… 14

三、企业内部会计制度设计 …… 16

（一）会计制度设计的概念 …… 16

（二）企业内部会计制度设计的目标 …… 16

（三）企业内部会计制度设计的原则 …… 16

（四）企业内部会计制度设计的基本内容 …… 16

（五）企业内部会计制度设计的基本过程 …… 17

（六）企业内部会计制度设计的基本要求 …… 18

（七）会计制度设计的基本方法 …… 19

第二章　会计机构和会计人员设置 …… 25
一、会计机构的设置 …… 25
（一）设置会计机构的原则 …… 25
（二）设置会计机构 …… 26
（三）在有关机构中设置会计人员 …… 27
（四）代理记账 …… 27
（五）独立财务机构的设置 …… 28
二、会计人员的配备 …… 29
（一）配备会计人员的原则 …… 29
（二）对会计人员的基本要求 …… 30
（三）会计人员职业道德 …… 31
（四）总会计师的设置 …… 32
（五）会计机构负责人的设置 …… 33
（六）会计人员从业资格 …… 34
（七）会计人员继续教育 …… 36
（八）会计专业技术资格及考试 …… 38
三、会计机构及有关人员职责 …… 39
（一）会计机构与会计人员的基本职责 …… 39
（二）有关人员的职责 …… 41
四、会计工作交接制度 …… 48
（一）会计工作交接意义 …… 48
（二）要办理会计工作交接的情形 …… 48
（三）会计工作交接前的准备工作 …… 48
（四）会计工作交接移交点收 …… 49
（五）会计工作交接的监交 …… 49
（六）会计工作交接后的有关事宜 …… 50
（七）会计工作交接移交后的责任 …… 50
第三章　会计科目、会计凭证、会计账簿设计 …… 51
一、会计科目设计 …… 51
（一）会计科目及账户 …… 51
（二）设置会计科目及账户的意义 …… 52
（三）会计科目及账户的分类 …… 52
二、会计科目的具体设计 …… 55
（一）会计科目及账户设计的原则 …… 56
（二）会计科目及账户设计的调查 …… 57
（三）会计科目一览表设计 …… 57
（四）会计科目使用说明书设计 …… 66
三、会计凭证设计 …… 67
（一）会计凭证的意义 …… 67
（二）会计凭证的种类 …… 68
四、原始凭证的设计 …… 72
（一）原始凭证的设计原则 …… 72
（二）原始凭证设计的调查 …… 73
（三）原始凭证的具体设计 …… 74

（四）原始凭证的设计说明 …… 75
五、记账凭证设计 …… 75
（一）记账凭证的设计原则 …… 76
（二）记账凭证设计的调查 …… 76
（三）记账凭证的设计 …… 77
（四）记账凭证的设计说明 …… 78
（五）记账凭证的种类及格式设计举例 …… 78
六、会计账簿设计 …… 85
（一）会计账簿的意义 …… 85
（二）会计账簿的种类 …… 85
（三）会计账簿设计的基本原则 …… 86
（四）会计账簿设计的调查 …… 87
七、会计账簿的具体设计 …… 88
（一）会计账簿构成的基本要素 …… 88
（二）会计账簿种类及格式设计 …… 88
（三）日记账的设计 …… 89
（四）分类账簿的设计 …… 92
（五）备查账簿的设计 …… 98
第四章　会计核算形式设计 …… 100
一、会计核算形式设计概述 …… 100
（一）会计核算形式的意义 …… 100
（二）会计核算形式的形成过程 …… 101
（三）会计核算形式的种类及特点 …… 103
二、会计核算形式具体设计 …… 106
（一）会计核算形式设计的原则 …… 106
（二）会计核算形式设计的调查 …… 107
（三）改进会计核算形式设计的几项措施 …… 108
（四）会计核算形式业务流程设计 …… 110
三、科目汇总表会计核算形式业务处理流程的具体控制与处理方法的说明 …… 115
（一）原始凭证的填制和取得 …… 115
（二）原始凭证的审核 …… 116
（三）记账凭证的填制 …… 116
（四）记账凭证的审核 …… 117
（五）会计科目汇总 …… 117
（六）会计账簿的登记 …… 117
（七）会计档案的保管 …… 120
第五章　财务会计报告内部会计制度设计 …… 122
一、财务会计报告设计 …… 122
（一）会计报表的意义 …… 122
（二）会计报表的种类 …… 123
（三）会计报表的基本内容 …… 124
（四）财务会计报告业务可能发生的风险及应对控制措施 …… 124
二、财务会计报告内部会计制度具体设计 …… 125
（一）财务会计报告业务流程设计 …… 125

（二）货币资金业务基本业务流程的授权批准控制制度 …… 131
（三）财务会计报告基本业务流程的不相容职务分离控制制度 …… 132
（四）财务会计报告业务的表格设计 …… 132
（五）财务会计报告业务处理流程具体控制与处理方法（会计报表编制）的说明 …… 138
（六）内部会计报表的设计 …… 143

第六章 货币资金业务内部会计制度设计 …… 147

一、货币资金业务内部会计制度设计概述 …… 147
（一）货币资金业务的内容及其特点 …… 147
（二）货币资金业务可能发生的风险及应对控制措施 …… 147
（三）货币资金业务内部会计制度具体设计基本要求 …… 148
二、货币资金业务内部会计制度具体设计 …… 150
（一）货币资金业务流程设计 …… 150
（二）货币资金业务基本业务流程的授权批准控制制度 …… 154
（三）货币资金基本业务流程的不相容职务分离控制制度 …… 157
（四）货币资金业务的表格设计 …… 158
（五）货币资金业务处理流程的具体控制与处理方法的说明 …… 162
（六）货币资金业务涉及的会计科目使用说明书设计 …… 165

第七章 采购业务内部会计制度设计 …… 167

一、采购业务内部会计制度设计概述 …… 167
（一）采购业务的内容及特点 …… 167
（二）采购业务可能发生的风险及应对控制措施 …… 168
二、采购业务内部会计制度具体设计基本要求 …… 168
三、采购业务内部会计制度具体设计表格示例 …… 171

第八章 销售业务内部会计制度设计 …… 176

一、销售业务内部会计制度设计概述 …… 176
（一）销售业务的内容及其特点 …… 176
（二）销售业务可能发生的风险及应对控制措施 …… 177
二、销售业务内部会计制度具体设计基本要求 …… 177
三、销售业务内部会计制度具体设计表格示例 …… 181

第九章 存储业务内部会计制度设计 …… 183

一、存储业务内部会计制度设计概述 …… 183
（一）存储业务的内容及其特点 …… 183
（二）存储业务可能发生的风险及应对控制措施 …… 183
二、存储业务内部会计制度具体设计基本要求 …… 184
三、存储业务内部会计制度具体设计表格示例 …… 186

第十章 固定资产业务内部会计制度设计 …… 191

一、固定资产业务内部会计制度设计概述 …… 191
（一）固定资产业务的内容及其特点 …… 191
（二）固定资产业务可能发生的风险及应对控制措施 …… 192
二、固定资产业务内部会计制度具体设计基本要求 …… 192
三、固定资产业务内部会计制度具体设计表格示例 …… 196

参考文献 …… 199

第一章　企业内部会计制度设计概述

一、会计与会计制度

（一）会计的概念

在我国，对会计的认识具有多种观点，比较具有代表性的观点有三种，即管理活动论、信息系统论和综合论。

管理活动论认为："会计是对各单位（会计主体）的经济活动，主要运用货币形式，借助于专门的方法和程序，进行核算、监督，产生一系列财务信息和其他经济信息，旨在提高经济效益的一项具有核算和控制职能的管理活动。"

信息系统论认为："会计是旨在提高微观经济效益，加强经济管理，而在企业（单位）范围内建立的一个以提供财务信息为主的经济信息系统。这个系统主要用来处理各单位的资金运动（价值运动）所产生的数据，而后把它加工成有助于决策的财务信息和其他信息。"

综合论认为：从系统论的观点出发，会计是一个系统。概括地说，会计是运用价值形式，借助于专门的方法，对企业（单位）的经济业务所进行的过程控制和观念总结；具体地说，会计就是特定机构及人员以货币为主要计量单位，遵循一定的法律、法规和制度，采用一定的手段及方法，旨在加强经济管理和提高经济效益的、对特定单位的经济业务进行核算与监督的系统。

会计作为一个系统具有双重含义，一方面它是一个信息系统，另一方面它又是一个管理系统，二者是相辅相成、密切结合。从信息处理的角度，强调其数据处理的功能，将会计系统称为会计信息系统，但这并不排斥也不应排斥会计系统具有管理功能；同样，从管理的角度，强调其管理的功能，将会计称为管理活动或会计管理系统，这也不排斥也不应排斥会计系统具有数据处理功能。会计管理是利用会计信息来进行的，会计系统在履行管理功能过程中，同时也进行信息处理工作，即在管理过程中同时对数据进行收集、加工、传递、存储、输出等处理工作；同样，会计系统在执行数据处理过程中，同时进行管理工作，即通过对各种数据处理并利用其产生的信息来实现管理的预测、决策、计划、组织、指挥、协调、控制等具体功能。

会计是一个系统，会计系统从构成上看，包括以下几个部分：会计机构及人员，会计对象，会计规范，会计手段及方法，会计目标，会计主体，会计职能。

（二）会计机构及人员

表述中的特定机构及人员就是会计的机构及会计人员。会计机构是各单位组织领导和办理会计事务的职能机构。会计人员就是取得会计从业资格证书、从事会计工作、履行会计职能的专业人员。

（三）会计对象

表述中的以货币为主要计量单位的特定单位的经济业务就是会计的对象。会计对象是以货币为计量单位表现的经济活动；会计的对象是会计核算与监督的内容。从动态的角度上说会计对象就是资金运动，它包括资金的筹集和运用、资金的耗费、资金的收入和分配；从静态的角度上说会计对象就是会计要素，会计要素是构成会计报表的基本因素，它是会计对象的具体化，它包括资产、负债、所有者权益、收入、费用、利润。

（四）会计规范

表述中的遵循一定的法律、法规和制度就是会计规范。会计规范就是会计工作所遵循的各种规范，即广义上的会计法律，包括狭义会计法律、行政法规、地方法规、规章、规范性文件、国家统一会计制度、企业内部会计制度。

（五）会计手段及方法

会计以不同技术手段来划分，可以分为：以计算机为主要技术手段的会计，即电算化会计；以手工处理为主要技术手段的会计，即相对称为手工会计。会计方法主要包括以下几种。

① 会计预测方法，主要有本量利预测法、趋势预测法和回归分析预测法等。

② 会计决策方法，主要有短期决策方法和长期决策方法等。

③ 会计计划方法，主要有资金、成本、利润计划的编制方法。

④ 会计控制方法，主要有政策、计划、预算、制度控制等。

⑤ 会计核算方法，主要有设置科目和账户、复式记账、编制和审核原始凭证、登记账簿、成本计算、财产清查、编制会计报表等确认、计量、记录、报告方法。

⑥ 会计检查方法，主要有会计凭证的检查、会计账簿的检查和会计报表的检查。

⑦ 会计分析方法，主要有比较法、因素分析法和平衡分析法等。

（六）会计目标

表述中的加强经济管理和提高经济效益就是会计目标，会计目标具体包括及时、准确、真实、完整地提供会计信息，加强管理，提高经济效益。

（七）会计主体

表述中的特定单位就是会计主体，会计主体就是会计工作为之服务的特定单位，它具体地说可以是企业，也可以是行政事业单位。因而会计有企业会计、行政事业单位会计等。

（八）会计职能

表述中的核算与监督就是会计职能。会计职能就是会计本身所具有的、客观存在的功能，会计基本职能包括会计核算和会计监督。

会计核算就是以货币作为计量单位，对经济活动进行完整、连续、系统、全面、综合的记录、计算、分类、汇总和报告，为管理提供有用信息。从广义的角度上说，会计核算这一基本职能，实际上就是说明会计是一个信息系统，它主要是对财务数据进行处理，为管理提供有用信息。从广义的角度出发，会计核算这一基本职能随着会计的发展可以具体分为：事前核算，即预测分析、决策分析、计划编制、定额制订；事中核算，即日常核算，主要对已发生的经济业务进行核算，也就是通常所说的记账、算账、报账；事后核算，即财务分析。目前习惯上将会计的日常核算称为会计核算，这种认识实际上是对会计核算的一种狭义的认识。

会计监督是以价值的形式，对经济活动加以限制、促进、指导和考核，使之符合规定的要求，达到预期的目标。同样，从广义的角度上说，会计监督这一基本职能实际上就是说明会计是一个管理系统，它主要是对财务活动进行有效的控制，实现提高经济效益的目的。从广义的认识角度出发，会计监督这一基本职能随着会计的发展可以划分为：事前监督，即预测、决策、计划、组织；事中监督，即指挥、控制；事后监督，即协调。

会计这两项职能是相辅相成、密切结合的。核算是基础，监督需要核算，是在核算中进行监督，也是在监督中进行核算。监督与核算只是在理论上进行一种抽象的职能划分，实际工作中二者是紧密结合在一起进行的。由于核算与监督的这种关系，从广义的认识角度上说，会计系统具有双重含义，一方面是一个信息系统，另一方面也是一个管理系统。

（九）会计制度

1. 会计制度概念

会计制度是进行会计工作的具体操作性规范。会计制度包括国家统一的会计制度和企业（单位）内部会计制度。狭义的会计制度仅指企业（单位）内部会计制度。本书所称会计制度，主要是指企业内部会计制度。会计制度是会计规范的重要组成部分。

2. 我国会计规范体系

我国会计规范体系包括狭义会计法律、行政法规、地方法规、规章、规范性文件、国家统一会计制度、企业内部会计制度。会计规范体系由于其效力是逐级降低的，所以又称会计法律级次。

① 会计法律。广义的会计法律是指国家权力机关、行政机关、企业（单位）制定的各种会计规范的总称，即包括会计规范体系的狭义会计法律、行政法规、地方法规、规章、规范性文件、国家统一会计制度、企业内部会计制度的全部内容。广义的会计法律也称为广义的会计规范性文件。

狭义的会计法律是指国家最高权力机关——全国人民代表大会及其常务委员会经过一定立法程序制定、颁布实施的会计规范。

如《中华人民共和国会计法》（以下简称《会计法》）和《中华人民共和国注册会计师法》是由全国人民代表大会常务委员会通过的，属于狭义的会计法律。

② 会计行政法规。会计行政法规是由国家最高行政管理机关——国务院制定发布或者由国务院有关部门拟定经国务院批准发布的会计规范。

如《总会计师条例》和《企业财务会计报告条例》是由国务院发布的，属于会计行政法规。

③ 会计地方性法规。会计地方性法规是由省、自治区、直辖市、计划单列市、经济特区的人民代表大会及其常务委员会在与宪法、会计法律、会计行政法规不相抵触前提下，根据本地区情况制定发布的会计规范。

如《黑龙江省了会计管理条例》是由黑龙江省人民代表大会常务委员会制定发布的，属于会计地方性法规。

④ 会计规章与规范性文件。会计规章与规范性文件是由国务院各行政管理部门或地方人民政府就会计工作中的某些方面的内容制定的会计规范。

会计规章与规范性文件有部门会计规章与规范性文件和地方会计规章与规范性文件。

国务院发布的《规章制定程序条例》规定：部门规章由国务院部门组织起草，地方政府规章由省、自治区、直辖市和较大的市的人民政府组织起草；国务院部门可以确定规章由其一个或者几个内设机构或者其他机构具体负责起草工作，也可以确定由其法制机构起草或者组织起草；省、自治区、直辖市和较大的市的人民政府可以确定规章由其一个部门或者几个部门具体负责起草工作，也可以确定由其法制机构起草或者组织起草。起草规章可以邀请有关专家、组织参加，也可以委托有关专家、组织起草。

国务院发布的《规章制定程序条例》规定：部门规章应当经部务会议或者委员会会议决定；地方政府规章应当经政府常务会议或者全体会议决定；法制机构应当根据有关会议审议意见对规章草案进行修改，形成草案修改稿，报请本部门首长或者省长、自治区主席、市长签署命令予以公布。

广义的规范性文件就是广义的法律。狭义的规范性文件，一般是指除法律、行政法规、规章外，各级行政主体依据法定职权制定发布的，对管理相对人的权利和义务具有普遍约束力并可以反复适用的行政公文。

狭义的规范性文件制定主体必须是行政机关和法律、法规授权的具有管理公共事务职能的组织才有权制定规范性文件，这些有行政职权的单位又称为行政主体。例如各级党组织、各级人民政府及其所属工作部门、人民团体、社团组织、企事业单位、法院、检察院等。国家行政机关制定行政法规和规章以外的行政规范性文件的行为，法律上称之为抽象行政行为。

狭义的规范性文件具有外部性特点，文件的内容涉及或者影响管理相对人的权利义务，而不是单纯规定行政机关内部事务，管理相对人可以是公民、法人或者其他组织等。狭义的规范性文件一定是向下行文，上行文、平行文不属于狭义的规范性文件。行政机关制定的内部管理制度、技术操作规程、人事任免决定不属于狭义的规范性文件。

狭义的规范性文件具有普遍适用性特点，文件作出的规定对不特定多数管理相对人都适用，而不是只适用于特定的个别管理相对人。

狭义的规范性文件具有反复适用性特点，文件作出的规定，在这个文件生效以后至失效之前的整个时间段内，对同类事项都有效，而不是只用一次。对具体事项的通报、通知以及行政处理决定等文件，不属于狭义的规范性文件。

目前我国会计规章与规范性文件主要是由国务院主管会计工作的行政部门——财政部就会计工作中的某些方面的内容制定的。但也有国务院其他行政部门和地方政府及部门制定的。

会计规章与规范性文件中由国务院主管会计工作的行政部门——财政部制定的会计规范又称为国家统一的会计制度。国家统一的会计制度，是指国务院财政部门根据会计法制定的关于会计核算、会计监督、会计机构和会计人员以及会计工作管理的制度。

国家统一的会计制度具有以下基本特征：制定的主体是法定的，国家统一的会计制度由国务院财政部门制定；制定的内容是法定的，国家统一的会计制度是关于会计核算、会计监督、会计机构和会计人员以及会计工作管理的制度；实施的范围是法定的，国家统一的会计制度在全国范围统一实行。

国家统一的会计制度包括规章和规范性文件。如《财政部门实施会计监督办法》《会计从业资格管理办法》《企业会计准则——基本准则》《代理记账管理办法》是由财政部制定、财政部长签署命令形式发布的，属于规章性国家统一的会计制度；如《企业会计制度》《金融企业会计制度》《小企业会计制度》《企业会计准则第 1 号——存货》等 38 项具体准则、《企业会计准则——应用指南》《会计基础工作规范》《企业会计准则解释第 1 号》《企业会计准则解释第 2 号》、财政部与国家档案局联合发布的《会计档案管理办法》、财政部会同证监会、审计署、银监会、保监会制定的《企业内部控制基本规范》《企部控制应用指引第 1 号——组织架构》等 18 项应用指引、《企业内部控制评价指引》《企业内部控制审计》是由财政部以文件形式印发的，属于规范性文件性国家统一的会计制度。

⑤ 企业（单位）内部会计制度。企业（单位）会计制度是各个企业（单位）进行会计工作的具体操作性规范。

企业（单位）内部会计制度是企业（单位）根据会计法律、会计法规、会计规章、会计规范性文件及国家统一的会计制度，结合具体企业（单位）实际制定的会计工作的规范。

3. 会计法律制度的分类

① 综合类。《会计法》《会计基础工作规范》等。

② 会计核算类。《企业会计准则》《企业会计制度》等。

③ 会计人员类。《会计从业资格管理办法》《会计专业技术资格考试实施办法》《会计人员继续教育规定》等。

④ 会计监督类。《财政部门实施会计监督办法》等。

⑤ 会计中介机构类。《会计师事务所审批和监督暂行办法》《注册会计师注册办法》、《代理记账管理办法》等。

⑥ 其他会计类。《会计档案管理办法》《企业内部控制基本规范》等。

二、企业内部控制制度

企业内部控制制度包含企业内部会计制度和企业内部管理控制（或称企业内部业务控制）两个部分，企业内部会计制度是企业内部控制制度的一部分。企业内部控制制度也称企业内部控制。

（一）企业内部控制制度的发展

1. 企业内部控制发展基本过程

（1）内部牵制阶段（会计系统牵制） 内部牵制思想以账目间的相互核对为主要内容并实施岗位分离，这在早期被认为是确保所有账目正确无误的一种理想控制方法。我国系统的内部控制制度建设是在有了《会计法》之后。1999 年修订的《会计法》第一次以法律的形式对建立健全内部控制提出原则要求，财政部随即连续制定发布了《内部会计控制规范——基本规范》等 7 项内部会计控制规范。美国于 1934 年出台的《证券法》类似我国的《会计法》，对内部控制进行了规范。

（2）内部控制制度阶段 内部控制制度思想认为内部控制应分为内部会计控制和内部管理控制（或称内部业务控制）两个部分，前者在于保护企业资产、检查会计数据的准确性和可靠性，后者在于提高经营效率、促使有关人员遵守既定的管理方针。由内部牵制逐渐演变为涉及组织结构、岗位职责、业务程序、处理手续等因素构成的制度阶段。这一观点是 1958 年 AICPA 发布的第 29 号审计程序公告《独立审计人员评价内部控制的范围》提出的。

（3）内部控制结构阶段 企业的内部控制结构包括为合理保证企业特定目标的实现而建立的各种政策和程序，并且明确了内部控制结构的内容为控制环境、会计系统和控制程序三个要素，首次提出控制环境。该观点是 1988 年 AICPA 发布的《审计准则公告第 55 号》中提出的，我国 1997 年实施的《独立审计具体准则第 9 号——内部控制与审计风险》套用了这一理论。

（4）内部控制框架阶段（COSO 报告） 内部控制框架包括控制环境、风险评估、控制活动、信息与沟通、监控五个相互联系的要素。这是美国资助组织委员会在 1992 年发布的《内部控制——整体框架》的报告中提出的。20 世纪 90 年代开始的内部控制综合框架是由美国反对虚假财务报告委员会的发起组织委员会（COSO）于 1992 年 9 月发布的。

COSC 报告无疑提供了一个具有广泛适用性的内部控制框架，受到世界各国理论界和实务界的广泛关注，我国亦然。但在我国，实务界在搞中国特色的内部控制，而理论界似乎整个地被 COSO 报告给征服了，一味肯定无半点微词。其实，COSO 报告对如何设计和执行内部控制制度关注不够。或许，它更多地站在审计立场考虑如何理解和评价现存的或正在运行着的内部控制制度。

（5）内部控制在适应企业内部管理需求与外部监管要求之间的双轨制运行阶段 2002 年欧盟发布了改革白皮书，出现了纵向的业务合伙人和横向的地区负责人等纵横交错的管控系统。职业判断越来越多，内部控制借助社会中介的力量进行推进。美国“萨班斯”法案中的 404 条款强调了企业内部控制。两大制度安排：一是上市公司自主对财务报告进行评价；二是会计师事务所强制对上市公司内部控制进行评估和审计。在两大制度的安排下，内部控制开始外部化。

2. 我国企业内部控制制度的发展

① 1996 年财政部发布《会计基础工作规范》，要求各单位进一步建立健全包括但不限于内部牵制制度的内部会计管理制度。

② 1996 年财政部发布《独立审计具体准则第 9 号——内部控制和审计风险》，要求注册会计师在执行审计业务时对企业的内部控制，包括其控制环境、会计系统和控制程序进行审计。

③ 1997 年中国人民银行发布《加强金融机构内部控制的指导原则》，随后，中国工商银行等金融机构于 1998 年起陆续指定《内部控制暂行规定》。

④ 1999 年次修订了《会计法》，实现了几项重大突破，其中重点强化单位内部会计监督（会计控制）。21 世纪初，财政部依法制定发布了单位内部会计控制规范体系，包括《内部会计控制规范——基本规范（试行）》和若干具体规范，具体规范包括：《内部会计控制规范——货币资金（试行）》《内部会计控制规范——工程项目（试行）》《内部会计控制规范——担保（征求意见稿）》《内部会计控制规范——销售与收款（试行）》《内部会计控制规范——采购与付款（试行）》《内部会计控制规范——对外投资（试行）》《内部会计控制规范——固定资产（征求意见稿）》《内部会计控制规范——存货（征求意见稿）》《内部会计控制规范——筹资（征求意见稿）》《内部会计控制规范——成本费用（征求意见稿）》。

⑤ 2006 财政部发出《财政部关于成立企业内部控制标准委员会的通知》，根据国务院领导的有关批示，财政部、国资委、证监会、审计署、银监会、保监会等部门联合发起成立企业内部控制标准委员会，秘书处设在财政部会计司，旨在研究制定具有统一性、公认性和科学性的企业内部控制规范体系。

⑥ 2008 年财政部、证监会、审计署、银监会、保监会联合发布了《企业内部控制基本规范》。在我国企业内部控制建设史上具有里程碑意义。

⑦ 2010 年财政部、证监会、审计署、银监会、保监会联合发布了《企业内部控制配套指引》，包括 18 项《企业内部控制应用指引》《企业内部控制评价指引》和《企业内部控制审计指引》，连同此前发布的《企业内部控制基本规范》，标志着适应我国企业实际情况、融合国际先进经验的中国企业内部控制规范体系建成。

我国企业内部控制规范体系见图 1-1。

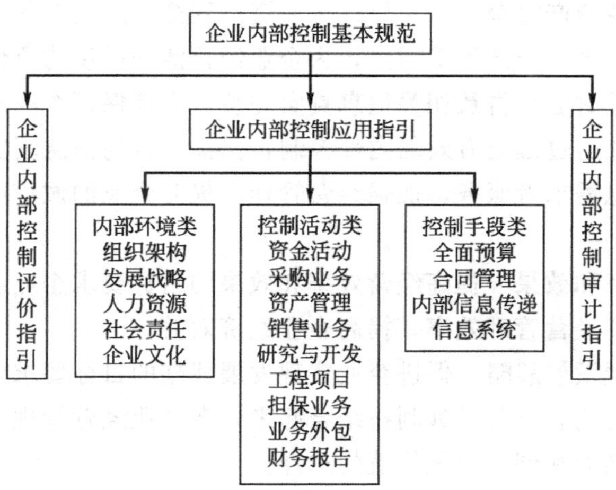

图 1-1 我国企业内部控制规范体系

我国企业内部控制规范体系《企业内部控制应用指引》是企业内部控制规范的主体，分为内部环境、控制活动、控制手段（方法）三类指引。内部环境类指引也称企业层面类指引，控制活动、控制手段类指引也称业务层面控制类指引。

（二）企业内部控制的含义

企业内部控制制度是一个企业内部的管理控制系统，即为保证单位经济活动正常进行所采取的一系列必要的管理措施。

企业内部控制制度，是一个单位内部各级管理部门为了保证本单位财产的安全完整，确保会计及其他信息的正确、可靠，保证国家财经纪律和本单位所制定的方针政策的贯彻执行，利用各级管理部门在本单位、本部门内部因分工不同而产生的相互制约、相互联系的关系，采取一系列具有控制职能的方法、措施和程序，并予以规范化、系统化，所形成的一整套严密的控制机制。

企业内部控制包括：内部控制的主体，即内部控制的设计、执行是企业内部的管理当局、各职能部门和有关工作人员；内部控制的客体，即企业内部的一切生产经营管理活动，包括生产经营活动、行政业务管理活动和财务、会计管理活动；内部控制的目标；内部控制的方法。

企业内部控制基本规范的定义："内部控制是由企业董事会、监事会、经理层和全体员工共同实施的、旨在实现控制目标的过程。"该定义强调：①董事会、监事会和经理层在建立与实施内部控制中的作用；②内部控制是全体员工的共同责任；③内部控制是一个过程，随环境变化应持续改进。

（三）企业内部控制的目标

《企业内部控制基本规范》指出："内部控制的目标是合理保证企业经营管理合法合规、资产安全、财务报告及相关信息真实完整，提高经营效率和效果，促进企业实现发展战略。"

（1）合理保证企业经营管理合法合规 合理保证企业经营管理合法合规的目标要求企业通过健全有效的内部控制，保证企业经营活动遵守有关法律、法规、规章、制度等法律规范，维持企业的生存和发展。

（2）合理保证企业资产安全 合理保证企业资产安全资产安全的目标要求企业通过健全有效的内部控制，保证企业资产不受损失，为企业经营活动提供物资保证。

（3）合理保证企业财务报告及相关信息真实完整 合理保证企业财务报告及相关信息真实完整的目标要求企业通过健全有效的内部控制，保证报告的信息真实完整，为加强企业内部管理和满足外部信息需求者服务，加强经营管理，提升企业的诚信度和公信力，维护企业良好的声誉和形象。

（4）提高经营效率和效果 提高经营效率和效果的目标要求企业通过健全有效的内部控制，保证企业不断提高经营管理效率，提高企业经济效益。

（5）促进企业实现发展战略 促进企业实现发展战略的目标要求企业通过健全有效的内部控制，保证企业将近期利益与长远利益结合起来，在企业经营管理中努力作出符合战略要求、提升可持续发展能力和创造长久价值的选择。

企业内部控制基本规范指出的内部控制的目标分为基础目标、较高目标、最高目标。基础目标是合理保证企业经营管理合法合规、资产安全、财务报告及相关信息真实完整；较高目标是提高经营效率和效果；最高目标是促进企业实现发展战略。内部控制的目标是合理保证基础目标的实现，而不是绝对保证基础目标的实现。内部控制目标是内部控制的根本，是建立内部控制的原则、方法、程序基础。

（四）内部控制的原则

《企业内部控制基本规范》指出：企业建立与实施内部控制，应当遵循下列原则。

① 全面性原则。内部控制应当贯穿决策、执行和监督全过程，覆盖企业及其所属单位的各种业务和事项。

全面性原则要求实现全过程、全员性控制，不存在内部控制空白点。

② 重要性原则。内部控制应当在全面控制的基础上，关注重要业务事项和高风险领域。

重要性原则要求关注重要业务事项和高风险领域，并采取更为严格的控制措施，确保不存在重大缺陷。

③ 制衡性原则。内部控制应当在治理结构、机构设置及权责分配、业务流程等方面形成相互制约、相互监督，同时兼顾运营效率。

制衡性原则要求企业完成某项工作必须经过互不隶属的两个或两个以上的岗位和环节；同时，还要求履行内部控制监督职责的机构或人员具有良好的独立性。

④ 适应性原则。内部控制应当与企业经营规模、业务范围、竞争状况和风险水平等相适应，并随着情况的变化及时加以调整。

适应性原则要求企业建立与实施内部控制应当具有前瞻性，适时地对内部控制系统进行评估，发现可能存在的问题，并及时采取措施予以补救。

⑤ 成本效益原则。内部控制应当权衡实施成本与预期效益，以适当的成本实现有效控制。

成本效益原则要求企业内部控制建设必须统筹考虑投入成本和产出效益之比。对成本效益原则的判断需要从企业整体利益出发，既要考虑到设计的经济性，又要考虑到执行的效益性；应避免重复控制，浪费人力、物力和财力；应尽量精简机构和人员，减少过繁的程序和手续，提高工作效率；尽管某些控制会影响工作效率，但可能会避免整个企业面临更大损失，此时仍应实施相应控制。

（五）内部控制的构成要素

《企业内部控制基本规范》提出：企业建立与实施有效的内部控制，应当包括内部环境、风险评估、控制活动、信息与沟通、内部监督五个要素。

1. 内部环境

《企业内部控制基本规范》指出：内部环境是企业实施内部控制的基础，一般包括治理结构、机构设置及权责分配、内部审计、人力资源政策、企业文化等。

内部环境规定企业的纪律与架构，影响经营管理目标的制定，塑造企业文化氛围并影响员工的控制意识。

① 治理结构。企业应当根据国家有关法律法规和企业章程，建立规范的公司治理结构和议事规则，明确董事会、监事会和经理层在决策、执行、监督等方面的职责权限，形成科学有效的职责分工和制衡机制。

② 机构设置及权责分配。企业应当结合业务特点和内部控制要求设置内部机构，明确职责权限，将权利与责任落实到各责任单位。企业内部机构设置虽然没有统一模式，但所采用的组织结构应当有利于提升管理效能，并保证信息通畅流动。

③ 内部审计机制。企业应当加强内部审计工作，保证内部审计机构设置、人员配备和工作的独立性。

④ 人力资源政策。人力资源政策应当有利于企业可持续发展，一般包括员工的聘用、培训、辞退与辞职，员工的薪酬、考核、晋升与奖惩，关键岗位员工的强制休假制度和定期

岗位轮换制度，对掌握国家秘密或重要商业秘密的员工离岗的限制性规定等内容。企业应当将职业道德修养和专业胜任能力作为选拔和聘用员工的重要标准，切实加强员工培训和继续教育，不断提升员工素质。

⑤ 企业文化。企业应当加强文化建设，培育积极向上的价值观和社会责任感，倡导诚实守信、爱岗敬业、开拓创新和团队协作精神，树立现代管理理念，强化风险意识和法制观念。董事、监事、经理及其他高级管理人员在塑造良好的企业文化中发挥关键作用。

2. 风险评估

《企业内部控制基本规范》指出：风险评估是企业及时识别、系统分析经营活动中与实现内部控制目标相关的风险，合理确定风险应对策略。

风险评估是实施内部控制的重要环节。风险评估主要包括目标设定、风险识别、风险分析和风险应对。

① 目标设定。风险是指一个潜在事项的发生对目标实现产生影响的可能性。风险与可能被影响的控制目标相关联。企业必须制定与生产、销售、财务等业务相关的目标，设立可辨认、分析和管理相关风险的机制，以了解企业所面临的来自内部和外部的各种不同风险。

② 风险识别。企业不仅要识别内部风险，还要识别与控制目标相关的各类外部风险。企业识别内部风险，一般关注：董事、监事、经理及其他高级管理人员的职业操守、员工专业胜任能力等人力资源因素；组织机构、经营方式、资产管理、业务流程等管理因素；研究开发、技术投入、信息技术运用等自主创新因素；财务状况、经营成果、现金流量等财务因素；营运安全、员工健康、环境保护等安全环保因素等。企业识别外部风险，一般关注：经济形势、产业政策、融资环境、市场竞争、资源供给等经济因素；法律法规、监管要求等法律因素；安全稳定、文化传统、社会信用、教育水平、消费者行为等社会因素；技术进步、工艺改进等科学技术因素；自然灾害、环境状况等自然环境因素等。

③ 风险分析。在充分识别各种潜在风险因素后，要对固有风险（即不采取任何防范措施可能造成的损失程度）进行分析，同时，重点分析剩余风险（即采取了相应应对措施之后仍可能造成的损失程度）。企业应当采用定性与定量相结合的方法，按照风险发生的可能性及其影响程度等，对识别的风险进行分析和排序，确定关注重点和优先控制的风险。

④ 风险应对。企业在分析了相关风险发生的可能性和影响程度后，结合风险承受度，权衡风险与收益，确定风险应对策略。常用的风险应对策略有：风险规避，即改变或回避相关业务，不承担相应风险；风险承受，即比较风险与收益后，愿意无条件承担全部风险；风险降低，即采取措施降低发生不利后果的可能性；风险分担，即通过购买保险、外包业务等方式来分担一部分风险。风险应对策略的选择与企业风险偏好密切相关，为此企业应当合理分析、掌握董事、经理及其他高级管理人员、关键岗位员工的风险偏好，采取适当的控制措施，避免因个人风险偏好给企业经营带来重大损失。风险应对策略往往需结合运用。

3. 控制活动

《企业内部控制基本规范》指出：控制活动是企业根据风险评估结果，采用相应的控制措施，将风险控制在可承受度之内。

控制活动是实施内部控制的具体方式。控制活动的基本的控制措施及方法有：不相容职务分离控制、授权审批控制、会计系统控制、财产保护控制、预算控制、运营分析控制和绩效考评控制等。企业应当根据内部控制目标，结合风险应对策略，综合运用控制措施，对各种业务和事项实施有效控制。企业内部控制主要措施包括以下几个方面。

（1）不相容职务分离控制 所谓不相容职务，是指那些如果由一个人担任某项业务，既可能发生错误及舞弊行为，又可能被掩盖并不容易被发现其错误及舞弊行为的职务。对于不相容的职务，如果不实行相互分离的措施，就容易发生舞弊等行为。不相容职务分离的核心是"内部牵制"，企业在设计内部控制系统时，首先应确定哪些岗位和职务是不相容的；其次要明确规定各个机构和岗位的职责权限，使不相容岗位和职务之间能够相互监督、相互制约，形成有效的制衡机制。不相容职务一般包括：①授权批准与业务经办；②业务经办与稽核检查；③业务经办与会计记录；④会计记录与财产保管；⑤财产保管与清查稽核等。

岗位的职责权限，使不相容岗位和职务之间能够相互监督、相互制约，形成有效的制衡机制。

（2）授权审批控制 授权审批是指企业在办理各项经济业务时，必须经过规定程序的授权批准。授权审批形式通常有常规授权和特别授权之分。常规授权是指企业在日常经营管理活动中按照既定的职责和程序进行的授权，用以规范经济业务的权力、条件和有关责任，其时效性一般较长。特别授权是企业在特殊情况、特定条件下对办理例外的、非常规性交易事项的权力、条件和责任的应急性授权。企业必须建立授权审批体系，编制常规授权的权限指引，明确规范授权的范围、权限、程序和责任，严格控制特别授权。对于重大的业务和事项，企业应当实行联签制度或者集体决策审批，任何个人不得单独进行决策或擅自改变集体决策。授权审批控制的基本要求包括以下几个方面。

① 应当建立健全严格的授权批准制度，明确审批人的授权批准方式、权限、程序、责任及相关控制措施，规定经办人的职责范围和工作要求。

② 审批人应当根据相关业务授权批准制度的规定，在授权范围内进行审批，不得超越审批权限。

③ 经办人应当在职责范围内，按照审批人的批准意见办理业务。对于审批人超越授权范围审批的业务，经办人有权拒绝办理，并及时向审批人的上级授权部门报告。严禁未经授权的机构或人员办理业务。

④"三重一大"事项应当实行集体决策审批。"三重一大"事项包括重大决策事项、重要人事任免事项、重大项目安排事项、大额度资金运作事项。

重大决策事项主要包括如企业贯彻执行党和国家的路线方针政策、法律法规和上级重要决定的重大措施；企业发展战略、破产、改制、兼并重组、资产调整、产权转让、对外投资、利益调配、机构调整等方面的重大决策；其他重大决策事项。重要人事任免事项主要包括如企业中层以上经营管理人员和下属企业、单位领导班子成员的任免、聘用、解除聘用和后备人选的确定；向控股和参股企业委派股东代表；推荐董事会、监事会成员和经理、财务负责人；其他重要人事任免事项。重大项目安排事项主要包括如年度投资计划；融资、担保项目；期权、期货等金融衍生业务；重要设备和技术引进；采购大宗物资和购买服务；重大工程建设项目；其他重大项目安排事项。大额度资金运作事项主要包括如年度预算内大额度资金调动和使用；超预算的资金调动和使用；对外大额捐赠、赞助；其他大额度资金运作事项。

"三重一大"事项应当按规定由股东大会（股东会）、董事会、经理办公会、职工代表大会、党委集体决策。

"三重一大"事项应当以会议的形式，对职责权限内的"三重一大"事项作出集体决策。

会议决定的事项、过程、参与人及其意见、结论等内容，应当完整、详细记录并存档备查。出席会议的人员应当在会议记录、决议上签字。“三重一大”事项涉及业务处理的，应当董事长、总经理依据集体决策履行审批签字手续。

(3) 会计系统控制 会计作为一个信息系统，对内能够提供经营管理的诸多信息，对外可以向投资者、债权人等提供用于投资等决策的信息。会计系统控制主要是通过对会计主体所发生的各项能用货币计量的经济业务进行记录、归集、分类、编报等而进行的控制。其内容主要包括以下几个方面。

① 科学的会计机构及人员制度。即依法设置会计机构，配备会计从业人员，建立会计工作的岗位责任制，对会计人员进行科学合理的分工，使之相互监督和制约。

② 可靠的内部控制凭证制度。即按照规定取得和填制原始凭证设计良好的凭证格式；对凭证进行连续编号；规定合理的凭证传递程序；明确凭证的装订和保管手续责任，保证内部控制凭证种类齐全、内容完整、连续编号、合理分工、手续完备、相互联系、相互制约。

③ 完整的簿记与报告制度。即合理设置账户，登记会计账簿，进行复式记账，按照《会计法》和国家统一的会计准则制度的要求编制、报送、保管财务会计报告。

④ 严格的核对制度。包括凭证和账簿之间的核对、账簿之间的核对、账簿和报表之间的核对、账簿和实物财产的核对等，建立严格的核对制度有利于及时发现并改正会计记录中的错误，做到证、账、表、实相符。

⑤ 合理的会计政策和会计程序。即企业依据国家有关法律、法规、规章，从本企业的会计工作实际出发，制定的企业在会计核算时应遵循的具体原则、会计处理方法及程序。

(4) 财产保护控制 财产是企业资金、财物及民事权利义务的总和，按是否具有实物形式，分为有形财产（如资金、财物）和无形财产（如著作权、发明权）；按民事权利义务，分为积极财产（如金钱、财物及各种权益）和消极财产（如债务）。保障财产安全特别是资产安全，是内部控制的重要目标之一。财产保护控制的措施除了包括不相容职务分离控制与授权批准控制外，还包括以下几个方面。

① 财产记录。要妥善记录、保管涉及资产的各种文件资料，避免记录受损、被盗、被毁。对重要的文件资料，应当留有备份，以便在遭受意外损失或毁坏时重新恢复，这在计算机处理条件下尤为重要。

② 定期盘点。即企业在永续盘存制的基础上，定期对各项财产物资进行核对、清理、盘查，并将盘点结果与会计记录进行比较。盘点结果与会计记录如不一致，可能说明资产管理上出现错误、浪费、损失或其他不正常现象，应当分析原因、查明责任、完善管理制度。

③ 限制接近。它是指严格限制未经授权的人员对资产的直接接触，只有经过授权批准的人员才能接触该资产。限制接近包括限制对资产本身的接触和通过文件批准方式对资产使用或分配的间接接触。一般情况下，对货币资金、有价证券、贵重物品、存货等变现能力强的资产必须限制无关人员的直接接触。

(5) 预算控制 预算是企业未来一定时期内经营、资本、财务等各方面的收入、支出、现金流的总体计划，包括销售预算、生产预算、销售费用预算、现金预算、利润预算等。预算控制的内容涵盖了企业经营活动的全过程，企业通过预算的编制和检查预算的执行情况，可以比较、分析内部各单位未完成预算的原因，并对未完成预算的不良后果采取改进措施。在实际工作中，预算编制不论采用自上而下或自下而上的方法，其决策权都应落实在内部管理的最高层，由这一权威层次进行决策、指挥和协调。预算确定后由各预算单位组织实施，并辅之以对等的权、责、利关系，由内部审计等部门负责监督预算的执行。预算控制的主要环节有：①确定预算的项目、标准和程序；②编制和审定预算；③预算指标的下达和责任人的落实；④预算执行的授权；⑤预算执行过程的监控；⑥预算差异的分析和调整；⑦预算业绩的考核和奖惩。

(6) 运营分析控制 运营分析是对企业内部各项业务、各类机构的运行情况进行独立分析或综合分析，进而掌握企业运营的效率和效果，为持续的优化调整奠定基础。运营分析控制要求企业建立运营情况分析制度，综合运用生产、购销、投资、筹资、财务等方面的信息，通过因素分析、对比分析、趋势分析等方面，定期开展运营情况分析，发现存在的问题，及时查明原因并加以改进。运营分析控制的主要环节有：①收集资料，掌握情况；②指标对比，深入分析；③得出结论，发现问题；④提出措施，改进工作。

(7) 绩效考评控制 绩效考评是对所属单位及个人占有、使用、管理与配置企业经济资源的效果进行的评价，进行业绩报告控制。企业董事会及经理层可以根据绩效考评的结果（业绩报告）进行有效决策，引导和规范员工行为，促进实现发展战略和提高经营效率效果。绩效考评控制的主要环节有：①确定绩效考评目标。绩效考评目标应当具有针对性和可操作性。②设置考核指标体系。考核指标既要有定量指标，以反映评价客体的各种数量特征，又要有定性指标，以说明各项非数量指标的影响，同时，针对不同的评价指标赋予相应的权重，体现各项评价指标对绩效考评结果的影响程度和重要程度。③选择考核评价标准。评价标准是反映评价指标优劣的具体参照物和对比尺度，企业可以根据评价目标选用不同的评价标准，如历史标准、预算标准、行业标准等。④形成评价结果（业绩报告）。根据评价指标和评价标准，对企业全体员工的业绩进行定期考核和客观评价，形成评价结论，即形成反映各级机构层次任务完成情况，考核其责任履行情况的业绩报告。⑤制定奖惩措施，企业应当将绩效考评结果作为确定员工薪酬以及职务晋升、评优、降级、调岗和辞退等的依据。

除上述常见控制措施外，企业还需建立重大风险预警机制和突发事件应急处理机制，明确风险预警标准，对可能发生的重大风险或突发事件，制定应急预案，明确责任人员、规范处理程序，确保突发事件得到及时妥善处理。

4. 信息与沟通

《企业内部控制基本规范》指出：信息与沟通是企业及时、准确地收集、传递与内部控制相关的信息，确保信息在企业内部、企业与外部之间进行有效沟通。

信息与沟通是实施内部控制的重要条件。信息与沟通的要件主要包括：信息质量、沟通制度、信息系统、反舞弊机制。

(1) 信息质量 信息是企业各类业务事项属性的标识，是确保企业经营管理活动顺利开展的基础。企业日常生产经营需要收集各种内部信息和外部信息，并对这些信息进行合理筛选、核对、整合，提高信息的有用性。企业可以通过财务会计资料、经营管理资料、调研报告、专项信息、内部刊物、办公网络等渠道，获取内部信息；还可以通过行业协会组织、社会中介机构、业务往来单位、市场调查、来信来访、网络媒体以及有关监管部门等渠道，获取外部信息。

(2) 沟通制度 信息的价值必须通过传递和使用才能体现。企业应当建立信息沟通制度，将内部控制相关信息在企业内部各管理级次、责任单位、业务环节之间，以及企业与外部投资者、债权人、客户、供应商、中介机构和监管部门等有关方面之间进行沟通和反馈。重要信息须及时传递给董事会、监事会和经理层。

（3）信息系统 为提高控制效率，企业可以运用信息技术加强内部控制，建立与经营管理相适应的信息系统，促进内部控制流程与信息系统的有机结合，实现对业务和事项的自动控制，减少或消除人为操纵因素。企业利用信息技术对信息进行集成和共享的同时，还应加强对信息系统开发与维护、访问与变更、数据输入与输出、文件储存与保管、网络安全等方面的控制，保证信息系统安全稳定运行。

（4）反舞弊机制 舞弊是指企业董事、监事、经理、其他高级管理人员、员工或第三方使用欺骗手段获取不当或非法利益的故意行为，它是需要企业重点加以控制的领域之一。企业应当建立反舞弊机制，坚持惩防并举、重在预防的原则，明确反舞弊工作的重点领域、关键环节和有关机构在反舞弊工作中的职责权限，规范舞弊案件的举报、调查、处理、报告和补救程序。反舞弊工作的重点包括：①未经授权或者采取其他不法方式侵占、挪用企业资产，牟取不当利益；②在财务会计报告和信息披露等方面存在虚假记载、误导性陈述或者重大遗漏等；③董事、监事、经理及其他高级管理人员滥用职权；④相关机构或人员串通舞弊。为确保反舞弊工作落到实处，企业应当建立举报投诉制度和举报人保护制度，设置举报专线，明确举报投诉处理程序、办理时限和办结要求，确保举报、投诉成为企业有效掌握信息的重要途径。举报投诉制度和举报人保护制度应当及时传达至全体员工。

5. 内部监督

《企业内部控制基本规范》指出：内部监督是企业对内部控制建立与实施情况进行监督检查，评价内部控制的有效性，发现内部控制缺陷，应当及时加以改进。

内部监督是实施内部控制的重要保证。内部监督包括日常监督和专项监督。

（1）日常监督 日常监督是指企业对建立与实施内部控制的情况进行常规、持续的监督检查。日常监督的常见方式包括：①在日常生产经营活动中获得能够判断内部控制设计与运行情况的信息；②在与外部有关方面沟通过程中获得有关内部控制设计与运行情况的验证信息；③在与员工沟通过程中获得内部控制是否有效执行的证据；④通过账面记录与实物资产的检查比较对资产的安全性进行持续监督；⑤通过内部审计活动对内部控制有效性进行持续监督。

（2）专项监督 专项监督是指在企业发展战略、组织结构、经营活动、业务流程、关键岗位员工等发生较大调整或变化的情况下，对内部控制的某一方面或某些方面进行有针对性的监督检查。专项监督的范围和频率根据风险评估结果以及日常监督的有效性等予以确定。专项监督应当与日常监督有机结合，日常监督是专项监督的基础，专项监督是日常监督的补充，如果发现某专项监督需要经常性地进行，企业有必要将其纳入日常监督之中。

日常监督和专项监督情况应当形成书面报告，并在报告中揭示存在的内部控制缺陷。内部监督形成的报告应当有畅通的报告渠道，确保发现的重要问题能及时送达治理层和经理层；同时，应当建立内部控制缺陷纠正、改进机制，充分发挥内部监督效力。企业应当在日常监督和专项监督的基础上，定期对内部控制的有效性进行自我评价，出具自我评价报告。内部控制自我评价的方式、范围、程序和频率，除法律法规有特别规定的，一般由企业根据经营业务调整、经营环境变化、业务发展状况、实际风险水平等自行确定。

（六）内部控制的制约因素

1. 内部控制制度受企业规模的制约

企业的规模不同，其在经营范围、业务分工、管理手段等方面有着较大的差异，这些差异对企业的内部控制制度有较大的影响。小型企业经营范围很狭小，内部职工分工并不十分细致，小型企业的内部控制环节相对要少一些；相反，大中型企业经营范围较大，职工人数较多，内部职务分工较细，进行广泛的内部控制是切实可行的。企业规模越大，内部分工也就越细，需要控制的环节就越多，其内部控制制度就越健全。

2. 内部控制制度受控制目标的制约

企业建立内部控制制度的目标不同，其内部控制制度也有所不同。企业内部控制制度的目标可以是仅仅为保护财产物资的安全完整，也可以是为了保证会计信息的真实、正确，更进一步还可以是为了保证实现企业的经营目标等。企业的内部控制制度必须与控制目标相适应，既要防止存在多余控制环节，又要防止内部控制的不足，使某些环节失去控制。

3. 内部控制制度受成本效益关系的制约

内部控制制度的每一个控制环节都是有益的，但每一个控制环节必然会发生成本。内部控制环节的效益表现为直接控制效益和间接控制效益两个方面。内部控制环节的成本也表现为直接控制成本和间接控制成本两个方面。企业在建立内部控制制度时，必须充分地考虑内部控制制度的成本效益关系，以最少的成本耗费取得最大的控制效果，使内部控制制度发挥更大的经济效益。

4. 内部控制制度受人员素质的制约

内部控制制度的制定，还应充分考虑执行人员的素质，内部控制制度会由于执行人员的素质低下或相互串通作弊而不能发挥其应有的作用。人员素质包括业务素质和思想素质两个方面。业务素质是指工作人员必须具备与其本职工作相适应的业务能力，当被控事项发生异常迹象时能及时发现问题，采取措施解决问题；思想素质是指工作人员必须具有良好的工作责任心，明确自己所承担工作的重要性和责任，具有一丝不苟的工作作风。企业只有具有一支业务能力过硬、思想作风正派的员工队伍，才能使企业的内部控制制度发挥其应有的作用。

5. 内部控制制度受高层领导的制约

企业高层领导的工作风范对内部控制制度能否有效运行起到十分重要的作用。企业领导有权利也有责任监督内部控制制度的执行，如果领导阶层对内部控制制度领导、监督不力，内部控制制度将可能流于形式，成为一纸空文；若领导阶层滥用职权，过多地干预下属的工作，又会使领导阶层事必躬亲，致使内部控制制度不能发挥应有的作用；内部控制制度也会由于个别领导本身的不良行为而失去作用。企业高层领导必须从本身做起，进行恰当的领导与监督，只有这样才能使内部控制制度发挥更大的功效。

6. 内部控制制度本身具有不完善性

内部控制制度本身具有不完善性，仅能在一定程度上发挥其功效。内部控制制度本身具有不完善性的主要原因有以下几个方面。

① 企业的内部控制制度主要是针对企业经常发生的、大量的业务而设计的，对于个别的、偶然发生的经济业务，从成本效益的角度去分析，往往建立必要的内部控制制度，或者只是建立了简化的内部控制制度。

② 企业的内部控制制度主要是针对过去已经发生过的，或能够充分估计到的问题而设计的，但企业在生产经营过程中的情况是千变万化的，经常有新情况、新问题出现，因此，

要使企业的全部业务完全处于严密的监督之下是不可能的。

③ 由于内部控制制度是由人来完成的，有时很难保证每一个工作人员都具有良好的素质，即使每一个工作人员都具有良好的素质，也不能排除他们在工作中发生失误的可能性。

在设计内部控制制度时，要充分考虑这些因素对内部会计控制系统的影响，在工作中不断探索，发现新情况，解决新问题，不断完善内部控制制度。

三、企业内部会计制度设计

（一）会计制度设计的概念

会计制度设计就是为会计工作制定出具体的、可供实际工作执行的工作规程。

会计制度设计就是运用一定的会计理论及方法，依据有关的会计法律、法规、规章、制度，结合企业具体实际，采用图示、表格、文字等形式，制定出进行会计工作的具体操作性规范。

企业所设计的会计制度应当形成书面文件，并装订成册，因而就需要以一定的形式对所设计的会计制度进行描述。设计会计制度所运用的工具主要有各种图示、表格、业务处理和内部控制的文字说明等。

（二）企业内部会计制度设计的目标

企业内部会计制度设计的目标与企业建立与实施企业内部控制的目标是基本一致的，主要是实现企业内部控制的基础目标，即合理保证企业经营管理合法合规、资产安全、财务报告及相关信息真实完整。具体是指确保国家有关法律法规和企业内部各项控制制度的贯彻执行；堵塞漏洞、消除隐患，防止并及时发现、纠正错误及舞弊行为，保护企业资产的安全与完整；范企业会计行为，保证会计资料的真实、完整。简而言之，建立与实施企业内部会计制度的目标是：遵纪守法、资产安全、不做假账。

（三）企业内部会计制度设计的原则

企业内部会计制度设计的原则与企业建立与实施企业内部控制的原则是基本一致的，主要包括全面性原则、重要性原则、制衡性原则、适应性原则、成本效益原则。此外，企业内部会计制度设计的原则还有合法性原则、有效性原则等。

（四）企业内部会计制度设计的基本内容

企业内部会计制度设计的基本内容包括基础会计制度设计和具体分项业务会计制度设计。

基础会计制度包括：会计机构、人员、岗位及岗位责任制设计，会计科目设计，会计凭证和账簿设计，账务处理程序设计。

具体分项业务会计制度设计包括：货币资金业务、采购业务、生产制造业务、销货业务、储存业务、筹资业务、投资业务、固定资产、无形资产业务、税收业务、费用业务、财务会计报告设计等。具体会计制度实际上与内部控制的控制活动的内容是基本一致的。

在具体分项会计制度设计过程中，除了要应用内部控制的控制活动的基本措施及方法外，还要应用内部稽核、原始记录管理、计量验收、财产清查、财务收支审批、定额管理、预测分析、决策分析、计划编制、财务分析等具体方法。

（五）企业内部会计制度设计的基本过程

企业内部会计制度设计是由一系列工作步骤组成的，它是一个工作过程，在这个工作过程中要具体应用一系列的方法及工具。会计制度设计基本过程主要包括下列步骤。

1. 制定方案，明确要求

企业内部会计制度设计首先制定企业内部会计制度设计方案，建立企业内部会计制度设计工作机构，确定设计人员分工，明确设计的目标、内容、范围，提出企业内部会计制度设计的要求，制定工作计划。企业内部会计制度设计有自行设计和委托其他单位（如会计事务所、审计事务所、高等院校等）设计两种方式。制定企业内部会计制度设计方案经批准后即可实施后续的设计工作。

2. 设计调查，掌握资料

当一个设计方案经批准后开始实施，承担设计项目的有关人员应根据设计的目标、内容及范围，对单位内部结构和外部环境进行深入细致的调查。重点是对单位的经营性质、经营规模、经营方式、组织体系、机构设置、人员、资金、物资、设备、技术信息沟通情况和经营管理状况，以及单位所处的外部政治、经济、法律环境等进行调查。了解与设计有关的会计制度的各种情况，了解业务处理过程和方法，发现这些业务中存在的问题，寻求解决问题的方法，为实施设计提供依据。

3. 实施设计，形成文档

就是以调查资料为基础，依据设计的目标、内容、范围及要求，采用图示、表格、文字等形式，为会计工作制定出具体规范，以供实际会计工作操作执行。

首先，按照系统理论和方法的要求划分单位内部结构。

① 行政领导体系。包括行政领导的设置、各个职能部门和分支机构设置等。

② 构成要素体系。包括人、财、物资、设备、技术、信息沟通的所属系统。

③ 经营体系。包括采购、生产、销售、储存、运输等系统。

④ 管理体系。包括会计、统计、审计、电子信息和网络监控等系统。

其次，建立内部控制业务流程，确定业务流程中的关键环节和风险控制点，针对关键环节和风险控制点提出相应控制措施，制定业务流程中各个环节的有效控制方法和操作规范。

最后，形成内部控制制度的文本规定。把内部控制的各项措施贯彻到各个有关控制系统的程序、方法和规范中，用图示、表格、文字等形式形成文档有关的内部控制制度，以供实际会计工作操作执行。

4. 组织实施，评价验收

组织实施会计制度就是具体运行和测试所设计的会计制度。对在实施中发现的问题，要组织有关人员及时进行修改。经反复修改的会计制度能够正常运行后，即可组织有关专家进行评价验收，会计制度设计经过有关专家进行评价验收后，此项会计制度设计工作即宣告结束。

组织实施会计制度应当做好各项准备工作，主要包括：印制各种表格；人员培训，配备人员，讲解会计制度；准备各项基础数据，主要是各种期初数据。

在组织实施会计制度时，设计者应当亲自参与主要业务环节的试运行工作，为制度的使用者做出示范，指导执行人员操作执行，使其掌握处理方法，理解新制度的功能，明确各自的责任；同时，设计者要检查新制度的执行情况，及时发现执行人员存在的问题，并加以纠正。在组织实施会计制度中，可能会发现新制度的某些环节存在着这样或那样的问题，对于发现的制度自身存在的问题，应立即加以纠正，并补充到新制度中去。

会计制度评价验收人员应包括：制度执行单位的有关行政领导、会计主管人员；制度执行人员；制度设计人员；精通会计理论与实务的外单位专家。

（六）企业内部会计制度设计的基本要求

1. 要以设计方案为依据

设计方案是对整个设计工作作出的全面规划，实施设计必须依照设计方案的规划进行，以保证设计的目标的实现。

2. 要以设计调查为基础

会计制度设计的过程，实质上就是一个不断发现问题、解决问题的过程。因此，实施设计必须与设计调查相配合，通过设计调查，取得业务处理情况的细节，使设计能密切结合实际；通过设计调查，可以发现问题，经过反复修改，找到解决问题的最佳方案，改进设计，使会计制度便于操作，使会计制度富有成效。

3. 各个项目要相互配合

一个较大的设计项目，在实施设计阶段，往往划分为若干个设计子项目，交由不同设计人员分工负责。各个设计子项目之间是相互联系、相互制约的，共同构成一个有机整体。因此设计的各个子项目要相互配合。

各个子项目要相互配合主要是指有关分项设计在时间上和内容上相互协调。会计制度设计的某些设计子项目之间联系不大，可以同时独立进行设计，如工资核算与材料核算设计就可以同时设计；但是有些子项目设计，在时间上具有时序关系，在内容上具有依存关系，这就要求在分项设计时在时间上和内容上相互协调，如工资、材料、固定资产折旧等费用是构成产品成本的重要内容，成本核算就是对上述各项要素的归集、分配，因此，应首先进行工资核算、材料核算和固定资产核算项目设计，然后进行成本核算项目设计。

4. 要采用适当的图示、表格和文字说明

企业内部会计制度设计是设计具体操作性规范，设计中涉及大量的凭证、账簿和报表等表格，各业务处理方法、程序要求具有很强可执行性，因此分项设计应当采用直观、简便的方法及工具，一方面便于会计制度设计者进行设计，另一方面有利于会计制度执行者理解和应用。

5. 要保持与制度执行者沟通与交流

会计制度设计是为用户服务的，最终要交付给制度执行者具体运行和应用。因此，会计制度设计人员在整个设计过程中，必须树立面向用户的观点，在具体设计过程中，随着设计工作的进展，要经常与制度执行者进行沟通与交流，不断进行调查研究，广泛征求制度执行者的意见，使之不断完善，满足制度执行者的要求，方便制度执行者使用。

（七）会计制度设计的基本方法

1. 设计调查的方法

会计制度设计调查就是会计制度设计人员按照会计制度设计的内容和要求，运用一定的方法，了解掌握会计制度设计的有关情况，发现问题，为会计制度设计提供资料的过程。

会计制度设计的过程，实质上是设计人员不断发现问题、分析问题、解决问题的过程。通过调查，设计人员可以了解企业与会计制度有关的实际情况，发现企业管理工作或会计工作中存在需要解决的问题，帮助会计制度设计人员采取相应的改进措施。通过调查，可以使设计人员了解企业的实际情况，使会计制度切合企业的实际，具有更大的适用性。因此，会计制度设计调查是整个会计制度设计的基础。

会计制度设计调查主要可以采用以下几种方法。

(1) 观察法 观察法就是设计人员亲自到工作现场对现行会计制度的执行情况及其他有关情况进行查看，并作出相应的记录。观察法的特点是：只能对已有的现行会计制度情况进行调查；需要较多时间，且要求调查人员要熟悉专业业务；观察结果比较客观，但容易遗漏。

(2) 查阅法 查阅法就是设计人员收集和查阅与会计制度有关的文件、表格等文字资料，并作出适当的记录。如查阅有关的国家有关的法律、法规、规章、制度，公司的章程、制度等文件，有关凭证、账簿、报表资料等。查阅法的具体对象可以是：设计的企业，设计的同类企业，图书馆或书店，计算机网络等。查阅时要收集、复制或记录与设计会计制度有关的资料内容，作为设计时的依据，这种方法的特点是客观具体，是会计制度设计的重要依据。

(3) 参与法 参与法就是设计人员亲自参加有关会计制度的执行工作，并作出相应的记录。这种方法的特点是：可以取得现行情况的第一手资料；调查结果比较准确客观，但需要较多的时间；调查者要熟悉专业业务。

(4) 访问法 访问法就是设计者向会计制度执行者或其他人员口头提出问题，由被访问者回答，并作出适当的记录。访问法可以采用个别访问，也可以召开座谈会进行访问。这种方法的特点是：调查问题比较集中，意见比较广泛；便于设计者了解实际情况，并与被访问者相互交流；调查需要较多的时间。

(5) 调查表法 调查表法就是设计人员将需要调查的问题预先设计成表格，然后要求被调查者根据实际情况填写。对调查问题的提问方式可以采用以下几种形式：是否问答式；选择问答式，即预先备置多个可能回答，供被调查者选择；一般问答式。这种方法的特点是：不便于交流，要预先说明填列要求及填制方法；容易发生遗漏；调查结果的准确性取决于被调查者的合作态度及业务水平；可以节省调查时间。

以上几种调查的方法应当结合应用，以取得客观的第一手资料。在实际调查工作中，无论采取何种调查方法，设计人员都必须取得一定的调查资料，并对调查结果进行必要的分类、整理和分析，以此作为会计制度设计的依据。

2. 业务流程设计的方法

业务流程设计就是制定有关业务处理的具体过程。业务流程基本构成要素包括业务处理的功能步骤及业务处理的各种表格。业务处理的功能步骤包括：业务处理功能步骤的序号；

业务处理功能步骤的名称，通常动词加名词描述，如编制记账凭证、登记账簿；业务处理功能步骤的执行主体，可以是业务执行的部门，也可以是业务执行的人员，如会计人员、出纳人员、采购人员、稽核人员等。业务处理的各种表格，包括如支票、请款单等原始凭证，记账凭证，工资汇总表，各种账簿，各种会计报表等。业务流程从业务处理的功能步骤的角度看就是内部控制过程，从业务处理的各种表格的角度看就是数据处理过程。企业的内部控制管理过程是通过数据处理-信息系统实现的。

业务流程设计可以采用文字描述法和业务流程图法。

(1) 文字描述法 文字描述法是以一定的文字说明业务处理过程的方法。如用文字描述法可以说明科目汇总表账务处理的业务流程。

① 有关会计人员：填制取得原始凭证；

② 有关领导会计：审批审核原始凭证；

③ 有关会计人员：填制记账凭证；

④ 稽核会计人员；审核记账凭证；

⑤ 总账会计：编制科目汇总表；

⑥ 有关会计或出纳：平行登记总账、明细账、日记账；

⑦ 进入财务会计报告编制业务流程：返回总账、明细账、日记账、财务会计报告；

⑧ 档案保管人员：保管会计档案，包括总账、明细账、日记账、财务会计报告、保管清册、移交清册、销毁清册等。

(2) 业务流程图法 业务流程图法就是以一定的图示符号说明业务处理过程的方法。

业务流程图的符号见图 1-2。

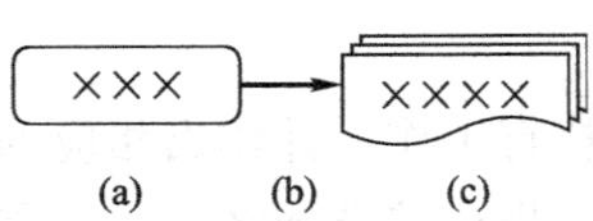

图 1-2 业务流程图的符号

图 1-2(a) 表示业务处理的接点。业务处理的接点可以是起点、终点或转接点，可以是部门、人员或其他业务流程。符号中“×××”用于标明部门、人员或其他业务流程的名称，如银行、出纳员、财务会计报告编制业务流程等。

图 1-2(c) 表示业务处理的各种表格。业务处理的各种表格可以是支票、请款单等各种原始凭证，各种记账凭证，各种账簿，各种会计报表，二资汇总表等。符号中“××××”用于标明表格名称，如日记账、收款凭证。符号的右上角的两个直角表示该表格一式几份，符号的下划波浪线条数表示有几个不同表格在一起进行处理。如图 1-2(c) 符号表示该表格为一式三份。

图 1-2(b) 表示业务处理的流向线，用于连接业务处理的接点和各种表格，表明业务处理的先后顺序。

如用业务流程图法可以说明科目汇总表账务处理的业务流程，见表 1-1。

上述业务流程图不是唯一的形式业务流程图。业务业务图的工具是多种多样的，例如现场工作流程图、事务工程分析图、实体生命周期图、事务流程图、业务处理图等。不同形式业务流程图通常只是符号或描述方式不同而已。这里介绍的业务流程图是一种比较直观、简便的工具，是值得一试的工具。

3. 各种表格设计的方法

在业务流程图中涉及各种各样的表格，因此表格设计也是实施设计的重要内容。这里所说的表格是广义的，具体包括各种凭证、账簿、报表、卡片以及票据等。表格设计基本方法如下。

表 1-1 科目汇总表账务处理的业务流程

1	2	3	4	5	6	7	8
有关会计人员	有关领导会计	有关会计人员	稽核会计人员	总账会计	有关会计或出纳		档案管理人员
填制取得原始凭证	审批审核原始凭证	填制记账凭证	审核记账凭证	编制科目汇总表	平行登记账簿	进入财务会计报告编制流程	保管会计档案

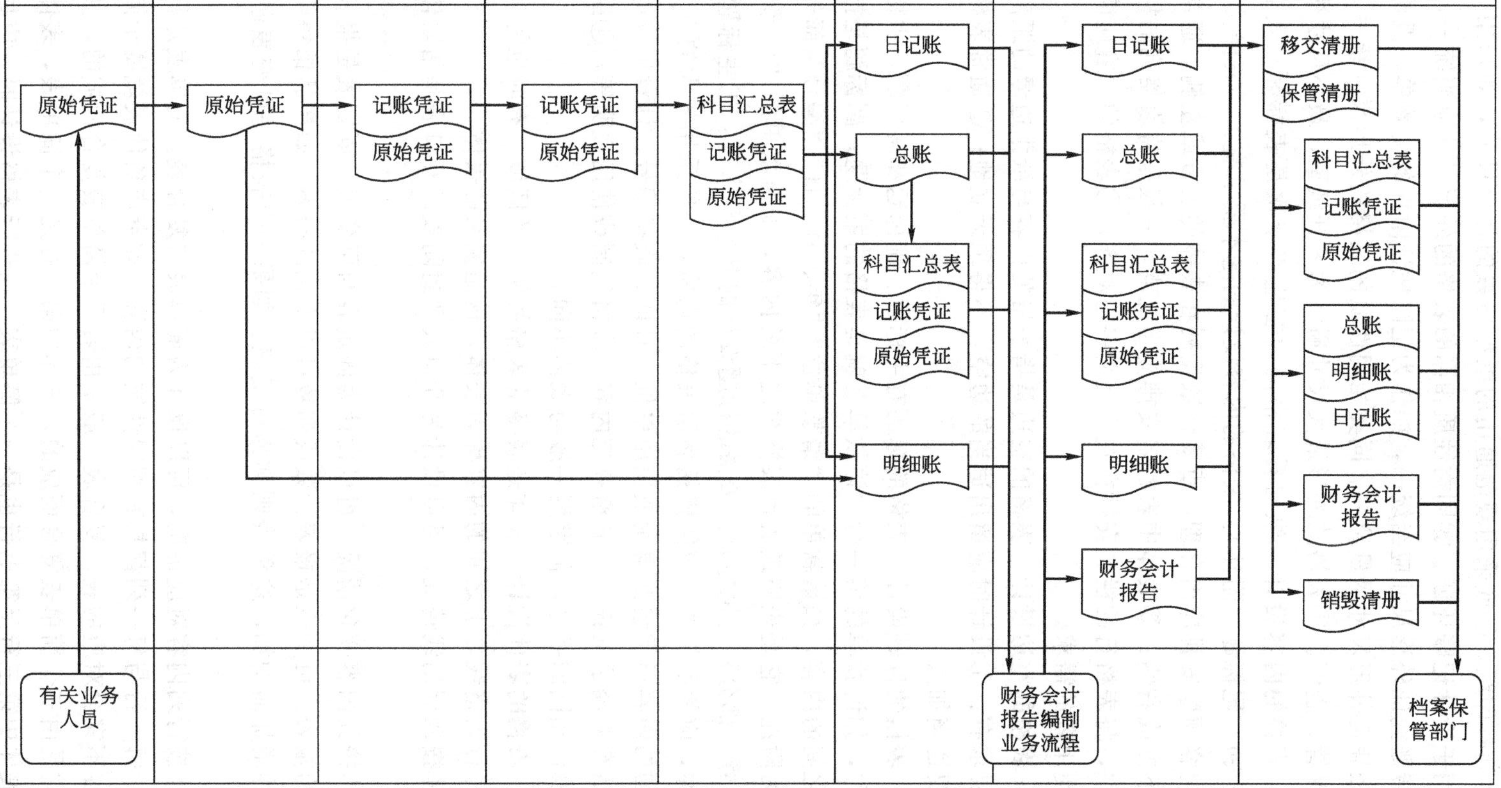

(1) 表格的外形尺寸设计 表格的外形尺寸设计的基本要求有：①表格的外形尺寸一般应采用规范通用的纸型，如采用 8 开、16 开、32 开、64 开、A4、A5、B4、B5、80 列打印纸、132 列打印纸。②或采用规范通用的纸型倍数的外形尺寸，如采用 16 开纸型纵向三折的尺寸用于设计记账凭证。③同类性质相同的表格的外形尺寸应当统一，如收款凭证、付款凭证、转账凭证外形尺寸应当统一，如作为记账凭证附件的请款单、报销单等自制原始凭证应与记账凭证外形尺寸尽量统一。同类相同性质的表格的外形尺寸统一，便于表格的填写、装订、保管、查阅。④表格的外形最大尺寸通常为 8 开纸型，最小尺寸视情况而定。

(2) 表格的内容设计 纵向看表格的内容应当依次是表标题（表名）、副标题、表体（包括表头）、尾标题（附注）。表格的内容设计的基本要求有：①表格设计的内容应当齐全；②表体内容顺序安排应当合理，重要性数据列在表体的上方或左侧，通常将数额的合计列在表体的下方或右侧；③表体中表栏名安排应当规范，一般是将表格列的栏名列安排在上方且文字居中，将表格行的栏名安排在左侧且文字左对齐；④表格的内容应能满足有关各方面信息资料使用者的需求。

(3) 表格的空边设计 表格的空边是指表格的内容与纸张边缘的距离。表格的空边设计的基本要求有：①设计时应留出适当的边空，不得顶天立地；②通常表格的表首和装订一侧的空边要适当加大。

(4) 表格的标题设计 表格的标题有主标题、副标题和尾标题。主标题一般就是某一表格的名称，如请款单的第一行"请款单"就是表格的主标题；副标题是指主标题下方与表体线上方之间的内容，如请款单的"请款单位""年、月、日""编号"部分称为副标题；尾标题又称为附注，它是表格最底行表格线之下的内容，如请款单的"厂部领导""业务主管""财务主管"部分称为尾标题。表格的标题设计的基本要求有：①主标题一般应采用规范统一的名称，应简明扼要，应能概括表示表格的内容，一般采用较大的字号，一般有下划线；②副标题的内容通常包括编制或使用单位、日期、表格编号、计量单位等；③尾标题的内容通常包括有关经手责任人、表格补充内容、表格编制或使用说明等；④副标题和尾标题一般采用与表体相同的字号，但字型一般与表体不同。

(5) 表格的表体设计 表体是表格的表格线所围的区域。有时也将表格中表头行下方到报表最底行表格线之上之间的内容称为表体，这是狭义的表体。

表体按四周划线情况，可以设计为开口表和封闭表。开口表是指表体两侧不划边框线的表格。

表体按其内容变化情况，可以设计为固定表与可变表。固定表是报表行数和列数都不发生变化的报表。可变表是报表行数或列数可以变化的报表，如产品销售明细表的行数就是随产品品种增加而增加，这种表则称为可变表。如果一个表格是可变表通常设计为行可变的表格。

表体按行列内容对应情况，可以设计为简单表与复合表。简单表是行与列内容完全相对应的表，每一行与每一列都具有相同性质的内容，如资产负债表就属于简单表。复合表是行与列内容不完全对应的表，复合表一般是由若干个简单表复合而成的，如请款单就是一个复合表，它是由三个简单表复合而成的，表体中第一行是一个简单表，表体中第二行是一个简单表，表体中第三行至第七行也是一个简单表。在进行表格设计时，应尽量将表格设计成简单表，一般方法是可以将一个复合表拆成几个简单表；对于由于其内容决定不能拆分的复合表，应合理安排各简单表的位置。

表体按表栏名是否分层可以设计为单一表栏名和分层表栏名，表栏名是指表体中表格行、列或单元格的栏目名称，如请款单的“余额”为表格列的栏目名称，如请款单的“借款人”为列或单元格的栏目名称。表栏名设计可以设计单一表栏名和分层表栏名，如请款单的“日期”表栏名就是单一表栏名，“借款记录”及“借方”“贷方”“金额”表栏名就是分层表栏名。

表格的表体设计的基本要求有：①表体设计首先应满足表格内容设计的要求；②可以根据需要设计为开口表或封闭表；③如果一个表格是可变表通常设计为行可变的表格；④应尽量将表格设计成简单表，一般方法是可以将一个复合表拆成几个简单表，对于由于其内容决定不能拆分的复合表，应合理安排各简单表的位置；⑤表栏名设计应当简明扼要、明确易懂、表明内容，可以按逻辑关系设计为单一表栏名和分层表栏名；⑥表体画线应能区分表体的不同栏目，对于表体中重要的内容可将其划分成具体栏目并为其绘制表格线，如账簿中的日期可以具体分为年、月、日栏目，在记账凭证等表格中可将金额具体按计量单位分栏；在表体画线时为了以示区别，可以采用不同的线型，如表体的边框线，金额的元与角之间、百元与千元之间、十万元与百万元之间，表体的每隔五行的横线等通常可以采用较粗的线型。

(6) 表格的超长表设计 超长表是指选用纸型大小不能容纳一个完整表格的表。超长表设计的基本要求有：①将超长表进行拆分，如横向拆分为表一、表二，纵向拆分为主表、附表；②将超长表设计成为折页表，折页表是指将超长表横向拆分为两张表格，两张表格采用相对方式进行装订，使用时按装订线打开即构成一张完整的表格；③将超长表设计成为夹页表，夹页表就是在折页表基础上，在对折的表页之间再加上一页，这个夹页横向设计尺寸要略短，以借用表格行的栏目名称，这个夹页一般采用正反双面印制。

(7) 表格的联次设计 有些表格常常是一式几份，通常将固定一式几份的表格设计成为一式几联，这时将设计的联数称为联次。表格联数设计的基本要求有：①应以表格内容为依据，满足有关方面的使用要求；②不同的联次可以采用不同的颜色印制，以示区别，方便使用；③不同的联次应当明确标识用途。

有关原始凭证表格设计如请款单见表 1-2、报销单见表 1-3。其他有关表格设计从略，可见有关章节。

表 1-2 请款单

请　　款　　单

请款单位：　　　　　　　　　年　　月　　日　　　　　　　　　编号：

受款单位及用途			详细地址或出差地点				借款人	
借款金额	人民币(大写)：					￥______		
借款记录			日期	核销记录			余额	核销人
借方	贷方	金额		借方	贷方	金额		

厂部领导：　　　　　　　　业务主管：　　　　　　　　财务主管：

表 1-3　报销单

公出旅费报销单

单位：　　　　　　　　　　　　　　年　　月　　日

姓名				职务				公出任务		公出日期	
出发				到达				票据名称	金额	项目	金额
月	日	时间	地点	月	日	时间	地点	宿　费		住宿补助	
								邮电费		伙食补助	
								会议费		市内交通	
								交通费		卧铺补助	
								其他		其他	
合计	人民币（大写）：									￥________	
借款日期				票据张数							

经办人　　　　　　　　审核人　　　　　　　　借款人

第二章　会计机构和会计人员设置

一、会计机构的设置

会计机构是一个单位内部组织领导和从事会计工作的职能部门，同时也是会计制度的主要执行机构。会计人员是从事财务会计工作的人员，也是会计制度的主要执行者。企业内部会计制度设计应当设置会计机构，配备会计人员。

我国《会计法》第三十六条规定："各单位应当根据会计业务的需要，设置会计机构，或者在有关机构中设置会计人员并指定会计主管人员；不具备设置条件的，应当委托经批准设立从事会计代理记账业务的中介机构代理记账。"

（一）设置会计机构的原则

设置会计机构是做好会计工作，充分发挥会计职能作用的重要保证。由于各单位的经济性质、经营特点、管理要求等各不相同，会计机构的内部组织、会计人员的内部分工、会计人员的职责就有所不同，但在设置会计机构时除遵循会计制度设计基本原则外，还应遵循以下具体原则。

1．要根据本单位会计业务的需要适应本单位生产经营特点

各单位的业务类型及经济业务内容不同、规模及经济业务量不同，其设置的会计机构亦应有所区别。设置会计机构必须适应本单位生产经营类型、生产经营规模、业务繁简程度等特点，根据本单位会计业务的需要设置会计机构。

2．要合理分工满足内部控制需要

设置会计机构，首先要求对会计机构与本单位其他部门进行合理分工，其次在会计机构的内部合理分工，满足内部牵制与内部控制需要，明确其责任，使之相互协作、相互配合，实现内部控制的目标。

3. 要保证会计工作质量有利于提高会计工作效率

设置会计机构，首先应保证会计工作质量，提供真实、完整的会计信息，严格进行会计监督，加强经济管理和财务管理；并在保证会计工作质量前提下，合理精简机构，防止机构重叠、人浮于事，提高会计工作效率。

（二）设置会计机构

从有效发挥会计职能作用的角度看，大、中型企业（包括集团公司、股份有限公司、有限责任公司）应当设置独立的会计机构，生产经营类型特殊经济业务量较多的小型企业也应设置独立的会计机构。

各单位可以根据本单位会计业务的需要、单位性质及类型、单位组织机构形式及内部管理体制决定会计机构是分设还是合设以及称谓。各单位可以单独设置会计机构，也可以合并设置会计机构，如将会计职能与财务职能合并设置为一个机构，将会计职能与计划职能合并设置为一个机构。会计机构的称谓也由各单位自行决定，如“会计部（中心、处、科、股、组、室等）”“财务部（中心、处、科、股、组、室等）”“财会部（中心、处、科、股、组等）”“计财部（中心、处、科、股、组、室等）”等。

会计机构应根据会计机构设计原则进行合理的分工和组合，通常，较大的会计机构是在总会计师、会计机构负责人领导下，由若干专业组、会计岗位及会计人员组成的；较小的会计机构是在会计机构负责人领导下，由若干会计岗位及会计人员组成的。

较大的会计机构应根据工作量和业务联系情况等，将一些会计岗位作出合理的组合，分成若干专业组。以大中型工业企业为例，全部的财会业务大致可分为固定资产组、材料组、工资组、成本组、销售组、资金组、综合组等。固定资产组负责固定资产、折旧、大修理费、在建工程、长期投资、无形资产的核算；材料组负责材料采购及应付账款、材料收发存核算；工资组负责工资、应付福利费的核算；成本组负责有关生产成本、生产费用的核算；销售组负责销售、应收款、产成品的核算；资金组负责资金收支核算和管理；综合组负责期间费用、利润、总账报表核算等。

会计岗位是会计工作的基层分工，一般企业的会计岗位有：总会计师（或行使总会计师职权）岗位，会计机构负责人（会计主管人员）岗位，出纳岗位，稽核岗位，资本及基金核算岗位，收入、支出、债权债务核算岗位，工资核算、成本费用核算、财务成果核算岗位，财产物资的收发、增减核算岗位，总账岗位，对外财务会计报告编制岗位，会计电算化有关岗位，会计档案管理岗位。在会计档案正式移交档案管理部门之前，在会计机构内会计档案管理工作属会计岗位；会计档案正式移交档案管理部门后，会计档案管理工作不属于会计岗位；有关收银（费）员不属于会计岗位，如医院、商场收银员；单位内部审计人员、社会审计人员、政府审计人员不属于会计岗位。会计岗位可以一人一岗、一人多岗或一岗多人，各单位可以根据行业特点、规模大小、业务繁简和人员多少等情况具体确定，但会计岗位应实行内部牵制制度，如出纳人员不得兼任稽核、会计档案保管和收入、支出、费用、债权、债务账目的登记工作。

会计机构设计可用组织机构图描述。图 2-1 是以大中型企业为例描述会计机构设计的组织机构图。

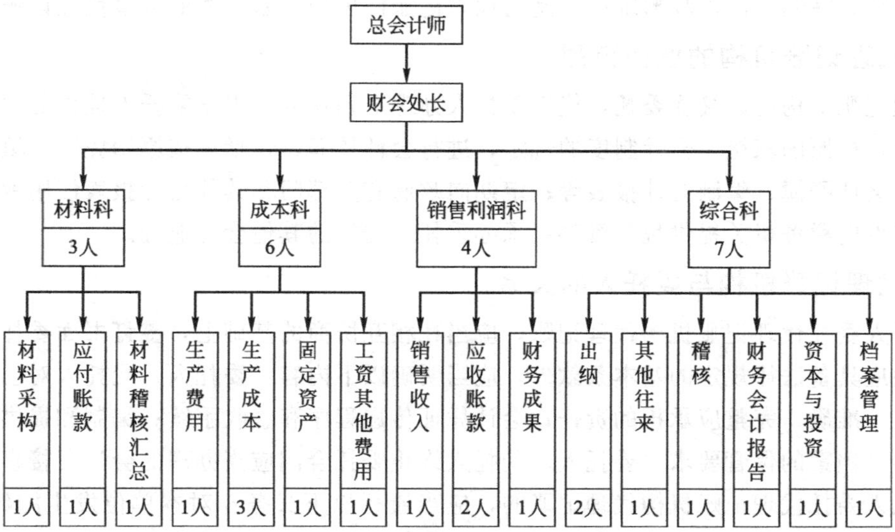

图 2-1　组织机构图

（三）在有关机构中设置会计人员

经济业务量较少的小型企业可不设置会计机构，可以将业务并入其他职能部门，在有关机构中设置会计人员并指定会计主管人员。

不设置会计机构，可在其他有关机构配备会计人员，这些在其他有关机构配备的会计人员一般应为专职会计人员，这些会计人员设置与设置会计机构的会计人员应当具备同样的条件。

不设置会计机构而已在其他有关机构配备了会计人员的企业，应当指定会计主管人员。会计主管人员应当在配备的会计人员当中指定，不应当由会计人员以外的会计人员所在机构的负责人担任。会计主管人员是负责组织管理会计事务、行使会计机构负责人职权的负责人，他不同于主管会计、主办会计。会计主管人员的任职条件、职责、权限与会计机构负责人相同。

（四）代理记账

经济业务量较少的小型企业等，不具备设置条件的，可不设置会计机构，应当委托经批准设立从事会计代理记账业务的中介机构实行代理记账。

代理记账业务的中介机构简称代理记账机构，主要有代理记账公司、会计师事务所或者其他社会咨询服务机构。关于代理记账财政部专门发布了《代理记账管理暂行办法》，其主要规定如下。

1. 代理记账机构应具备的条件

至少有三名持有会计证（会计从业资格证书）的专职从业人员，同时可以聘用一定数量相同条件的兼职从业人员；主管代理记账业务的负责人必须具有会计师以上专业技术资格；有健全的代理记账业务规范和财务会计管理制度；机构的设立依法经过工商行政管理部门或者其他管理部门核准登记；从事代理记账业务的机构，除会计师事务所外，必须按隶属关系向县级以上（含县级）人民政府财政部门申请代理记账资格，经过县级以上人民政府财政部门审查批准，并领取由财政部统一印制的代理记账许可证书后，才能从事代理记账业务。

2. 代理记账机构的业务范围

代理记账机构可以接受委托，代表委托人办理下列业务：根据委托人提供的原始凭证和其他资料，按照国家统一会计制度的规定，进行会计核算，包括审核原始凭证，填制记账凭证、登记会计账簿、编制会计报表等；定期向政府有关部门和其他会计报表使用者提供会计报表；定期向税务机关提供税务资料；承办委托人委托的其他会计业务。

3. 代理记账机构与委托人的关系

委托人委托代理记账机构代理记账，应当在相互协商的基础上，签订书面委托合同。委托合同除应具备法律规定的基本条款外，应当明确以下内容：委托人、受托人对会计资料合法、真实、准确、完整应承担的责任；会计凭证传递程序和签收手续；编制和提供会计报表要求；会计档案的保管要求；委托人、受托人终止委托合同应当办理的会计交接事宜。

委托人委托代理记账机构代理记账的，应当履行以下义务：对本单位发生的经济业务，必须填制或者取得符合国家统一会计制度规定的原始凭证；应当配备专人负责日常货币收支和保管；及时向代理记账机构提供合法、真实、准确、完整的原始凭证和其他相关资料；对于代理记账机构退回的要求按照国家统一会计制度规定进行更正、补充的原始凭证，应当及时予以更正、补充。

代理记账机构应当根据委托合同的约定，定期派人到委托人所在地办理会计核算业务，或者根据委托人送交的原始凭证在代理记账机构所在地办理会计核算业务。代理记账机构根据委托合同约定承办代理记账业务，应当符合法律、法规、规章的规定。代理记账机构为委托人编制的会计报表，经代理记账机构负责人和委托人审阅并签名或者盖章后，按照国家统一会计制度的规定报送政府有关部门和其他会计报表使用者。

4. 代理记账从业人员应当遵守规则

代理记账从业人员，应当遵守以下规则：遵守会计法律、法规和国家统一会计制度，依法履行职责；对在执行业务中知悉的商业秘密，负有保密义务；对委托人示意其做出不当的会计处理，提供不实的会计资料，以及其他不符合法律、法规规定的要求，应当拒绝；对委托人提出的有关会计处理原则问题负有解释的责任。

5. 代理记账责任

委托人对代理记账机构在委托合同约定范围内的行为承担责任。

代理记账机构对其专职从业人员和兼职从业人员的业务活动承担责任。

代理记账机构在执行业务中违反《会计法》和国家统一会计制度规定的，由财政机关依据法律、行政法规的规定处理。

代理记账机构违反《代理记账管理暂行办法》和国家有关规定造成委托人会计核算混乱、损害国家和委托人利益的，委托人故意向代理记账机构隐瞒真实情况或者委托人会同代理记账机构共同提供不真实会计资料的，应当承担相应法律责任。

（五）独立财务机构的设置

1. 与会计机构并行的财务管理机构

这种独立的财务机构，主要就筹资、投资与分配等财务活动进行专门化管理。其管理内容定位如下。

① 筹集资金。即预测资金需要量并保证企业生产经营对资金的需求。

② 投资管理。即负责企业投资项目的可行性研究方案制定，并处理好企业投资者之间的关系。

③ 股利分配。即协助董事会制定股利政策和股利分配方案，负责股利分配方案的具体实施。

④ 银行与保管。即对企业现金收支、有价证券的买卖及其财务交易事项进行计划、组织和控制，保证现金流转的畅通。

⑤ 信用和收款。即通过事先制定信用政策、事中货款催收和事后的收款考评，加速应收账款资金周转。

2. 公司型财务管理机构

这种机构模式的特点是它本身是个独立的法人实体。

公司型财务管理机构属于非银行金融机构的范围，一般设立于大型集团公司或跨国公司内部。

主要职责具体包括以下方面。

① 负责整个集团公司或跨国公司的外部资金筹资，它以集团利益最大化为原则，统一对外筹资；跨国公司则实施海外资本市场筹资等。

② 运用整个集团公司或跨国公司的资金盈余，在集团财务安排下，负责金融资产投资和证券买卖，以发挥集团资金优势。

③ 担当集团公司或跨国公司内部银行职能，办理成员企业间的资金余缺调剂和资金结算。

④ 在特殊情况下，负责集团公司或跨国公司资本经营战略的制定并付诸实施。集团公司或跨国公司内部设置的这类专门的理财机构，在财务上通常称之为财务公司。

二、会计人员的配备

（一）配备会计人员的原则

会计人员的配备原则与会计机构设置原则基本相同，要根据本单位会计业务的需要适应本单位生产经营特点，要合理分工满足内部控制需要，要保证会计工作质量有利于提高会计工作效率。此外会计人员的配备原则还有如下几个方面。

1. 根据会计岗位的工作量配备会计人员

配备会计人员的主要依据是会计岗位的工作量。具体上应当采用科学合理的方法，首先计算财务会计工作岗位的业务量，然后按照会计人员的平均工作定额，确定所需会计人员的数量。例如，某企业的材料采购业务每天最高可达150次，最低约100次，日平均业务量在120次左右，经测算，一个会计人员一天最多可处理材料采购业务60笔（包括有关原始凭证的填制和审核、证账凭证的编制、材料采购成本的计算和有关账簿的登记等具体工作），则材料组至少应配备两名会计人员负责材料采购业务的处理，才能保证材料核算任务的及时完成。

2. 配备会计人员要体现内部牵制制度的要求

配备会计人员，还应充分考虑会计人员间的合理分工，体现内部牵制制度的要求。内部牵制制度，也称钱账分管制度，是内部控制制度的重要组成部分。内部牵制制度是指凡是涉及款项和财物收付、结算及登记的任何一项工作，必须由两人或两人以上分工办理，以起到相互制约作用的一种工作制度。如现金和银行存款的支付，应由会计主管或其授权的代理人审核、批准，出纳人员付款，记账人员记账，不能由一个人同时办理付款和记账。同样，单位购入材料物资，应由采购人员办理采购、报账手续，仓库人员验收入库，记账人员登记入账。发出材料时，应经使用单位领导批准，经办人员领用，仓库人员发料，记账人员记账。还有，如单位发放工资，应由工资核算人员编制工资单，出纳人员向银行提取现金和分发工资，记账人员记账。出纳人员除负责登记现金日记账、银行存款日记账，保管支票、印鉴外，不得兼管稽核、会计档案保管和收入、费用、债权债务等账簿的登记工作等。上述业务，均不得一人兼办。实行内部牵制制度，主要是为了加强会计人员之间相互制约、相互监督、相互核对，提高会计工作质量，防止会计事务处理中发生的失误和差错及营私舞弊等行为。对不相容的会计职务，即使工作量很小，也要交由不同的会计人员分别办理，以避免贪污、舞弊行为的发生。

3. 根据会计岗位要求配置合理层次结构的会计人员

配备会计人员还应根据不同会计岗位的要求，确定会计人员的层次结构，使会计的各个岗位配备相应的各种专门人才，既要防止业务层次过高，造成人才的浪费，又要避免人员业务水平层次过低，不能满足工作的需要。应力求做到人尽其才，才尽其用，充分调动各级会计人员的工作积极性和创造性，使他们主动、认真地开展会计工作。

一般情况下，会计人员的层次结构，应按以下要求确定：大型企业、事业单位的总会计师应由具有高级会计师任职资格的人员担任；中型企事业单位的总会计师应由具有高级会计师或会计师任职资格的人员担任；小型企事业单位可不设总会计师，但必须由精通财会业务的行政领导副职（副厂长、副经理）主管经济核算工作，行使总会计师的职责。大、中型企业、事业单位财会机构负责人一般应由具有会计师任职条件的人员担任，以便能够独立组织和领导整个企事业单位的会计工作，及时正确处理较为复杂的经济业务。其他会计岗位可按一定比例由高级会计师、会计师、助理会计师、会计员资格的人员担任。

（二）对会计人员的基本要求

① 各单位应当根据会计业务需要配备持有会计从业资格证书的会计人员。未取得会计从业资格证书的人员，不得从事会计工作。

② 各单位应当根据会计业务需要设置会计工作岗位。会计工作岗位，可以一人一岗、一人多岗或者一岗多人，但应满足内部牵制制度要求，如出纳人员不得兼管稽核、会计档案保管和收入、支出、费用、债权债务账目的登记工作。

③ 会计人员的工作岗位应当有计划地进行轮换。

④ 会计人员应当具备必要的专业知识和专业技能，熟悉国家有关法律、法规、规章和国家统一会计制度，遵守职业道德。

⑤ 会计人员应当按照国家有关规定参加后续教育的培训。

⑥ 国家机关、国有企业、事业单位任用会计人员应当实行回避制度。单位领导人的直

系亲属不得担任本单位的会计机构负责人、会计主管人员。会计机构负责人、会计主管人员的直系亲属不得在本单位会计机构中担任出纳工作。需要回避的直系亲属为：夫妻关系、直系血亲关系、三代以内旁系血亲以及配偶关系。

（三）会计人员职业道德

1. 职业道德的含义

所谓道德，是指一定社会调整个人与个人之间，以及个人与社会之间的社会关系行为规范的总和。狭义的职业道德是指在职业活动中应遵循的、体现一定职业特征的、调整一定职业关系的职业行为准则和规范。职业道德的内涵由职业道德认识、情感、意志、信念和行为习惯等组成。

2. 职业道德的内容

我国《公民道德建设实施纲要》提出了职业道德的基本内容，即“爱岗敬业、诚实守信、办事公道、服务群众、奉献社会”。

3. 会计基础规范规定的会计职业道德的主要内容

会计职业道德是指在会计职业活动中应当遵循的、体现会计职业特征的、调整会计职业关系的职业行为准则和规范。会计职业道德的基本范畴有义务、良心、荣誉等。一般认为，会计职业道德的基本内涵包括职业技能、技术和职业品质。

① 爱岗敬业。会计人员应当热爱本职工作，努力钻研业务，使自己的知识和技能适应所从事工作的要求。

② 熟悉法规。会计人员应当熟悉财经法律、法规、规章和国家统一会计制度，并结合会计工作进行广泛宣传。

③ 依法办事。会计人员应当按照会计法律、法规和国家统一会计制度规定的程序和要求进行会计工作，保证所提供的会计信息合法、真实、准确、及时、完整。

④ 客观公正。会计人员办理会计事务应当实事求是、客观公正。

⑤ 搞好服务。会计人员应当熟悉本单位的生产经营和业务管理情况，运用掌握的会计信息和会计方法，为改善单位内部管理、提高经济效益服务。

⑥ 保守秘密。会计人员应当保守本单位的商业秘密。除法律规定和单位领导人同意外，不能私自向外界提供或者泄露单位的会计信息。

财政部门、业务主管部门和各单位应当定期检查会计人员遵守职业道德的情况，并作为会计人员晋升、晋级、聘任专业职务、表彰奖励的重要考核依据。

4. 会计人员继续教育大纲规定的会计职业道德的主要内容

（1）爱岗敬业 爱岗敬业是爱岗与敬业的总称。爱岗敬业是会计职业道德的基本要求，是每个会计从业人员是否具有职业道德的首要标准。爱岗就是会计人员热爱本职工作岗位。敬业是指人们对其所从事的会计职业或行业的正确认识和恭敬态度，并用这种严肃恭敬的态度认真地对待本职工作，将身心与本职工作融为一体。

爱岗敬业的基本要求：①热爱会计工作，敬重会计职业；②严肃认真，一丝不苟；③忠于职守，尽职尽责。忠于职守主要表现为三个方面，即忠实于服务主体，忠实于社会公众，忠实于国家。

（2）诚实守信 诚实守信是诚实和守信的总称。诚实守信是做人的基本准则，也是公民道德规范的主要内容。诚实是指言行跟内心思想一致，实事求是，不弄虚作假，不欺上瞒下。守信就是遵守自己所作出的承诺，讲信用，重信用，信守诺言，保守秘密。

诚实守信的基本要求：①做老实人，说老实话，办老实事，不搞虚假；②实事求是，如实反映；③保守秘密，不为利益所诱惑；④执业谨慎，信誉至上。

(3) 廉洁自律 廉洁就是“有受日廉，不污日洁，不收受贿赂、不贪污钱财。清廉是为政之本、为官之德。”自律是指自律主体按照一定的标准，自己约束自己、自己控制自己的言行和思想的过程。

廉洁自律的基本要求：①树立正确的人生观和价值观；②公私分明，不贪不占。

(4) 客观公正 客观是指按事物的本来面目去反映，不掺杂个人的主观意愿，也不为他人意见所左右，既不夸大，也不缩小。公正就是公正正直，没有偏失，但不是中庸。客观是公正的基础，公正是客观的反映。

客观公正的基本要求：①依法办事；②实事求是，不偏不倚；③保持独立性。

(5) 坚持准则 这里所说的“准则”不仅指会计准则，而且包括会计法律、会计法规、国家统一的会计制度，以及与会计工作相关的法律制度。

坚持准财的基本要求：①熟悉准则，熟悉准则是指会计人员应了解和掌握《会计法》和国家统一的会计制度及与会计相关的法律制度，这是遵循准则、坚持准则的前提；②遵循准则；③坚持准则。

(6) 提高技能 提高技能，要求会计人员提高职业技能和专业胜任能力，以适应工作需要。对会计职业而言，包括会计理论水平、会计实务能力、职业判断能力、更新知识能力、提供会计信息的能力、沟通交流能力以及职业经验等。

提高技能的基本要求：①要有不断提高会计专业技能的意识和愿望；②要有勤学苦练的精神和科学的学习方法。

(7) 参与管理 参与管理，简单地讲就是间接参加管理活动，为管理者当参谋，为管理活动服务。

参与管理的基本要求：①努力钻研业务，熟悉财经法规和相关制度，提高业务技能，为参与管理打下基础；②熟悉服务对象的经营活动和业务流程，使参与管理的决策更具针对性和有效性。

(8) 强化服务 强化服务是要求会计人员具有文明的服务态度、强烈的服务意识和优良的服务质量。强化服务的关键是提高服务质量。

强化服务的基本要求：①强化服务意识；②提高服务质量。提高服务质量，并非无原则地满足服务主体的需要，而是在坚持原则、坚持会计准则的基础上尽量满足用户或服务主体的需要。

(四) 总会计师的设置

总会计师是在单位负责人领导下，主管经济核算和财务会计工作的负责人。早在中华人民共和国成立之初，我国就借鉴苏联的经验，在一些大、中型国有企业实行总会计师制度，目的是加强经济核算和会计处理。1990 年 12 月，国务院发布了《总会计师条例》，对总会计师的地位、职责、权限、任免与奖惩作了完整、全面、系统、具体的规定，使我国总会计师制度进入了一个全新的发展时期。目前新颁布的《会计法》对总会计师设置范围作出了明确规定。

1 总会计师的设置范围

① 国有大、中型企业必须设置总会计师。新颁布的《会计法》对总会计师的设置范围规定："国有的和国有资产占控股地位或者主导地位的大、中型企业必须设置总会计师"。同时规定"总会计师的任职资格、任免程序、职责权限由国务院规定"，为适时修订《总会计师条例》提供法律依据。

② 不限制其他单位根据需要设置总会计师。《会计法》规定国有大、中型企业必须设置总会计师，并没有限制除国有大、中型企业以外的其他单位设置总会计师的范围。其他单位完全可以根据业务需要，视情况自行决定是否设置总会计师。从实际情况看，许多外商投资企业、民营企业等也都设有总会计师。

2. 总会计师的地位

明确总会计师的地位，有利于保证总会计师依法行使职权，发挥总会计师的应有作用。《总会计师条例》对此作出了明确规定。

① 总会计师是单位领导成员，协助单位负责人工作，直接对单位负责人负责。

② 总会计师作为单位财务会计的主要负责人，全面负责本单位的财务会计管理和经济核算，参与本单位的重大经营决策活动，是单位负责人的参谋和助手。

3. 凡设置总会计师的单位不能再设置与总会计师职责重叠的副职

4. 总会计师的任职条件

按照《总会计师条例》的规定，担任总会计师，应当具备以下条件。

① 坚持社会主义方向，积极为社会主义市场经济建设和改革开放服务；

② 坚持原则、廉洁奉公；

③ 取得会计师专业技术资格后，主管一个单位或者单位内部一个重要方面的财务会计工作不少于 3 年；

④ 要有较高的理论政策水平，熟悉国家财经纪律、法规、方针和政策，掌握现代化管理的有关知识；

⑤ 具备本行业的基本业务知识，熟悉行业情况，有较强的组织领导能力；

⑥ 身体健康、胜任本职工作。

（五）会计机构负责人的设置

会计机构负责人（包括会计主管人员），是在一个单位内具体负责会计工作的中层领导人员，他是在单位负责人的领导下，负责组织、管理本单位所有会计工作。会计机构负责人工作水平的高低、质量的好坏，直接关系到整个单位会计工作的水平和质量。如果会计机构负责人（会计主管人员）的政治素质好，业务水平高，具有较强的组织能力，不仅对于领导和组织好本单位的会计工作有利，而且对于加强经营管理和提高效益十分有益；相反，不仅影响本单位的会计工作的开展，甚至会给单位带来经济上的损失。

《会计法》规定担任会计机构负责人（会计主管人员）除了要求其具备一般会计人员应具备的条件——必须取得会计从业资格证书外，还应当具备会计师以上专业技术资格或者从事会计工作三年以上经历。

《会计法》规定担任会计机构负责人条件之间存在明显差别，"具备会计师以上专业技术资格"的条件较高，并不是所有单位都会有具备会计师以上专业技术资格的会计人员；"从事会计工作三年以上经历”的条件相对较低。之所以这样规定，主要考虑的是：不同规模的单位对会计机构负责人（会计主管人员）的要求不一样，所具备的人才基础也不一样。如大型国有企业，其会计机构负责人（会计主管人员）应具备高级会计师资格；而小规模私营企业、农村经济合作组织等，只需要熟悉会计业务的人就可以担任会计机构负责人（会计主管人员）。

对不同单位的会计机构负责人（会计主管人员）具体应具备的条件，应根据单位性质、规模大小等的不同具体掌握。

（六）会计人员从业资格

《会计法》规定："从事会计工作的人员，必须取得会计从业资格证书。""会计人员从业资格管理办法由国务院财政部门规定。"为了贯彻《会计法》关于实行会计人员从业资格管理制度的规定，财政部按照法律授权，制定了《会计从业资格管理办法》，其主要内容如下。

1. 会计从业资格证书的性质

会计从业资格证书是具备会计从业资格的证明文件，在全国范围内有效。凡是从事会计工作的会计人员，必须取得会计从业资格证书。持有会计从业资格证书的人员（以下简称持证人员）不得涂改、转让会计从业资格证书。

① 在国家机关、社会团体、公司、企业、事业单位和其他组织（以下统称单位）从事会计工作的人员必须取得会计从业资格。

② 各单位不得任用（聘用）不具备会计从业资格的人员从事会计工作。

③ 不具备会计从业资格的人员，不得从事会计工作，不得参加会计专业技术资格考试或评审、会计专业职务的聘任，不得申请取得会计人员荣誉证书。

2. 会计从业资格证书的管理部门

会计从业资格证书的管理体制，主要实行属地原则，县级以上地方人民政府财政部门负责本行政区域内的会计从业资格管理。

财政部委托中共中央直属机关事务管理局、国务院机关事务管理局按照各自权限分别负责中央在京单位的会计从业资格的管理。

新疆生产建设兵团财务局负责所属单位的会计从业资格的管理。财政部委托铁道部负责铁路系统的会计从业资格的管理。

财政部委托中国人民武装警察部队后勤部和中国人民解放军总后勤部分别负责中国人民武装警察部队、中国人民解放军系统的会计从业资格的管理。

3. 会计从业资格的取得

国家实行会计从业资格考试制度。申请参加会计从业资格考试的人员，应当符合下列基本条件。

① 遵守会计和其他财经法律、法规；

② 具备良好的道德品质；

③ 具备会计专业基础知识和技能。

因有《会计法》第四十二条、第四十三条、第四十四条所列违法情形，被依法吊销会计从业资格证书的人员，自被吊销之日起5年内（含5年）不得参加会计从业资格考试，不得重新取得会计从业资格证书。

因有提供虚假财务会计报告，做假账，隐匿或者故意销毁会计凭证、会计账簿、财务会计报告，贪污、挪用公款，职务侵占等与会计职务有关的违法行为，被依法追究刑事责任的人员，不得参加会计从业资格考试，不得取得或者重新取得会计从业资格证书。

会计从业资格考试科目为：财经法规与会计职业道德、会计基础、初级会计电算化（或者珠算五级）。

会计从业资格考试大纲由财政部统一制定并公布。

申请人符合基本条件规定且具备国家教育行政主管部门认可的中专以上（含中专，下同）会计类专业学历（或学位）的，自毕业之日起 2 年内（含 2 年），免试会计基础、初级会计电算化（或者珠算五级）。会计类专业包括：会计学、会计电算化、注册会计师专门化、审计学、财务管理、理财学。

会计从业资格考试全科合格或财经法规与会计职业道德考试成绩合格的申请人，可以向会计从业资格考试所在地的县级以上地方财政部门、新疆生产建设兵团财务局和中央主管单位（以下简称会计从业资格管理机构）申请会计从业资格证书。县级以上地方财政部门会计从业资格证书的颁发权限由各省、自治区、直辖市、计划单列市财政部门确定。

会计从业资格管理机构作出准予颁发会计从业资格证书的决定，应当自作出决定之日起 10 日内向申请人颁发会计从业资格证书。

会计从业资格管理机构作出不予颁发会计从业资格证书的决定，应当说明理由，并告知申请人享有依法申请行政复议或者提起行政诉讼的权利。

4. 会计从业资格证书实行注册登记制度

持证人员从事会计工作，应当自从事会计工作之日起 90 日内，填写注册登记表，并持会计从业资格证书和所在单位出具的从事会计工作的证明，向单位所在地或所属部门、系统的会计从业资格管理机构办理注册登记。持证人员离开会计工作岗位超过 6 个月的，应当填写注册登记表，并持会计从业资格证书，向原注册登记的会计从业资格管理机构备案。

持证人员在同一会计从业资格管理机构管辖范围内调转工作单位，且继续从事会计工作的，应当自离开原工作单位之日起 90 日内，填写调转登记表，持会计从业资格证书及调入单位开具的从事会计工作的证明，办理调转登记。

持证人员在不同会计从业资格管理机构管辖范围调转工作单位，且继续从事会计工作的，应当填写调转登记表，持会计从业资格证书，及时向原注册登记的会计从业资格管理机构办理调出手续；并自办理调出手续之日起 90 日内，持会计从业资格证书、调转登记表和调入单位开具的从事会计工作证明，向调入单位所在地区的会计从业资格管理机构办理调入手续。

会计从业资格管理机构应当建立持证人员从业档案信息系统，及时记载、更新持证人员下列信息。

① 持证人员相关基础信息和注册、变更、调转登记情况；

② 持证人员从事会计工作情况；

③ 持证人员接受继续教育情况；

④ 持证人员受到表彰奖励情况；

⑤ 持证人员因违反会计法律、法规、规章和会计职业道德被处罚情况。

持证人员的学历或学位、会计专业技术职务资格以及前款第（一）～第（五）项内容发生变更的，可以持相关有效证明和会计从业资格证书，向所属会计从业资格管理机构办理从业档案信息变更。

会计从业资格管理机构应当对下列情况实施监督检查。

① 从事会计工作的人员持有会计从业资格证书并注册登记情况；

② 持证人员从事会计工作和执行国家统一的会计制度情况；

③ 持证人员遵守会计职业道德情况；

④ 持证人员接受继续教育情况。

5. 会计从业资格管理的法律责任

① 参加会计从业资格考试舞弊的，由会计从业资格管理机构取消其该科目的考试成绩；情节严重的，取消其全部考试成绩。

② 用假学历、假证书等手段得以免试考试科目并取得会计从业资格证书的，由会计从业资格管理部门撤销其会计从业资格。

③ 持证人员未按照本办法规定办理注册、调转登记的，会计从业资格管理机构责令其限期改正；逾期不改正的，予以公告。

④ 持证人员有《会计法》第四十二条、第四十三条、第四十四条所列违法违纪情形之一，由会计从业资格管理机构按照《会计法》的规定予以处理并向社会公告。

⑤ 会计从业资格管理机构发现单位任用（聘用）未经注册、调转登记的人员从事会计工作的，应责令其限期改正；逾期不改正的，予以公告。

⑥ 单位任用（聘用）没有会计从业资格证书人员从事会计工作的，由会计从业资格管理机构依据《会计法》第四十二条的规定处理。

⑦ 会计从业资格管理机构及其工作人员在实施会计从业资格管理中滥用职权、玩忽职守、徇私舞弊的，依法给予行政处分。

⑧ 会计从业资格管理机构工作人员违反《会计从业资格管理办法》第二十九条规定，将检举人姓名和检举材料转给被检举单位和被检举人个人的，由所在单位或者有关单位依法给予行政处分。

（七）会计人员继续教育

1. 会计人员继续教育管理体制

① 财政部负责全国会计人员继续教育的管理。

② 各省、自治区、直辖市、计划单列市财政厅（局）负责本地区的会计人员继续教育的组织管理工作。

③ 中共中央直属机关事务管理局、国务院机关事务管理局、铁道部、中国人民武装警察部队后勤部、中国人民解放军总后勤部（以下简称中央主管单位）比照会计从业资格管理体制，分别负责中央在京单位、铁路系统、中国人民武装警察部队系统、中国人民解放军系统会计人员继续教育的组织实施工作。

④ 会计人员所在单位负责组织和督促本单位的会计人员参加继续教育。

⑤ 会计人员所在单位应当遵循教育、考核、使用相结合的原则，支持、督促并组织本单位会计人员参加继续教育，保证学习时间，提供必要的学习条件。

2. 继续教育对象

① 会计人员享有参加继续教育的权利和接受继续教育的义务。

② 会计人员继续教育的对象是取得并持有会计从业资格证书的人员。

③ 会计人员继续教育分为高级、中级、初级三个级别。

a. 高级会计人员继续教育的对象为取得或者受聘高级会计专业技术资格（职称）及具备相当水平的会计人员；

b. 中级会计人员继续教育的对象为取得或者受聘中级会计专业技术资格（职称）及具备相当水平的会计人员；

c. 初级会计人员继续教育的对象为取得或者受聘初级会计专业技术资格（职称）的会计人员，以及取得会计从业资格证书但未取得或者受聘初级会计专业技术资格（职称）的会计人员。

④ 会计人员每年接受培训（面授）的时间累计不应少于 24 小时。

会计人员由于病假、在境外工作、生育等原因，无法在当年完成接受培训时间的，可由本人提供合理证明，经归口管理的当地财政部门或中央主管单位（以下简称继续教育管理部门）审核确认后，其参加继续教育时间可以顺延至以后年度完成。

3. 继续教育的内容与形式

① 会计人员继续教育的内容主要包括会计理论、政策法规、业务知识、技能训练和职业道德等。

a. 会计理论继续教育，重点加强会计基础理论和应用理论的培训，提高会计人员用理论指导实践的能力；

b. 政策法规继续教育，重点加强会计法规制度及其他相关法规制度的培训，提高会计人员依法理财的能力；

c. 业务知识培训和技能训练，重点加强履行岗位职责所必备的专业知识和经营管理、内部控制、信息化等方面的培训，提高会计人员的实际工作能力和业务技能；

d. 职业道德继续教育，重点加强会计职业道德的培训，提高会计人员职业道德水平。

② 会计人员继续教育的形式以接受培训为主。在职自学是会计人员继续教育的重要补充。

③ 会计人员可以自愿选择参加继续教育主管部门认可的接受培训的形式。

a. 参加在继续教育主管部门备案并予以公布的会计人员继续教育机构组织的会计培训；

b. 参加继续教育主管部门组织的会计人员继续教育师资培训和会计培训；

c. 参加会计人员所在单位组织的会计类脱产培训；

d. 参加会计、审计、统计、经济专业技术资格考试，以及注册会计师、注册资产评估师、注册税务师考试；

e. 继续教育主管部门认可的其他形式。

④ 鼓励会计人员参加在职自学。在职自学形式包括以下几种。

a. 参加普通院校或成人院校会计、审计、财务管理、理财学、会计电算化、注册会计师专门化、会计硕士专业学位（MPAcc）等国家承认的相关专业学历教育；

b. 独立完成通过地（市）级以上（含地、市级）财政部门或会计学术团体认可的会计类研究课题或在省级以上（含省级）经济类报刊上发表会计类论文；

c. 系统地接受会计业务相关的远程教育和网上培训；

d. 其他在职自学形式。

会计人员所在单位应当对会计人员在职自学提出要求，并提供必要的条件。

⑤ 开展会计人员继续教育应当根据会计人员的特点，综合运用讲授式、研究式、案例式、模拟式、体验式等教学方法，增强培训效果和质量。

⑥ 推广网络教育、远程教育、电化教育，提高会计人员继续教育教学和管理的信息化水平。

（八）会计专业技术资格及考试

1. 会计专业技术资格

会计专业技术资格（职称、职务）是区分会计人员从事业务工作的技术等级。会计专业职务分为高级会计师、会计师、助理会计师、会计员；高级会计师为高级职务，会计师为中级职务，助理会计师和会计员为初级职务。

2. 会计专业技术资格考试

（1）会计专业技术资格取得

① 通过全国统一考试，取得会计专业技术资格的会计人员，表明其已具备担任相应级别会计专业技术职务的任职资格。

② 会计专业技术资格实行全国统一考试后，初级、中级职务不再进行相应会计专业技术职务任职资格的评审工作。

（2）会计专业技术职务聘任 会计专业技术职务由用人单位根据工作需要和德才兼备的原则，从获得会计专业技术资格的会计人员中择优聘任。

（3）参加会计专业技术资格考试人员报名的条件

第一，基本条件，如下所示。

① 坚持原则，具备良好的职业道德品质；

② 认真执行《中华人民共和国会计法》和国家统一的会计制度，以及有关财经法律、法规、规章制度，无严重违反财经纪律的行为；

③ 履行岗位职责，热爱本职工作；

④ 持有效的会计从业资格证书。

第二，报名参加初级资格考试的人员，除具备所列的基本条件外，还必须具备教育部门认可的高中毕业以上学历。

第三，报名参加中级资格考试的人员，除具备所列的基本条件外，还必须具备下列条件之一。

① 取得大学专科学历，从事会计工作满五年。

② 取得大学本科学历，从事会计工作满四年。

③ 取得双学士学位或研究生班毕业，从事会计工作满二年。

④ 取得硕士学位，从事会计工作满一年。

⑤ 取得博士学位。

第四，对通过全国统一的考试，取得经济、统计、审计专业技术中、初级资格的人员，并具备报名所列的基本条件，均可报名参加相应级别的会计专业技术资格考试。

（4）考试科目的设置

① 会计专业技术初级资格考试科目为：初级会计实务、经济法基础科目。

② 会计专业技术中级资格考试科目为：中级会计实务、财务管理、经济法科目。

参加全国会计专业技术中级资格考试的人员，在连续的两个考试年度内，全部考试科目均合格者，可获得会计专业技术中级资格证书；参加全国会计专业技术初级资格考试的人员，必须在一个考试年度内通过全部科目的考试，方可获得会计专业技术初级资格证书。

三、会计机构及有关人员职责

（一）会计机构与会计人员的基本职责

会计机构与会计人员的职责，即担任各种职务或各工作岗位上的会计人员应承担的责任，它是由会计工作的具体任务决定的。会计人员的基本职责是进行会计核算，实行会计监督。具体职责有：拟定本单位会计事务的具体办法；参与拟定经济业务计划；考核分析预算、财务计划的执行情况，办理其他会计事务。设计会计制度时，应当结合会计机构的内部组织情况，将会计人员的职责加以明确化、具体化，以促进会计人员尽职尽责，努力完成好本职工作。同时，也有利于考核各岗位会计人员的工作业绩，建立健全各级人员的奖惩制度。会计人员的基本职责如下。

1. 会计机构与会计人员的核算职责

① 各单位必须根据实际发生的经济业务事项进行会计核算，填制会计凭证，登记会计账簿，编制财务会计报告。任何单位不得以虚假的经济业务事项或者资料进行会计核算。

② 下列经济业务事项，应当办理会计手续，进行会计核算：款项和有价证券的收付；财物的收发、增减和使用；债权债务的发生和结算；资本、基金的增减；收入、支出、费用、成本的计算；财务成果的计算和处理；需要办理会计手续、进行会计核算的其他事项。

③ 会计年度自公历 1 月 1 日起至 12 月 31 日止。

④ 会计核算以人民币为记账本位币。业务收支以人民币以外的货币为主的单位，可以选定其中一种货币作为记账本位币，但是编报的财务会计报告应当折算为人民币。

⑤ 会计凭证、会计账簿、财务会计报告和其他会计资料，必须符合国家统一的会计制度的规定。使用电子计算机进行会计核算的，其软件及其生成的会计凭证、会计账簿、财务会计报告和其他会计资料，也必须符合国家统一的会计制度的规定。

任何单位和个人不得伪造、变造会计凭证、会计账簿及其他会计资料，不得提供虚假的财务会计报告。

⑥ 第二款所列的经济业务事项，必须填制或者取得原始凭证并及时送交会计机构。会计机构、会计人员必须按照国家统一的会计制度的规定对原始凭证进行审核，对不真实、不合法的原始凭证有权不予接受，并向单位负责人报告；对记载不准确、不完整的原始凭证予以退回，并要求按照国家统一的会计制度的规定更正、补充。原始凭证记载的各项内容均不得涂改；原始凭证有错误的，应当由出具单位重开或者更正，更正处应当加盖出具单位印章。原始凭证金额有错误的，应当由出具单位重开，不得在原始凭证上更正。

⑦ 记账凭证应当根据经过审核的原始凭证及有关资料编制。

⑧ 会计账簿登记，必须以经过审核的会计凭证为依据，并符合有关法律、行政法规和国家统一的会计制度的规定。会计账簿应当按照连续编号的页码顺序登记。会计账簿记录发生错误或者隔页、缺号、跳行的，应当按照国家统一的会计制度规定的方法更正，并由会计人员和会计机构负责人（会计主管人员）在更正处盖章。使用电子计算机进行会计核算的，

其会计账簿的登记、更正，应当符合国家统一的会计制度的规定。

⑨ 各单位发生的各项经济业务事项应当在依法设置的会计账簿上统一登记、核算，不得违反本法和国家统一的会计制度的规定私设会计账簿登记、核算。

⑩ 各单位应当定期将会计账簿记录与实物、款项及有关资料相互核对，保证会计账簿记录与实物及款项的实有数额相符、会计账簿记录与会计凭证的有关内容相符、会计账簿之间相对应的记录相符、会计账簿记录与会计报表的有关内容相符。

⑪ 各单位采用的会计处理方法，前后各期应当一致，不得随意变更；确有必要变更的，应当按照国家统一的会计制度的规定变更，并将变更的原因、情况及影响在财务会计报告中说明。

⑫ 单位提供的担保、未决诉讼等或有事项，应当按照国家统一的会计制度的规定，在财务会计报告中予以说明。

⑬ 财务会计报告应当根据经过审核的会计账簿记录和有关资料编制，并符合《会计法》和国家统一的会计制度关于财务会计报告的编制要求、提供对象和提供期限的规定；其他法律、行政法规另有规定的，从其规定。

向不同的会计资料使用者提供的财务会计报告，其编制依据应当一致。有关法律、行政法规规定会计报表、会计报表附注和财务情况说明书须经注册会计师审计的，注册会计师及其所在的会计师事务所出具的审计报告应当随同财务会计报告一并提供。

财务会计报告应当由单位负责人和主管会计工作的负责人、会计机构负责人（会计主管人员）签名并盖章；设置总会计师的单位，还须由总会计师签名并盖章。单位负责人应当保证财务会计报告真实、完整。

⑭ 会计记录的文字应当使用中文。在民族自治地方，会计记录可以同时使用当地通用的一种民族文字。在中华人民共和国境内的外商投资企业、外国企业和其他外国组织的会计记录可以同时使用一种外国文字。

⑮ 各单位对会计凭证、会计账簿、财务会计报告和其他会计资料应当建立档案，妥善保管。会计档案的保管期限和销毁办法，由国务院财政部门会同有关部门制定。

⑯ 公司、企业必须根据实际发生的经济业务事项，按照国家统一的会计制度的规定确认、计量和记录资产、负债、所有者权益、收入、费用、成本和利润。

⑰ 公司、企业进行会计核算不得有下列行为：随意改变资产、负债、所有者权益的确认标准或者计量方法，虚列、多列、不列或者少列资产、负债、所有者权益；虚列或者隐瞒收入，推迟或者提前确认收入；随意改变费用、成本的确认标准或者计量方法，虚列、多列、不列或者少列费用、成本；随意调整利润的计算、分配方法，编造虚假利润或者隐瞒利润；违反国家统一的会计制度规定的其他行为。

2. 会计机构与会计人员的监督职责

① 各单位应当建立、健全本单位内部会计监督制度。单位内部会计监督制度应当符合下列要求：记账人员与经济业务事项和会计事项的审批人员、经办人员、财物保管人员的职责权限应当明确，并相互分离、相互制约；重大对外投资、资产处置、资金调度和其他重要经济业务事项的决策和执行的相互监督、相互制约程序应当明确；财产清查的范围、期限和组织程序应当明确；对会计资料定期进行内部审计的办法和程序应当明确。

② 会计机构、会计人员对违反本法和国家统一的会计制度规定的会计事项，有权拒绝办理或者按照职权予以纠正。

③ 会计机构、会计人员发现会计账簿记录与实物、款项及有关资料不相符的，按照国家统一的会计制度的规定有权自行处理的，应当及时处理；无权处理的，应当立即向单位负责人报告，请求查明原因，作出处理。

④ 有权检举违反会计法和国家统一的会计制度规定的行为。

⑤ 不得以任何方式要求或者示意注册会计师及其所在的会计师事务所出具不实或者不当的审计报告。

⑥ 应当支持财政部门在对会计凭证、会计账簿、财务会计报告和其他会计资料是否真实、完整实施监督；发现重大违法嫌疑时，国务院财政部门及其派出机构有权对与被监督单位有经济业务往来的单位和被监督单位开立账户的金融机构查询有关情况。

⑦ 必须依照有关法律、行政法规的规定，接受有关监督检查部门依法实施的监督检查，如实提供会计凭证、会计账簿、财务会计报告和其他会计资料以及有关情况，不得拒绝、隐匿、谎报。

（二）有关人员的职责

为了有利于加强会计管理、改进工作作风、提高工作效率，有利于分清职责、严格财务纪律，必须建立各个会计岗位的岗位责任制。建立会计人员岗位责任制，要从实际出发，坚持精简的原则，切实做到事事有人管、人人有专责、办事有要求、工作有检查，保证会计工作有秩序地进行。会计人员岗位责任制要同本单位的经济责任制联系，以责定权，责权明确，严格考核，有奖有惩，各个岗位的会计人员在明确分工的前提下，要从整体出发，发扬协作精神，紧密配合，共同做好会计工作，会计人员的工作岗位要有计划地进行轮换，以便会计人员能够全面熟悉各项工作。现就各个工作岗位的主要职责分别予以说明。

1. 单位负责人会计职责

单位负责人是指单位法定代表人或者法律、行政法规规定代表单位行使职权的主要负责人，主要包括两类人员：一是单位的法定代表人（也称法人代表），即依法代表法人单位行使职权的负责人，如国有工业企业的厂长（经理）、公司制企业的董事长、国家机关的最高行政官员等；二是按照法律、行政法规规定代表单位行使职权的负责人，即依法代表非法人单位行使职权的负责人，如代表合伙企业执行合伙企业事务的合伙人、个人独资企业的投资人等。

《会计法》第四条规定："单位负责人对本单位的会计工作和会计资料的真实性、完整性负责。"这一规定明确了单位负责人为本单位会计行为的责任主体。《会计法》赋予单位负责人的会计责任主要包括以下几个方面。

① 对本单位的会计工作和会计资料的真实性、完整性负全责。单位会计工作和会计资料出现问题，单位负责人首先要承担法律责任。

② 组织领导会计机构、会计人员和其他相关人员严格遵守《会计法》的各项规定，依法进行会计核算、会计监督。

③ 对认真执行《会计法》、忠于职守、坚持原则，做出显著成绩的会计人员，给予精神的或物质的奖励，不得对依法履行职责、抵制违反《会计法》行为的会计人员打击报复。

④ 在单位财务会计报告上签名并盖章，并保证财务会计报告的真实、完整。

⑤ 建立健全单位内部会计监督和内部控制制度。强化单位内部制约机制，明确会计工作相关人员的职责权限、工作规程和纪律要求，并保证会计工作相关人员按照经单位负责人

认可的程序、要求办理会计事务，保证办理会计事务的规则、程序能够有效防范、控制违法、舞弊等行为的发生。

⑥ 保证会计机构、会计人员依法履行职责，不得授意、指使、强令会计机构、会计人员违法办理会计事项。

⑦ 会计机构、会计人员发现会计账簿记录与实物、款项及有关资料不相符而无权处理的报告，应当及时作出查处决定。

⑧ 如实向受托的会计师事务所提供会计资料，不得以任何方式要求或示意注册会计师及其所在的会计师事务所出具不实或不当的审计报告。

⑨ 组织本单位接受有关监督检查部门依法的监督，如实提供会计资料和有关情况，不得拒绝、隐匿、谎报。

⑩ 依法任用具有会计从业资格的会计人员，并依法保障本单位会计人员的继续教育和培训，促进会计人员业务素质的提高。

2. 总会计师的职责

(1) 总会计师的职责

① 总会计师负责组织编制和执行预算、财务收支计划、信贷计划，拟订资金筹措和使用方案，开辟财源，有效地使用资金。

② 总会计师负责组织进行成本费用预测、计划、控制、核算、分析和考核，督促本单位有关部门降低消耗、节约费用、提高经济效益。

③ 总会计师负责组织建立、健全经济核算制度，利用财务会计资料进行经济活动分析；承办单位主要行政领导人交办的其他工作。

④ 总会计师负责对本单位财会机构的设置和会计人员的配备、会计专业职务的设置和聘任提出方案，组织会计人员的业务培训和考核；支持会计人员依法行使职权。

⑤ 总会计师协助单位主要行政领导人对企业的生产经营、行政事业单位的业务发展以及基本建设投资等问题作出决策。

⑥ 总会计师参与新产品开发、技术改造、科技研究、商品（劳务）价格和工资奖金等方案的制定；参与重大经济合同和经济协议的研究、审查。

(2) 总会计师的权限

① 总会计师对违反国家财经法律、法规、方针、政策、制度和有可能在经济上造成损失、浪费的行为，有权制止或者纠正。制止或者纠正无效时，提请单位主要行政领导人处理。

② 总会计师有权组织本单位各职能部门、直属基层组织的经济核算、财务会计和成本管理方面的工作。

③ 总会计师主管审批财务收支工作。除一般的财务收支可以由总会计师授权的财会机构负责人或者其他指定人员审批外，重大的财务收支，须经总会计师审批或者由总会计师报单位主要行政领导人批准。

④ 预算、财务收支计划、成本和费用计划、信贷计划、财务专题报告、会计决算报表，须经总会计师签署。涉及财务收支的重大业务计划、经济合同、经济协议等，在单位内部须经总会计师会签。

⑤ 会计人员的任用、晋升、调动、奖惩，应当事先征求总会计师的意见。财会机构负责人或者会计主管人员的人选，应当由总会计师进行业务考核，依照有关规定审批。

3. 会计机构负责人的职责

① 具体领导本单位的财务会计工作。对各项财务会计工作要定期研究、布置、检查、总结，要积极宣传、严格遵守财经纪律和各项规章制度。要把专业核算与群众核算紧密结合起来，不断地改进财务会计工作。

② 组织制定本单位的各项财务会计制度，并督促贯彻执行。制定的各项财务会计制度，要贯彻经济核算的原则，便于群众参加管理和核算，有利于提高经济效益。要随时检查各项制度的执行情况，发现违反财经纪律、财务会计制度的，要及时制止和纠正，重大问题应向领导或有关部门报告。要及时总结经验，不断地修订和完善各项财务会计制度。

③ 组织编制本单位的财务计划、银行借款计划，并组织实施。财务成本计划和银行借款计划要根据上级下达的控制指标，结合本单位的经济预测和经营决策以及生产、经营、供应、销售、劳动、技术改造措施等计划，按年、按季、按月进行编制，并将各项计划指标分解下达落实，督促执行。

④ 协助有关职能部门做出投资决策和经营决策。根据生产经营发展和提高经济效益要求，组织有关人员进行决策分析，提高资金使用效果。

⑤ 负责税金上交、利润分配。对于应该上交的税金、利润、承包款等款项，要按照国家规定进行严格审查，督促办理解交手续，做到按期足额上交，不得挤占、挪用、拖欠、截留。

⑥ 开展财务成本计划完成情况的分析，提高经济效益。按月、按季、按年分析计划的完成情况，找出管理中的漏洞，提出改善经营管理的建议或措施，进一步挖掘增收节支的潜力。

⑦ 参加生产经营管理会议，参与经营决策。充分运用会计资料，分析经济效果，提供可靠信息，预测经济前景，为领导决策当好参谋助手。

⑧ 审查或参与拟定有关经济合同、协议及其他经济文件。对于违反国家法律和规章制度，损害国家和集体利益，以及没有资金来源等的经济合同和协议，应拒绝执行，并向本单位领导报告。对重要的经济合同和协议，要积极参与拟订，加强事前监督。

⑨ 负责向本单位领导和职工代表大会报告财务状况和经营成果，审查对外提供的会计资料。要定期或不定期地向领导和职工代表大会报告各项财务收支和盈亏情况，以便领导进行决策，动员群众参加管理。要按照会计制度和上级规定，及时报送会计报表。报出的会计报表和其他会计资料，都要经过认真审查，保证真实可靠。

⑩ 组织会计人员学习政治理论和业务技术，负责会计人员的考核，参与研究会计人员的任用和调配。要建立学习制度，不断提高会计人员的政治业务水平。定期召开业务会议。要制定对会计人员的考核办法，按期进行考核。对不适合做会计工作的人员，要提出建议，进行调整；对不能胜任会计工作的人员，要帮助培养提高，或者另行安排适当的工作。

4. 出纳岗位的职责

① 办理现金收付和银行结算业务。严格按照国家有关现金管理和银行结算制度的规定，根据稽核人员审核签章的收付款凭证，进行复核，办理款项收付，对于重大的开支项目，必须经过会计主管人员、总会计师或单位领导审核签章，方可办理。收付款后，要在收付款凭证上签章，并加盖“收讫”“付讫”戳记。

② 库存现金不得超过银行核定的限额，超过部分要及时存入银行。不得以“白条”抵

充库存现金，更不得任意挪用现金。

③ 严格控制签发空白支票。如因特殊情况确须签发不填写金额的转账支票时，必须在支票上写明收款单位名称，款项用途、签发日期，规定限额和报销期限，并由领用支票人在专设登记簿上签章。逾期未用的空白转账支票，要及时收回注销。不得将空白支票交给其他单位或个人签发。对于填写错误的支票，必须加盖“作废”戳记，与存根一并保存。支票遗失时，要立即向银行办理挂失手续。

④ 登记现金和银行存款日记账。根据已经办理完毕的收付款凭证，逐笔顺序登记现金和银行存款日记账，并结出余额。

⑤ 现金的账面余额要同实际库存现金核对相符。银行存款的账面余额要及时与银行对账单核对。月末要编制银行存款余额调节表，使账面余额与对账单上余额调节相符。对于未达账款，要及时查询。

⑥ 要随时掌握银行存款余额，不准签发空头支票。不准将银行账户出租、出借给任何单位或个人办理结算。

⑦ 出纳人员不得兼管收入、费用、债权、债务账簿的登记工作以及稽核工作和会计档案保管工作。

⑧ 保管库存现金和各种有价证券。对于现金和各种有价证券，要确保其安全和完整无缺。如有短缺要负责任。要保守保险柜密码，保管好钥匙，不得任意转交他人。

⑨ 保管有关印章、空白收据和空白支票。出纳人员所管的印章必须妥善保管，严格按照规定用途使用。但签发支票所使用的各种印章，不得全部交由出纳一人保管。对于空白收据和空白支票必须严格管理。专设登记簿登记，认真办理领用注销手续。

5. 固定资产核算岗位的职责

① 会同有关部门拟定固定资产管理与核算、实施办法。要正确划分固定资产与低值易耗品的界限，编制固定资产目录，对固定资产进行分类编号，加强管理。

② 参与核定固定资产需用量，参与编制固定资产更新改造和大修理计划。会同有关部门根据本单位生产经营的需要，认真核定固定资产需用量，并随着生产情况变化进行调整。

③ 参加办理有关固定资产增、减变动手续，审核有关原始凭证，进行账务处理。

④ 要根据会计凭证登记固定资产账卡，定期进行核对，做到账、卡、物相符，并按期编报固定资产增减变动情况的会计报表。

⑤ 计算提取固定资产折旧、预提大修理费用，根据计提折旧的有关规定，编制折旧计划，按月计提固定资产折旧和大修理费用的分配。

⑥ 参与固定资产的清查盘点。会同有关部门定期对固定资产轮番盘点，年终进行全面清查。发现盘盈、盘亏和毁损等情况，要查明原因，弄清责任，按规定的审批权限办理报批手续。发现有多余、闲置以及保管、使用、维护不当的固定资产，要及时向领导报告，并提出改进意见。

⑦ 分析固定资产的使用效果。

会同有关部门对固定资产的使用状况进行分析，促进固定资产的合理使用，加强维护保养，挖掘潜力，提高固定资产的利用率。

6. 材料（存货）核算岗位的职责

① 会同有关部门拟定材料管理与核算实施办法。对于原材料、燃料、包装物、低值易

耗品、委托加工材料等各类材料的收发、领退和保管，都要会同材料管理部门，规定手续制度，明确责任。

② 审查汇编材料采购用款计划，控制材料采购成本。根据生产经营计划、财务成本计划，结合材料库存和供应情况，认真审核材料采购用款计划，严格执行，防止盲目采购，宽打窄用。对超计划用款，要经过批准。

③ 负责材料的明细核算和有关的往来结算业务。要认真审核各类材料的收发凭证，分别按材料的保管地点、类别、品种、规格登记明细账。

④ 要协助使用部门建立低值易耗品的领用和报废的登记、以旧换新、损坏赔偿、定期盘点等制度。对出租、出借的包装物，要按规定收取租金和押金。加强对低值易耗品和包装物的管理。

⑤ 对购入的材料，要认真审查发票、账单等结算凭证，及时办理结算手续，核算采购成本和费用。对在途材料要督促清理催收，对已验收入库尚未付款的材料，月终时要估价入账。

⑥ 配合有关部门制定材料消耗定额。制定的材料消耗定额，要先进合理，要随着生产技术条件的改变，及时加以修订，促进合理节约使用材料。

⑦ 会同有关部门编制材料计划成本目录。采用计划成本进行材料日常核算的单位，要制定材料计划成本目录。材料计划成本要尽可能接近实际。如果国家统一调整材料调拨价格，或者材料的实际成本与计划成本相差较大，要及时进行调整。

⑧ 参与库存材料的清查盘点。要定期、不定期地对材料组织轮番盘点，年终要进行全面清查。对盘盈、盘亏和报废的材料要查明原因，分别不同的情况，经过审查核实，按照规定的审批权限和程序，办理审批手续，根据批准文件，进行账务处理。

⑨ 分析材料库存的储备情况。

要经常深入仓库了解材料的储备情况，对于超过正常储备和呆滞积压的材料，要分析原因，提出处理意见和建议，督促有关部门处理。对于材料保管不善和挪用库存材料造成损失浪费的，要向领导报告，追查责任。

7. 工资核算岗位的职责

① 监督工资基金的使用。根据批准的工资基金计划，会同劳动人事部门，严格按照规定掌握工资基金和各种奖金的支付，分析工资基金计划的执行情况。对于违反工资政策，超过工资基金计划，以及不按规定滥发津贴、奖金的，要予以制止或向领导和有关部门报告。

② 计算及审核工资、奖金。根据实有职工人数、工资等级和工资标准，计算及审核工资计算表，办理代扣款项，计算实发工资。根据规定计算及审查奖金计算表，按照车间和部门归类，编制工资、奖金汇总表。

③ 发放工资、奖金。会同出纳人员提取现金，组织发放。发放的工资、奖金，必须由领款人签名或盖章。发放完毕后，要及时收回工资、奖金计算表，装订成册，注明记账凭证编号，妥善保管。

④ 负责工资分配的核算。按照工资支付对象和成本核算的要求，编制工资分配表。

⑤ 进行工资、奖金账务处理。包括填制记账凭证负责工资的明细核算。

⑥ 计提职工福利费和工会经费。根据国家规定正确计算应提取的职工福利费和应拨交的工会经费，并进行账务处理。

8. 成本核算岗位的职责

① 制定成本核算办法。根据国家发布的和成本核算的有关规定，结合本单位生产经营的特点和管理的需要，拟定本单位的成本核算办法。

② 编制成本、费用计划。根据本单位的生产经营计划和国家下达的成本降低任务，结合本单位的实际情况，挖掘降低成本费用的潜力，编制成本、费用计划，并按年、按月将指标分解，层层落实，实行归口分级管理，组织成本、费用计划的实现。

③ 加强成本管理的基础工作。积极会同有关部门，建立健全各项原始记录、定额管理和计量检验等制度，为正确计算成本、加强成本管理提供可靠的依据。

④ 核算产品成本。严格按照成本核算办法的规定，正确归集、分配生产费用。根据实际产量、实际消耗的材料、人工、费用计算产品的实际成本。采用计划成本、定额成本进行日常核算的，应正确计算成本差异，并应按照规定办法按月调整为实际成本，不得以计划成本、估计成本、定额成本代替实际成本。要划清本期产品成本和下期产品成本的界限，不得任意待摊和预提费用。要划清在产品成本和产成品成本的界限，不得任意压低或提高在产品成本。要划清可比产品成本和不可比产品成本的界限，不得虚报可比产品成本降低额。凡是规定不准列入成本的开支，都不得计入产品成本。按照规定的成本、费用项目和成本核算对象，登记成本、费用明细账。

⑤ 编制成本、费用报表的进行成本、费用的分析和考核。根据账簿记录、成本计划和上年的成本、费用等有关资料，按照规定编制各种成本、费用报表，并分析成本、费用计划的执行情况和升降的原因，预测成本发展趋势，对照同行业的成本费用资料，提出降低成本、费用的途径和加强成本管理的建议。

⑥ 协助管理在产品和自制半成品。协助有关部门建立在产品台账和半成品登记簿，在产品的内部转移和半成品的出库入库，都要认真登记。对在产品和自制半成品要定期盘点，做到账实相符。

⑦ 组织开展部门、车间、班组的群众性经济核算，贯彻经济责任制。

9. 利润核算岗位的职责

① 预测利润、编制利润计划。根据利润控制指标和本单位的销售计划、成本计划等有关资料，进行利润预测，编制利润计划，并负责落实、检查、控制，保证利润计划的实现。

② 办理销售款项的结算业务。认真审查销售业务的有关凭证，严格按照销售合同、国家规定或国家政策允许的价格和银行结算制度，及时办理销售款项的结算，催收销售货款。对任意提价、削价等非法行为，要加以制止，并向领导报告。发生销售纠纷，货款被拒付时，要通知有关部门及时处理。

③ 负责销售和利润的明细核算。根据销货发票等有关凭证，正确计算销售收入、成本、费用、税金和利润以及其他各项收支，按照国家有关规定严格审查营业外支出。按规定计算利润分配，计算应交税金、应付利润和企业留利，登记有关明细账。要经常核对产成品的账面余额和实际库存数，核对销货往来明细账，做到账实、账账相符。

④ 编制利润报表，进行利润的分析和考核。根据账簿记录和有关资料，编制有关的利润报表。分析考核利润计划的执行情况，找出偏离计划的原因，预测市场销售情况和增加利润的前景，提出扩大销售、增收节支和增加利润的建议和措施。

⑤ 协助有关部门对产成品进行清查盘点。要建立健全产成品的出库入库和保管制度。

要经常深入仓库，协助有关部门对库存产品平时进行轮番盘点，年终进行全面清查。对产品的盘盈、盘亏和报废，要认真核实，按照批准权限和审批程序办理报批手续，进行账务处理。

10. 往来结算岗位的职责

① 建立其他往来款项清算手续制度。对购销业务以外的暂收、暂付、应收、应付、备用金等往来款项，要建立必要的清算手续制度，加强管理，及时清算。

② 办理其他往来款项的结算业务。对购销业务以外的各种应收暂付款项，要及时催收结算；应付暂收款项，要抓紧清偿。对确实无法收回的应收款项和无法支付的应付款项，应查明原因，按照规定报经批准后处理。实行定额备用金制度的单位，核定备用金定额，及时办理领用和报销手续，加强管理。对预借的差旅费，要督促及时办理报销手续，收回余额，不得拖欠，不准挪用，要按照规定的开支标准，严格审核有关支出。

③ 负责其他往来结算的明细核算。对购销业务以外的各项往来款项，要按照单位和个人分户设置明细账，根据审核后的记账凭证逐笔顺序登记，并经常核对余额。年终要抄列清单，并向领导或有关部门报告。

11. 总账报表岗位的职责

① 登记总账。根据规定的会计科目，设置总账账户。按照采用的账务处理程序及时记账。月份终了，要编制总账科目余额表试算平衡，并与有关明细账核对，保证账账相符。

② 编制资产负债表、现金流量表及其附表，核对其他会计报表。每月终了，要根据总账和有关明细账的记录，编制资产负债表，并与其他会计报表相互核对，有对应关系的数字必须保持一致。核对无误后，将各种会计报表连同财务情况说明书，加具封面，装订成册，提交领导签名或盖章，及时报出。

③ 管理会计凭证和账表。对各个岗位记账凭证的编号、整理、装订、提出规范化的要求。每月终了，要整理各个岗位的会计凭证和资料，集中保管。年终办完决算后，应将资料收集齐全，整理清楚、分类排列，以便查阅。需要归档的会计资料，应按有关规定及时归档。

④ 综合分析财务状况和经营成果。收集、整理本单位和同行业的有关会计资料，定期、不定期进行综合分析和专题分析。针对影响财务状况的重大问题，会同有关人员深入实际调查研究，找出存在问题的原因，提出改进经营管理的措施和建议。

⑤ 编写财务情况说明书。根据制度规定，按年、按季编写财务情况说明书，说明报告期内财务收支情况和生产经营成果，连同会计报表一并上报。年度财务情况说明书，要全面详细；季度财务情况说明书，要有重点地作扼要说明。月份中间如有重大问题，也应在月报中附送简要说明。

⑥ 进行财务预测，提供经营决策资料。根据综合分析和专题分析的资料和有关的经济信息，进行财务预测；对新产品试制项目，应会同有关部门进行技术经济论证和可行性研究，向领导提供经营决策资料。

12. 稽核岗位的职责

① 按照有关规定的要求，审查各项计划指标的计算是否正确，指标之间是否衔接平衡，计划是否切实可行。发现问题，要提出修改的意见和建议。

② 审查各项财务收支。根据财务收支计划和财务会计制度，逐笔审核各项收支，对计

划外或不符合规定的收支应提出意见，并向领导汇报，采取措施，进行处理。

③ 复核会计凭证、账表。复核凭证是否合法，内容是否真实，手续是否完备，数字是否正确，对于记账凭证还要复核其记账分录是否符合制度规定。对账簿记录要进行抽查，是否符合记账要求。复核各种会计报表是否符合制度规定的编报要求。复核中发现问题和差错，应通知有关人员查明更正和处理。稽核人员要对审核签署的凭证、账簿和报表负责。

凡受聘会计专业技术职务的会计人员，除履行所在岗位的职责外，还应允许发挥技术专长履行其会计专业技术职务规定的职责。

四、会计工作交接制度

会计工作交接是会计工作中的一项重要内容。会计人员调动工作或者离职时，与接管人员办清交接手续，是会计人员应尽的职责，也是做好会计工作的要求。

（一）会计工作交接意义

① 做好会计交接工作，可以使会计工作前后衔接，保证会计工作连续进行。在持续经营的会计期间，会计工作是不间断进行的，会计人员调动工作或离职时，与接管人员办清交接手续，是保证会计工作连续进行的必要措施。

② 做好会计交接工作，可以防止由于会计人员的更换出现账目不清、财务混乱。在会计人员更换时，如果不办理会计工作交接，交接不清，不仅会造成账目不清、财务混乱、财产丢失等，也会给不法分子在经济上浑水摸鱼以可乘之机。

③ 做好会计工作交接，也是分清移交人员和接管人员责任的有效措施。在会计工作交接过程中，按规定要进行认真的账目核对、财产清点等工作，因此，做好会计工作交接，不仅有利于加强财务会计管理，同时也便于分清移交人员和接管人员的责任。

（二）要办理会计工作交接的情形

《会计法》规定："会计人员在调动工作或离职时必须办理会计工作交接"。除此之外，会计人员在临时离职或其他原因暂不能工作时，也应办理会计工作交接，《会计基础工作规范》对此作了进一步的规定。

① 临时离职或因病不能工作需要接替或代理的，会计机构负责人（会计主管人员）或单位负责人必须指定专人接替或者代理，并办理会计工作交接手续。

② 临时离职或因病不能工作的会计人员恢复工作时，应当与接替或代理人员办理交接手续。

③ 移交人员因病或其他特殊原因不能亲自办理移交手续的，经单位负责人批准，可由移交人委托他人代办交接，但委托人应当对所移交的会计凭证、会计账簿、财务会计报告和其他有关资料的真实性、完整性承担法律责任。

（三）会计工作交接前的准备工作

① 已经受理的经济业务尚未填制会计凭证的应当填制完毕。

② 尚未登记的账目应当登记完毕，结出余额，并在最后一笔余额后加盖经办人印章。

③ 整理好应该移交的各项资料，对未了事项和遗留问题要写出书面说明材料。

④ 编制移交清册，列明应该移交的会计凭证、会计账簿、财务会计报告、公章、现金、有价证券、支票簿、发票、文件、其他会计资料和物品等内容；实行会计电算化的单位，从事该项工作的移交人员应在移交清册上列明会计软件及密码、会计软件数据盘、磁带等内容。

⑤ 会计机构负责人（会计主管人员）移交时，应将财务会计工作、重大财务收支问题和会计人员的情况等向接替人员介绍清楚。

（四）会计工作交接移交点收

移交人员离职前，必须将本人经管的会计工作，在规定的期限内，全部向接管人员移交清楚。接管人员应认真按照移交清册逐项点收。具体要求如下。

① 现金要根据会计账簿记录余额进行当面点交，不得短缺，接替人员发现不一致或“白条抵库”现象时，移交人员在规定期限内负责查清处理。

② 有价证券的数量要与会计账簿记录一致，有价证券面额与发行价不一致时，按照会计账簿余额交接。

③ 会计凭证、会计账簿、财务会计报告和其他会计资料必须完整无缺，不得遗漏。如有短缺，必须查明原因，并在移交清册中加以说明，由移交人负责。

④ 银行存款账户余额要与银行对账单核对相符，如有未达账项，应编制银行存款余额调节表调节相符；各种财产物资和债权债务的明细账户余额，要与总账有关账户的余额核对相符；对重要财产物资要进行实地盘点，对余额较大的往来账户要与往来单位、个人核对。

⑤ 公章、收据、空白支票、科目印章以及其他物品等必须交接清楚。

⑥ 实行会计机构电算化的单位，交接双方应在电子计算机上对有关数据进行实际操作，确认有关数字正确无误后，方可交接。

（五）会计工作交接的监交

为了明确责任，会计人员办理工作交接时，必须有专人负责监交。通过监交，保证双方都按照国家有关规定认真办理交接手续，防止流于形式，保证会计工作不因人员变动而受影响；保证交接双方处于平等的法律地位上享有权利和承担义务，不允许任何一方以大压小，以强凌弱，或采取非法手段进行威胁。移交清册应当经过监交人员审查和签名、盖章，作为交接双方明确的证件。对监交的具体要求如下。

① 一般会计人员办理交接手续，由会计机构负责人（会计主管人员）监交。

② 会计机构负责人（会计主管人员）办理交接手续，由单位负责人监交，必要时主管单位可以派人会同监交。所谓必要时由主管部门派人会同监交，是指有些交接需要主管单位或主管单位认为需要参与监交。通常有以下三种情况。

单位负责人不能监交，需要由主管单位派人代表主管单位监交。如因单位撤并而办理交接手续等。

所属单位负责人不能尽快监交，需要由主管单位派人督促监交，需要由主管单位派人督促监交。如主管单位责成所属单位撤换不合格的会计机构负责人（会计机构主管人员）所属单位负责人却以种种借口拖延不办交接手续时，主管单位就应派人督促会同监交等。

不宜由所属单位负责人单独监交，而需要主管单位会同监交。如所属单位负责人（会计主管人员）有矛盾，交接时需要主管单位派人会同监交，以防可能产生单位负责人借机刁难等。此外，主管单位认为交接中存在某种问题需要派人监交时，也可派人会同监交。

（六）会计工作交接后的有关事宜

① 会计工作交接完毕后，交接双方和监交人在移交清册上签名或盖章，并应在移交清册上注明：单位名称，交接日期，交接双方和监交人的职务、姓名，移交清册页数以及需要说明的问题和意见簿。

② 接管人员应继续使用移交前的账簿，不得擅自另立账簿，以保证会计记录前后衔接，内容完整。

③ 移交清册一般应填制一式三份，交接双方各执一份，存档一份。

（七）会计工作交接移交后的责任

会计工作交接中，合理、公正地区分移交人和接替者的责任是非常必要的。交接工作完成后，移交人员所移交的会计凭证、会计账簿、财务会计报告和其他会计资料是在其经办会计期间内发生的，应当对这些会计资料的真实性、完整性负责，即便接替人员在交接时因疏忽没有发现所接会计资料的真实性、完整性方面的问题，事后发现仍应由原移交人负责，原移交人员不应以会计资料已移交而推脱责任。

第三章　会计科目、会计凭证、会计账簿设计

一、会计科目设计

（一）会计科目及账户

会计科目是指对会计对象的具体内容，按其特点和经济管理需要，进行分类核算的项目。会计对象的具体内容表现为会计要素（资产、负债、所有者权益、收入、费用、利润），而每一个会计要素又包括若干个具体的项目，如银行存款、固定资产等。

会计科目只是对于具体经济业务内容进行分门别类核算的依据，日常的连续的、系统的核算，都是在具有特定格式的会计簿籍中进行的。为了分类、系统、连续、综合地核算经济业务，根据设置的会计科目在账簿中开设的记账载体，称为会计账户。由于会计账户是根据设置的会计科目在账簿中开设的，所以会计科目是会计账户的名称，而会计账户则具有特定的格式及内容。账户基本格式及内容包括：账户名称、记账日期、记账凭证种类及编号、经济业务摘要、期初余额、本期发生额、期末余额。格式及内容中最主要部分通常称为账户的结构，账户的结构是指账户是由哪几个基本部分构成的，以及如何记录会计要素的增加、减少及结余情况。

由于会计科目同会计账户有着密切的联系，所以在实际工作中二者常常不作区分，提及会计科目就是会计账户，会计账户就是会计科目。会计科目与会计账户的联系主要表现在以下三个方面。

第一，会计科目是设置账户的依据。账户是根据会计科目设置的，科目的性质、内容、分类和级别决定了账户的性质、内容、分类和级别。

第二，会计科目（名称）就是会计账户的名称。

第三，会计科目和账户都是对会计对象的具体内容进行分类的方法，二者的核算内容是一致的。

尽管会计科目与账户有着密切的联系，但二者之间也存在一定的区别，其主要表现在以

下三个方面。

第一，会计账户是在簿籍中，依据会计科目所开设的记账载体，因而，会计账户是会计科目和会计簿籍的结合体。

第二，会计科目只说明经济业务的内容，即只是从定性的角度，从质的方面对会计对象的具体内容进行分类；会计账户不仅说明经济业务的内容，还具有一定的结构，在质的规定下，从量的方面反映经济业务的增减变化及余额情况。

第三，会计账户除了依据会计科目的分类进行分类外，还可以按用途、结构进行分类。

（二）设置会计科目及账户的意义

设置会计科目及账户，对于实现会计的职能，进行会计核算，实行会计监督，具有十分重要的作用，主要表现在以下几个方面。

1. 可以对会计对象进行具体科学分类，可以全面、分类、连续核算经济业务的内容

会计对象从静态上看是会计要素，具体可以分为资产、负债、所有者权益、收入、成本（费用）、利润会计要素。通过会计科目设置，可以对其进行具体科学的分类，如将资产分为流动资产、固定资产等；将流动资产分为货币性资产、存货等；将货币性资产分为现金、银行存款、其他货币资金。会计对象从动态上看是资金运动，具体包括资金的筹集和运用、资金的耗费、资金的收入和分配，根据会计科目设置会计账户，可以全面、分类、连续核算经济业务的内容，如既可以全面核算资产、负债、所有者权益、收入、成本（费用）、利润会计要素经济业务的内容，又可以分类核算资产、货币性资产、现金、银行存款经济业务的内容，同时还可以连续核算其增加、减少、结余情况。

2. 为建立科学的会计核算方法体系奠定了基础

会计核算方法除设置会计科目及账户外，还包括复式记账、填制和审核凭证、登记账簿、成本计算、财产清查和编制会计报表等。会计科目的设置是其他各种核算方法的基础和依据，并与其他方法有机结合，共同构成一个完善的会计核算方法体系。

会计科目及账户的设置，可以保证复式记账法对每项经济业务同时在相关联的两个或两个以上的账户中相互联系地进行登记；可以保证对原始凭证所表示的经济业务进行整理和分类，编写会计分录，填制记账凭证；可以保证在账簿中对经济业务的内容进行全面、分类、连续登记；可以保证成本计算的费用的归集和分配；可以保证对账户记录各种财产进行清查，进行账实核对，确定盘盈、盘亏的原因，保证账实相符；可以保证会计报表的编制，为会计报表编制提供所需的资料。

3. 有利于实行会计监督，加强管理

通过会计科目及账户的设置，规范了经济业务内容及分类，可以防止内容上的混乱，有利于监督真实性、准确性、合法性、完整性，为企业内部管理及为有关单位及个人提供有用会计信息。

（三）会计科目及账户的分类

1. 按经济内容分类

会计科目及账户按经济内容分类，实质上就是对会计对象具体内容的分类。按经济内容

分类是会计科目及账户分类的基础。在会计科目及账户体系中，不同的会计科目及账户首先表现为账户反映的经济内容不同。通过按经济内容分类，可以了解每个会计科目及账户所反映的核算对象、经济性质及其所提供会计指标的经济意义。

会计科目及账户按经济内容分类，如工业、施工企业的会计科目及账户可以分为五大类：资产类、负债类、所有者权益类、成本类、损益类；如商业企业的会计科目及账户可以分为四大类：资产类、负债类、所有者权益类、损益类。一般在大类下面还可以进一步详细分类，如可以详细分类如下。

资产类可以根据其流动性进一步详细分为流动资产类、非流动资产类。流动资产类包括：现金、银行存款、其他货币资金、应收账款、坏账准备、其他应收款等。

负债类可以根据债务的期限长短进一步详细分为流动负债、长期负债。流动负债类包括：应付账款、应付职工薪酬、应交税金、其他应付款等。

所有者权益类可以根据其形成方式进一步详细分为资本类、积累类、未分配类。未分配类包括：本年利润、利润分配。

成本类具有较强的行业特点，有的行业有，有的行业没有，不同行业也有所不同。工业企业成本类包括：生产成本、制造费用。

损益类可以根据损益形成内容进一步详细分为收入类、费用支出类。费用支出类包括：产品销售成本、销售费用、管理费用、财务费用、营业外支出等。

会计科目及账户按经济内容的分类并不是绝对的，如“待摊费用”可以划分为资产类也可以划分为费用类，“待处理财产损益”可以划分为流动资产类也可以划分为固定资产类。

2. 按提供核算指标的详细程度分类

会计科目及账户按提供核算指标的详细程度，可以分为总分类会计科目及账户（一级会计科目及账户）和明细分类会计科目及账户（二级、三级及更明细会计科目及账户）。总分类会计科目及账户统驭明细分类会计科目及账户，明细分类会计科目及账户从属于总分类会计科目及账户，明细分类会计科目及账户是对某一总分类会计科目及账户内容的进一步详细分类。

如可以设置“原材料”总分类会计科目及账户，在“原材料”下属可以设置“原料及主要材料”“辅助材料”“燃料”等明细分类会计科目及账户（二级明细会计科目及账户），在“原料及主要材料”再下属可以设置“钢材”、“有色金属”等更明细分类会计科目及账户（三级明细会计科目及账户）。

会计科目及账户按提供核算指标的详细程度的分类也并不是绝对的，总分类会计科目及账户是必须设置的，但是否进行详细分类，则取决于上一级会计科目及账户核算的经济业务内容和核算管理要求，如“现金”总分类会计科目及账户可以不设明细分类会计科目及账户，而“原材料”总分类会计科目及账户则需要设置明细分类会计科目及账户，“银行存款”总分类会计科目及账户则视具体情况可设也可不设明细分类会计科目及账户。

3. 按用途和结构的分类

账户的用途，是指账户用来作什么，要求它完成什么任务，提供哪些分类指标；所谓账户的结构，是指账户的借方反映什么，贷方反映什么，账户有无余额，如果有余额，余额在哪一方及反映的是什么，如何计算余额。账户的用途和结构虽然不是完全取决于账户的经济内容，但是它们之间存在着密切的联系。因此账户按用途和结构的分类，仍须以经济内容为基础。账户按用途和结构分类，可分为盘存类、待处理类、结算类、资本类、跨期摊配类、集合分配类、成本计算类、期间类、财务成果类、调整类。

盘存类账户是用来核算和监督各种实物资产的增减变动及其实有数额的账户。属于盘存类账户的有：现金、银行存款、原材料、产成品、固定资产账户。盘存类账户的结构是：借方登记各种实物资产的增加数，贷方登记各种实物资产的减少数，余额在借方，表示各种实物资产的实有数。

资本类账户是用来核算和监督投资人投入企业资本和资本积累的增减变动及其实有数额的账户。资本类账户属于资本类账户的有：实收资本、资本公积、盈余公积账户。资本类账户的结构是：贷方登记投入资本和资本积累的增加数，借方登记其减少数或转销数，余额在贷方，表示投入资本和资本积累的实有数。

结算类账户是用来核算和监督企业与其他单位或个人之间债权、债务的发生和结算情况的账户。结算类账户又可以分为债权结算类账户、债务结算类账户、债权债务结算类账户。债权结算类账户是用来核算和监督企业同各债务单位或个人之间结算业务的账户。属于债权结算类账户的有：应收账款、预付货款、其他应收款等账户。债权结算账户的结构是：借方登记债权的增加数，贷方登记债权的减少数，余额在借方，表示债权的期末余额。债务结算类账户是用来核算和监督企业同各债权单位或个人之间结算业务的账户。属于债务结算类账户的有：应付账款、预收账款、其他应付款、应交税金等账户。债务结算账户的结构是：贷方登记债务的增加数，借方登记债务的减少数，余额在贷方，表示债务的期末余额。债权债务结算类账户是用来核算和监督企业同某一单位或个人之间债权、债务往来结算业务的账户。债权债务结算类账户如可以将应收账款与预收账款合并为销货往来账户（或仍称为应收账款账户）。债权债务结算账户的结构是：借方登记债权的增加数和债务的减少数，贷方登记债权的减少数和债务的增加数，余额方向不固定，出现借方余额表示债权的期末余额，出现贷方余额表示债务的期末余额。

跨期摊配类账户是用来核算和监督应由几个会计期间共同负担的费用，并把这些费用在相关的各个会计期间进行分摊或预提的账户。属于跨期摊配类的账户有：待摊费用、预提费用账户。跨期摊配类账户的结构是：借方登记费用实际支出或发生数，贷方登记由各个会计期间进行负担的费用数，待摊费用余额在借方，预提费用余额在贷方。

集合分配类账户是用来核算和监督某项生产经营费用发生和分配的账户。属于集合分配类的账户有：制造费用等账户。集合分配类账户的结构是：借方登记费用的发生数，贷方登记费用的分配数，分配后无余额。

成本计算类账户是用来核算和监督企业在生产经营某一阶段发生的全部费用，计算该阶段各成本计算对象实际成本的账户。属于成本计算类的账户有：材料采购、生产成本账户。成本计算类账户的结构是：借方登记生产经营某一阶段应计入成本的全部费用的发生数，贷方登记已完成的该阶段的成本计算对象的实际成本数，期末如有余额在借方，表示尚未完成的该阶段的成本计算对象的实际成本。

期间类账户是用来核算和监督企业在一定期间发生的各项收入或费用支出，并转入当期损益的账户。期间类账户又可以分为期间收入类账户、期间费用支出类账户。期间收入类账户是用来核算和监督在一定期间发生的各项收入，并转入当期损益的账户。属于期间收入类的账户有：产品销售收入、其他业务收入、营业外收入等账户。期间收入类账户的结构是：贷方登记实现的各项收入，借方登记转入当期损益的收入数，期末结转后无余额。期间费用支出类账户是用来核算和监督在一定期间发生的各项费用支出，并转入当期损益的账户。属于期间费用支出类的账户有：产品销售成本、其他业务支出、营业外支出、产品销售税金及附加、管理费用等账户。期间费用支出类账户的结构是：借方登记发生的各项费用支出，贷方登记转入当期损益的费用支出数，期末结转后无余额。

财务成果类账户是用来核算和监督企业在一定期间内实现的全部经营活动成果的账户。属于财务成果类的账户有：本年利润账户。财务成果类账户的结构是：贷方登记期末从损益类账户转入的各项收入，借方登记期末从损益类账户转入的各项费用支出，期末如有贷方余额，表示实现的利润，期末如有借方余额，表示发生的亏损，年终结转后无余额。

调整类账户是用来调整某个账户的余额，以求得被调整账户实际余额而设置的账户。调整类账户可以分为抵减账户、附加账户和抵减附加账户。抵减账户用来调减某个账户的余额，以求得被调整账户实际余额而设置的账户。属于抵减的账户有：累计折旧、坏账准备、利润分配账户，抵减账户余额与被抵减账户方向相反。附加账户用来调增某个账户的余额，以求得被调整账户实际余额而设置的账户。实际工作中附加账户很少运用，附加账户余额与被抵减账户方向相同。抵减附加账户既可以用来调减，又可以用来调增某个账户的余额，以求得被调整账户实际余额而设置的账户。属于抵减附加账户的有：材料成本差异账户，抵减附加账户余额与被抵减账户方向相反时，起抵减作用，抵减附加账户余额与被抵减账户方向相同时，起附加作用。

待处理类账户是用来核算和监督企业发生的财产物资盘盈、盘亏和毁损情况的账户。属于待处理类账户的有：待处理财产损益账户。待处理类账户的结构是：借方登记各种财产物资盘亏、毁损数和批准转销的盘盈数，贷方登记各种财产物资盘盈数和批准转销的盘亏、毁损数。期末如有借方余额，表示尚待批准处理的盘亏、毁损数大于盘盈数的差额，期末如有贷方余额，表示尚待批准处理的盘盈数大于盘亏、毁损数的差额，转销后无余额。

4. 按余额分类

账户按余额的方向分类，可以分为借方余额账户、贷方余额账户、共同性账户、无余额账户。

借方余额账户的期末余额一般在借方，如盘存账户、成本计算账户、跨期摊配账户中的待摊费用账户等。

贷方余额账户的期末余额一般在贷方，如所有者权益账户、负债结算账户、跨期摊配账户中的预提费用账户等。

共同性账户的余额方向不肯定，有时是借方余额，有时是贷方余额。如财务成果账户、抵减附加账户等。

无余额账户的本期发生额在月末清账，全部转入其他账户，结转后期末无余额。这种账户又称为损益表账户，临时性账户或过渡性账户。如产品销售收入账户、管理费用账户等。

二、会计科目的具体设计

会计科目具体设计就是根据国家有关规定，考虑管理要求，规定对经济业务进行分类核算的项目。会计科目设计的步骤包括：明确会计科目设计的原则及要求；进行会计科目设计调查，明确经济业务的内容；对经济业务进行分类，考虑管理要求，设置会计科目；编制会计科目编码；对会计科目进行分类排列，编制会计科目一览表设计；编制会计科目使用说明书设计。

（一）会计科目及账户设计的原则

1. 以本单位经济业务内容为依据，结合本单位会计对象特点设计

一个单位的经济业务的内容，是进行会计科目及账户设计的基础。不同行业的企业，其经济业务内容有较大区别，如产品制造企业、农业企业、建筑施工企业，虽然都属于生产企业，但其生产过程不同，如商品流通企业一般只有流通环节。即使同一行业的企业，其业务范围和企业规模不同，会计科目及账户的设计也应有所区别。如大型企业，业务规模较大，人员分工较细，会计科目及账户的设计相应就较多、较细，而小型企业业务规模较小，人员分工较粗，会计科目的设置相应就较少、较粗。会计科目及账户的设计，一定要从实际出发，不可千篇一律和生抄硬套。

2. 会计科目及账户设计要全面完整、界限明确

会计科目及账户设计首先要全面完整，设计的全部一级科目，要能全面、完整地包括本单位的会计核算对象的全部内容，发生任何一项经济业务，都相应地有一个一级科目可以使用，不能有所遗漏；同样，凡设有明细科目的一级科目，设计的全部二级科目能全面、完整地包括这个一级科目的全部内容，直至设计的全部明细科目能全面、完整地包括其上级科目的全部内容。

会计科目及账户设计还要界限明确，设计的每个会计科目及账户（包括一级和明细）的核算内容有严格确切的范围，各个科目之间界限明确，不容许含混不清。发生任何一项经济业务，有且只能有一个科目可以适用，不致混乱。

应当注意有些科目，有时为了保证会计科目及账户设计完整性，设计了“其他”类会计科目及账户，如“其他应收款”，又如在“管理费用”一级科目，下设“其他”明细科目；但是为了保证会计科目及账户设计的界限明确，对于“其他”类会计科目及账户的核算内容，必须予以明确核算范围，以避免造成核算内容的混乱。

3. 满足内外会计信息使用者要求，符合管理需要和会计核算要求

通过会计科目及账户设计，可以为编制会计报表提供依据，以会计科目及账户为依据编制的会计报表，应当满足本单位内外会计信息使用者要求，既要满足本部门、本单位经营管理需要，又要满足本单位外部有经济利害关系的部门、单位及人员管理及决策的需要。

会计科目及账户设计还应满足会计核算的要求，企业所采用的会计核算方法不同，对会计科目设置也有着直接的影响，如采用集中核算和分级核算设置的会计科目是不同的。

4. 以国家统一会计制度为依据

会计科目及账户设计应当依法进行，目前《会计法》并未对各单位如何设置会计科目及账户作出具体规定，所以会计科目及账户设计应当遵循国家的有关会计准则、国家统一会计制度。会计科目及账户设计首先应依据会计准则关于会计要素确认、计量、记录、报告的有关规定，同时还应遵守股份制企业会计制度和行业会计制度的规定。

在遵守国家统一会计制度进行会计科目及账户设计时，在不影响会计核算要求和会计报表指标汇总，以及对外提供统一会计报表的前提下，各单位可以根据实际情况自行增设、减少或合并某些会计科目；对于明细科目设置，在不违反统一会计核算要求的前提下，可以根

据需要自行设置。

5. 会计科目名称简明扼要、含义清楚，会计科目编号科学、合理

会计科目及账户是其他会计核算方法的基础，为了便于准确理解掌握和应用会计科目及账户，在设计会计科目及账户时，每一个会计科目的用词必须仔细推敲，在保证科目含义准确无误、清晰易懂的前提下，力求减少字数，方便使用。

会计科目编号既有利于手工进行会计核算，也是应用计算机进行会计核算的重要基础，科目编码应当以一定的符号代表唯一的会计科目。

（二）会计科目及账户设计的调查

会计科目及账户设计调查的目的，就是通过调查，明确经济业务，了解管理需求，为会计科目设计提供依据。调查应当包括以下内容。

① 有关国家统一会计制度规定；

② 企业外部报表和内部报表的种类、内容、格式，如资产负债表、损益表、现金流量表等主要报表及其附表等；

③ 本单位目前使用的会计科目；

④ 同行业同类单位使用的会计科目；

⑤ 本单位经济业务的类型、内容，如工业企业包括：企业性质、规模、生产工艺特点、生产组织特点、下属部门及机构设置，销售业务的内容、收款业务的内容、采购业务的内容、存货业务的内容、生产过程业务的内容、劳动工资业务的内容、筹资业务的内容、投资业务的内容、净收益业务的内容、货币资金业务的内容、费用支出业务的内容、固定资产业务的内容等；

⑥ 本单位会计核算、管理要求，如会计核算形式，成本核算是否要求计算在产品成本、是否实行二级成本核算，应收账款与预收货款是否单独核算，管理费用除了按其项目核算外是否按下属部门进行控制及考核等。

（三）会计科目一览表设计

会计科目一览表设计最终就是编制会计科目一览表。具体设计步骤如下。

① 对经济业务进行分类。以会计要素为线索，从大类开始逐步对经济业务进行具体详尽的明细分类。

② 设置会计科目。严格执行国家统一的会计制度，考虑本企业核算与管理要求，在国家统一的会计制度规定的范围内选用、补充、修订会计科目。

③ 确定会计科目名称，编制会计科目编码。选用、补充、修订的会计科目名称、内容应含义清楚、简明扼要，会计科目编号科学、合理。

④ 明确明细科目设置。恰当地处理总分类科目与子、细目的关系，内容全面完整、界限明确。明细科目设置可以采用列举法和描述法进行说明。

⑤ 编制会计科目一览表。对会计科目进行分类排列，会计科目一览表可以按全部一级会计科目编制，也可以按全部一级及明细会计科目编制。

国家统一的会计制度——《企业会计准则——应用指南》规定的会计科目如表3-1所示。

表 3-1 《企业会计准则——应用指南》规定的会计科目

顺序号	编号	会计科目名称	会计科目适用范围说明
一、资产类			
1	1001	库存现金	
2	1002	银行存款	
3	1003	存放中央银行款项	银行专用
4	1011	存放同业	银行专用
5	1015	其他货币资金	
6	1021	结算备付金	证券专用
7	1031	存出保证金	金融共用
8	1051	拆出资金	金融共用
9	1101	交易性金融资产	
10	1111	买入返售金融资产	金融共用
11	1121	应收票据	
12	1122	应收账款	
13	1123	预付账款	
14	1131	应收股利	
15	1132	应收利息	
16	1211	应收保户储金	保险专用
17	1221	应收代位追偿款	保险专用
18	1222	应收分保账款	保险专用
19	1223	应收分保未到期责任准备金	保险专用
20	1224	应收分保保险责任准备金	保险专用
21	1231	其他应收款	
22	1241	坏账准备	
23	1251	贴现资产	银行专用
24	1301	贷款	银行和保险共用
25	1302	贷款损失准备	银行和保险共用
26	1311	代理兑付证券	银行和证券共用
27	1321	代理业务资产	
28	1401	材料采购	
29	1402	在途物资	
30	1403	原材料	
31	1404	材料成本差异	

续表

顺序号	编号	会计科目名称	会计科目适用范围说明
一、资产类			
32	1406	库存商品	
33	1407	发出商品	
34	1410	商品进销差价	
35	1411	委托加工物资	
36	1412	包装物及低值易耗品	
37	1421	消耗性生物资产	农业专用
38	1431	周转材料建造	承包商专用
39	1441	贵金属	银行专用
40	1442	抵债资产	金融共用
41	1451	损余物资	保险专用
42	1461	存货跌价准备	
43	1501	待摊费用	
44	1511	独立账户资产	保险专用
45	1521	持有至到期投资	
46	1522	持有至到期投资减值准备	
47	1523	可供出售金融资产	
48	1524	长期股权投资	
49	1525	长期股权投资减值准备	
50	1526	投资性房地产	
51	1531	长期应收款	
52	1541	未实现融资收益	
53	1551	存出资本保证金	保险专用
54	1601	固定资产	
55	1602	累计折旧	
56	1603	固定资产减值准备	
57	1604	在建工程	
58	1605	工程物资	
59	1606	固定资产清理	
60	1611	融资租赁资产	租赁专用
61	1612	未担保余值租赁专用	
62	1621	生产性生物资产	农业专用

续表

顺序号	编号	会计科目名称	会计科目适用范围说明
一、资产类			
63	1622	生产性生物资产累计折旧	农业专用
64	1623	公益性生物资产	农业专用
65	1631	油气资产	石油天然气开采专用
66	1632	累计折耗	石油天然气开采专用
67	1701	无形资产	
68	1702	累计摊销	
69	1703	无形资产减值准备	
70	1711	商誉	
71	1801	长期待摊费用	
72	1811	递延所得税资产	
73	1901	待处理财产损益	
二、负债类			
74	2001	短期借款	
75	2002	存入保证金	金融共用
76	2003	拆入资金金融共用	
77	2004	向中央银行借款	银行专用
78	2011	同业存放	银行专用
79	2012	吸收存款	银行专用
80	2021	贴现负债	银行专用
81	2101	交易性金融负债	
82	2111	卖出回购金融资产	金融共用
83	2201	应付票据	
84	2202	应付账款	
85	2205	预收账款	
86	2211	应付职工薪酬	
87	2221	应交税费	
88	2231	应付股利	
89	2232	应付利息	
90	2241	其他应付款	
91	2251	应付保户红利	保险专用
92	2261	应付分保账款	

续表

顺序号	编号	会计科目名称	会计科目适用范围说明
二、负债类			
93	2311	代理买卖证券款	证券专用
94	2312	代理承销证券款	证券和银行共用
95	2313	代理兑付证券款	证券和银行共用
96	2314	代理业务负债	
97	2401	预提费用	
98	2411	预计负债	
99	2501	递延收益	
100	2601	长期借款	
101	2602	长期债券	
102	2701	未到期责任准备	金保险专用
103	2702	保险责任准备金	金保险专用
104	2711	保户储金	金保险专用
105	2721	独立账户负债	金保险专用
106	2801	长期应付款	
107	2802	未确认融资费用	
108	2811	专项应付款	
109	2901	递延所得税负债	
三、共同类			
110	3001	清算资金往来	银行专用
111	3002	外汇买卖	金融共用
112	3101	衍生工具	
113	3201	套期工具	
114	3202	被套期项目	
四、所有者权益类			
115	4001	实收资本	
116	4002	资本公积	
117	4101	盈余公积	
118	4102	一般风险准备	金融共用
119	4103	本年利润	
120	4104	利润分配	
121	4201	库存股	

续表

顺序号	编号	会计科目名称	会计科目适用范围说明
五、成本类			
122	5001	生产成本	
123	5101	制造费用	
124	5201	劳务成本	
125	5301	研发支出	
126	5401	工程施工	建造承包商专用
127	5402	工程结算	
128	5403	机械作业	
六、损益类			
129	6001	主营业务收入	
130	6011	利息收入	金融共用
131	6021	手续费收入	金融共用
132	6031	保费收入	保险专用
133	6032	分保费收入	保险专用
134	6041	租赁收入	租赁专用
135	6051	其他业务收入	
136	6061	汇兑损益	金融专用
137	6101	公允价值变动损益	
138	6111	投资收益	
139	6201	摊回保险责任准备金	保险专用
140	6202	摊回赔付支出	保险专用
141	6203	摊回分保费用	保险专用
142	6301	营业外收入	
143	6401	主营业务成本	
144	6402	其他业务支出	
145	6405	营业税金及附加	
146	6411	利息支出	金融共用
147	6421	手续费支出	金融共用
148	6501	提取未到期责任准备金	保险专用
149	6502	提取保险责任准备金	保险专用
150	6511	赔付支出	保险专用
151	6521	保户红利支出	保险专用

续表

顺序号	编号	会计科目名称	会计科目适用范围说明
六、损益类			
152	6531	退保金	保险专用
153	6541	分出保费	保险专用
154	6542	分保费用	保险专用
155	6601	销售费用	
156	6602	管理费用	
157	6603	财务费用	
158	6604	勘探费用	
159	6701	资产减值损失	
160	6711	营业外支出	
161	6801	所得税	
162	6901	以前年度损益调整	

注：《企业会计准则——应用指南》——会计科目和主要账务处理。颁布时间：2006-7-27，发文单位：财政部。

企业应当按照企业会计准则及其应用指南规定，设置会计科目进行账务处理，在不违反统一规定的前提下，可以根据本企业的实际情况自行增设、分拆、合并会计科目。不存在的交易或者事项，可以不设置相关的会计科目。指南中的会计科目编号，供企业填制会计凭证、登记会计账簿、查阅会计账目、采用会计软件系统参考，企业也可以根据本规定，结合本企业的实际情况自行确定会计科目编号。

某工业企业会计科目一览表设计见表 3-2。

表 3-2 某工业企业会计科目一览表

序号	编号	一级科目名称	明细科目设置
1	1001	现金	按币种设置明细科目
2	1002	银行存款	按开户行及币种设置明细科目
3	1012	其他货币资金	
	101201		外币存款
	101202		银行本票
	101203		银行汇票
	101204		信用卡
	101205		信用证保证金
	101206		存储投资款
4	1121	应收票据	按照开出、承兑商业汇票单位进行明细核算
5	1122	客户往来	按购货或接受劳务单位设明细科目是企业“应收账款”的修订科目
6	1123	预付账款	按供应单位设置明细科目
7	1231	其他应收款	按不同债务人设置明细科目

续表

序号	编号	一级科目名称	明细科目设置
8	1241	坏账准备	按应收账款和其他应收款分别设明细科目
9	1401	材料采购	按责任部门、供应单位、按物资品种明细账
10	1403	原材料	按材料的保管地点、仓库类别、品种规格设置明细科目
11	1404	材料成本差异	分原材料、包装物、低值易耗品等，按类别或品种设置明细科目
12	1406	库存商品	按种类、品种、规格、按实物负责人设置明细科目
13	1411	包装物	按种类进行明细核算
14	1412	低值易耗品	按种类进行明细核算
15	1461	存货跌价准备	按核算存货的一级科目分别设置
16	1501	待摊费用	按费用项目设置明细科目
17	1601	固定资产	按其类别、使用部门和具体资产设置明细账
18	1602	累计折旧	按固定资产类别或项目进行设明细核算
19	1603	固定资产减值准备	按计提减值准备每一种固定资产设置明细账
20	1604	在建工程	按在建工程类别或项目进行设明细科目核算
21	1605	工程物资	按工程所需的物资的种类、性质、所应用到的部门设置明细科目
22	1606	固定资产清理	按照被清理的固定资产项目进行明细核算
23	1701	无形资产	按无形资产项目进行明细核算
24	1702	累计摊销	按无形资产项目进行明细核算
25	1801	长期待摊费用	按费用项目进行明细核算
26	1901	待处理财产损益	
	190101		待处理流动资产损益
	190102		待处理固定资产损益
27	2001	短期借款	按借款种类和贷款人设置明细科目
28	2201	应付票据	按票据类型设置明细科目
29	2202	应付账款	按不同的债权人进行明细核算
30	2205	供应商往来	按购货单位设置，是“预收账款”的修订科目
31	2211	应付职工薪酬	
	221101		工资
	221102		福利费
32	2221	应交税金	
	222101		应交增值税
	22210101		进项税额
	22210102		已交税金
	22210103		转出未交增值税
	22210104		减免税款
	22210105		销项税额
	22210106		出口退税
	22210107		进项税额转出

续表

序号	编号	一级科目名称	明细科目设置
	22210108		出口抵减内销产品应纳税额
	22210109		转出多交增值税
	22210110		未交增值税
	222102		应交消费税
	222103		应缴营业税
	222104		应交企业所得税
	222105		应交城市维护建设税
	222106		教育费附加
	222107		应交土地增值税
	222108		应交房产税
	222109		应交土地使用税
	222110		应交车船使用税
	222111		应交个人所得税
33	2401	预提费用	按费用种类设置
34	2601	长期借款	按货款单位设置明细账，并以贷款种类进行明细核算
35	4001	实收资本	按照投资者进行明细核算
36	4002	资本公积	
	400201		资本溢价
	400202		股本溢价
	400203		其他资本公积
37	4101	盈余公积	
	410101		法定盈余公积
	410101		任意盈余公积
38	4103	本年利润	设一个多栏式明细账
39	4104	利润分配	
	410401		提取法定盈余公积
	410402		提取任意盈余公积
	410403		转作股本的股利
	410404		盈余公积补亏
	410405		未分配利润
40	5001	生产成本	
	500101		基本生产成本
	500102		辅助生产成本
41	5101	制造费用	按不同的生产车间、部门和费用项目进行明细核算
42	6001	主营业务收入	按主营业务的种类进行明细核算
43	6051	其他业务收入	按其他业务的种类进行明细核算
44	6111	投资收益	按投资项目进行明细核算

续表

序号	编号	一级科目名称	明细科目设置
45	6301	营业外收入	按营业外收入项目进行明细核算
46	6401	主营业务成本	按主营业务种类设置明细账
47	6403	营业税金及附加	只设一个明细账
48	6402	其他业务支出	按其他业务支出的种类进行明细核算
49	6601	销售费用	按费用项目进行明细核算
50	6602	管理费用	按费用项目进行明细核算
51	6603	财务费用	按费用项目进行明细核算
52	6711	营业外支出	按支出项目进行明细核算
53	6801	所得税	
	680101		当期所得税费用
	680102		递延所得税费用

（四）会计科目使用说明书设计

会计科目使用说明书设计就是编制会计科目使用说明书。会计科目的名称，虽然能概括说明它所核算的经济业务内容，但并不能详细说明会计科目的核算内容、范围，使用方法以及计价方式，账户的结构等。因此，必须对设计的会计科目及账户编制使用说明书。编制会计科目及账户使用说明书，就是对每一个会计科目的下列内容进行详细说明。

1. 会计科目的性质

会计科目的性质是会计科目的会计要素的属性，会计科目的性质决定了会计账户的结构和余额方向。会计科目及账户的使用说明书要说明会计科目是属于资产账户、负债账户、权益账户、成本费用账户，还是属于收入、利润账户。一般来说科目编号也可以体现科目性质。

2. 会计科目核算的内容、范围

会计科目的核算内容及范围，是每一个会计科目区别于其他会计科目的主要标志，每一个会计科目核算什么经济业务、具体范围如何，这是使用说明书中必须明确的。如“材料采购”科目核算企业购入材料的采购成本及购入材料应负担的税金和其他费用，包括买价、运杂费、运输途中合理损耗、入库前的挑选整理费用。为了划清各科目核算内容的界限，以免运用时发生混淆，有时还将某些与本科目核算内容相近，但不属于本科目核算范围的业务予以说明，如说明“材料采购”科目时，必须指出委托外单位加工材料实际成本核算，在“委托加工材料”科目中进行，不属于本科目核算范围。

3. 会计科目的结构及使用方法

会计科目及账户除说明核算内容和范围外，还应说明账户的使用方法，即说明账户的用途和结构，列举该科目核算主要经济业务的核算方法。如“现金”科目的使用方法需说明：企业收到现金时，借记本科目，贷记“银行存款”“产品销售收入”等有关科目，支出现金时，借记“管理费用”“制造费用”等有关科目，贷记本科目。期末余额在借方，表示库存现金的数额。

4. 明细科目及账户的设置方法

会计科目及账户，除少数只进行总分类核算外，大部分需设置明细科目，进行明细分类核算，以提供经营管理所需的详细指标。因此，在编制会计科目使用说明书时，应说明设置哪些明细科目（包括二级科目和明细科目），或说明设置明细科目的方法，并可进一步说明这些明细科目核算的内容及使用方法。如“材料采购”科目的明细科目设置，应按材料类别进行。

5. 其他应说明的事项

有些会计科目及账户还应对其他有关事项作出说明，如有关财产物资的会计科目及账户，由于财产物资可采用不同的计价方法，由此带来的账务处理方法亦不同。因此，应说明财产物资的计价方式，以便进行正确核算。如“材料采购”科目，应说明在材料采用计划成本计价时，借方反映购入材料的实际成本，贷方核算入库材料的计划成本。

会计科目使用说明书如表3-3所示。

表3-3 会计科目使用说明书

会计科目使用说明书

会计科目编号：14201　　会计科目名称：材料采购　　说明书编号：

<table>
<tr><td colspan="2">科目性质：资产类</td></tr>
<tr><td colspan="2">核算内容：本科目核算购入材料的采购成本。委托外单位加工材料的加工成本，在“委托加工材料”科目核算，不包括在本科目核算</td></tr>
<tr><td colspan="2">明细科目设置：按材料类别或品种设置明细账</td></tr>
<tr><td colspan="2">使用方法(用途和结构)</td></tr>
<tr><td>借方：采购材料时，借记本科目、“应交税金”科目，贷记“银行存款”、“应付票据”科目等</td><td>贷方：材料验收入库，根据收料单按计划成本，借记“原材料”等科目，贷记本科目；超支差借记“材料成本差异”科目，贷记本科目；节约差借记本科目，贷记“材料成本差异”科目</td></tr>
<tr><td colspan="2">余额：在借方，表示已采购尚未入库材料实际成本</td></tr>
<tr><td colspan="2">备注：</td></tr>
</table>

三、会计凭证设计

（一）会计凭证的意义

会计凭证是具有一定格式、记录经济业务、明确经济责任的书面证明，是登记会计账簿的依据。会计凭证按其填制的程序和用途分类，可以分为原始凭证和记账凭证两类。会计凭证的作用主要有以下几方面。

1. 有利于反映各项经济业务的情况，为管理提供有用信息

每一项经济业务发生或完成时，通过填制或取得原始凭证，可以反映经济业务的详细情况；原始凭证经过审核后编制记账凭证，可以作为记账的依据。在经济核算中，通过会计凭证可以对单位发生及完成的经济业务进行及时、准确地记录或记载，使得经济业务在发生的同时，通过填制会计凭证加以记录，说明经济业务发生的地点、时间、内容以及经办人员等，使日常发生的大量经济业务得以全面记录，为管理提供有用信息，管理人员可以利用这些信息对企业生产经营活动进行管理。

2. 有利于明确经济责任，加强内部控制

会计凭证不仅记录经济业务的内容，而且通过有关经办人员的签字盖章明确其经济责任，这样可使各有关人员增强使命感，恪尽职守，保证会计核算资料的真实性、准确性、合法性、完整性。同时，设计会计凭证的必要联次，制定合理的凭证传递程序，可以将业务发生所涉及的各职能部门或人员联系起来，使各职能部门之间以及财会部门内部有关人员之间形成既相互联系、又相互制约的格局，强化和完善会计工作的内部控制制度，促使各有关经办人员认真履行自己的职责，严格履行规定手续，相互制约，相互督促，从而减少差错，防止弊端，保护企业财产安全完整。

3. 有利于进行审计工作，开展会计监督

由于经办任何经济业务，都要填制或取得相应的会计凭证，审计机构通过对会计凭证审核和检查，可以确定经济活动是否符合国家的财经政策、法令和制度的规定，了解有无挥霍浪费、弄虚作假、贪污盗窃等违法、违纪行为，以保证经济活动的合法性、合理性及会计核算资料的真实性。因此，会计凭证有利于保障会计监督职能的充分发挥，而且有利于审计工作的开展，及时发现生产经营过程中存在的问题，有针对性地采取措施，改进工作。

4. 有利于登记会计账簿，是会计账簿登记的依据

会计账簿是对一个单位的经济活动进行连续、系统、全面、综合核算和监督的载体，登记会计账簿是会计核算的一种主要方法。通过填制或取得会计凭证，为会计账簿的登记提供了基础数据，会计凭证是登记账簿的依据。

（二）会计凭证的种类

1. 原始凭证的种类

原始凭证是在经济业务发生或完成时取得或编制的，用以记录和证明经济业务的发生或完成情况的原始证据。它载明了经济业务具体内容，明确了经济责任，是具有法律效力的书面证明，是组织会计核算的原始资料和重要依据。原始凭证主要有以下几种分类。

（1）按原始凭证的取得来源分

① 外来原始凭证。是指在同外单位发生经济往来关系时，从外单位取得的凭证。如企业购入材料时，从购货单位取得的发票（见表 3-4）等，就是外来原始凭证。

② 自制原始凭证。是指由本单位内部经办业务的部门或人员，在办理某项经济业务时，自行填制的凭证。自制原始凭证还可再分为：自制对外原始凭证，如销售发票、收款收据等；自制对内原始凭证，如领料单（见表 3-5）、各种成本分摊凭证等。

表 3-4　发票

×××专用发票

发票联

付款单位：________　　　　　　　　　　　　　　　　支票号：________

编号	商品名称	规格	单位	数量	单价	金额
小写金额合计						
大写金额合计	佰　拾　万　仟　佰　元　角　分					

收款单位（盖章）　　　　　　　　　开票人　　　　　　　　　　年　月　日

表 3-5　领料单

领料单

领料部门：　　　　　　　　　　　　　　　　　　　　　　凭证编号：

用　　途：　　　　　　　　　年　　月　　日　　　　　　收料仓库：

材料编号	材料规格及名称	计量单位	数量		价格	
			请领	实领	单价	金额(元)
备注					合计	

记账：　　　　　　　发料：　　　　　　　审批：　　　　　　　领料：

(2) 按原始凭证的用途分

① 通知原始凭证。指关于进行某项经济业务的通知或指示的凭证。如调拨单（材料、产成品）、出库通知单、扣款通知单等。

② 执行原始凭证。指某项经济业务进行过程中填制或取得的凭证。如材料、产品、商品入库单（见表 3-6），领料单，销售发票，收款收据等。

表 3-6　产品入库单

产品入库单

凭证编号：

交库单位：　　　　　　　　　年　　月　　日　　　　　　收料仓库：

产品编号	产品名称	规格	计量单位	交付数量	检验结果	实收数量	单价	金额
备注						合计		

③ 计算原始凭证。是列示数据计算过程的凭证，一般计算凭证是为进行内部转账手续而设计的。如各种费用分配表、成本计算单。

④ 联合原始凭证。是一种同时具有上述几种用途的凭证。联合凭证有两种结合方式：一种结合方式是在凭证项目内容上包括了几种用途的指标，如领料单兼具上述①②两种用途；限额领料单兼具三种用途；工资计算表兼具②③两种用途。另一种结合方式是凭证一份多联，不同联起着不同作用。

(3) 按原始凭证填制方法分

① 一次原始凭证。一次凭证填制手续一次完成，记载一项或若干项同类经济业务的原始凭证。如领料单、发料单等。

② 累计原始凭证。累计凭证是指在一定期限内，在同一凭证上连续多次记录同类重复发生的经济业务。如限额领料单。累计凭证可以简化凭证手续，减少凭证张数，便于考核、控制经济业务量。

③ 汇总凭证。也叫原始凭证汇总表，是根据许多同类经济业务的原始凭证或会计核算资料定期加以汇总而重新编制的原始凭证。如发出材料汇总表（见表 3-7）、差旅费报销单等。汇总凭证既可以提供经营管理所需要的总量指标，又可以大大简化核算手续。

表 3-7 发出材料汇总表

发出材料汇总表

年 月 日

会计科目		领料部门	原材料	燃料	合计
生产成本	基本生产车间	一车间			
		二车间			
		小计			
	辅助生产车间	供电车间			
		供气车间			
		小计			
制造费用		一车间			
		二车间			
		小计			
管理费用		行政部门			
合计					

财会负责人：　　　　复核：　　　　制表：

(4) 按原始凭证填制依据分

① 最初原始凭证。最初凭证是在业务执行过程中直接依据经济业务直接填制或取得的凭证。如领料单、外来的进货发票、费用单据等。

② 汇总原始凭证。汇总凭证是根据若干同类的最初凭证定期进行汇总而编制的凭证。如收料凭证汇总表等。汇总凭证集中反映一定时期内同类业务的全面情况，并可简化核算工作量。

③ 分割原始凭证。几个单位联合采购物资，其有关运杂费凭证一般在共同的，由主办单位按协议的标准进行分配。这种根据最初凭证分配采购费用所填制的费用分割通知凭证叫分割凭证。分割凭证由费用分割单位负责填制，分割单位保存的最初凭证具有法律效力。

(5) 按原始凭证的适用范围分

① 通用原始凭证。通用凭证是指适用不同单位、业务的凭证。通用凭证可在本单位适

用不同经济业务，或适用不同单位等。如增值税专用发票、收款收据等可以在不同单位适用。

② 专用原始凭证。专用凭证是适用特定单位、业务的凭证。专用凭证是根据本单位或专门业务设计的，只适用于本单位或特定经济业务。如限额领料单等。

2 记账凭证的种类

记账凭证是由财会部门根据审核无误的原始凭证加以归类整理而编制的，记录经济业务的内容，确定会计分录，作为登记账簿依据的一种书面证明。

(1) 按记账凭证填制方法分

① 复式记账凭证。复式记账凭证就是以一张记账凭证，记录每一笔经济业务所涉及的全部会计科目（至少涉及两个会计科目）。复式记账凭证把一项经济业务集中反映在一张记账凭证上，便于了解这项经济业务的全貌，而且附件集中，便于复核查对。缺点是不便于汇总和分工记账。

② 单式记账凭证。单式记账凭证是在每一张记账凭证上只记录一个会计科目，一笔经济业务涉及几个会计科目，便填制几张记账凭证。单式记账凭证便于汇总和分工记账，但内容分散，查核不便，且凭证数量较多，花费较大。

(2) 按记账凭证包含的业务范围分

① 专用记账凭证。专用记账凭证是专门用于记录某一类经济业务的记账凭证。专用记账凭证按其反映的经济业务的内容不同，又可以分为收款凭证、付款凭证和转账凭证。

收款凭证是用来记录货币性资产收入业务的记账凭证。收款凭证还可以分为现金收款凭证和银行存款收款凭证。

付款凭证是用来记录货币性资产支出业务的记账凭证。付款凭证还可以分为现金付款凭证和银行存款付款凭证。

对于收款凭证和付款凭证也有两种设置方式。一种是把现金收支和银行存款收支分别设置现金收款凭证、现金付款凭证和银行存款收款凭证、银行存款付款凭证；另一种是现金收支业务和银行存款收支业务共同使用一种收款凭证和付款凭证。

转账凭证是用来记录非货币性资产支出的其他业务的记账凭证。其设置也有两种方式，一种是复式，将一项经济业务涉及的所有的会计科目记录在一张记账凭证上；一种是单式，将一项经济业务涉及的所有的会计科目分别记录在多张转账凭证上。

② 通用记账凭证。只采用一种记账凭证，是一种适合任何经济业务的记账凭证。

(3) 按记账凭证的填制依据分

① 直接记账凭证。直接记账凭证是直接依据原始凭证及有关资料编制的记账凭证。如上述的各种记账凭证。

② 汇总记账凭证。汇总记账凭证是依据直接记账凭证编制的记账凭证。汇总记账凭证可分为汇总收款凭证、汇总付款凭证、汇总转账凭证、记账凭证汇总表（科目汇总表）。汇总收款凭证、汇总付款凭证、汇总转账凭证是按科目对应关系进行汇总的记账凭证，汇总收款凭证是按现金、银行存款科目借方进行汇总，并分别汇总出对应科目的贷方发生额；汇总付款凭证是按现金、银行存款科目贷方进行汇总，并分别汇总出对应科目的借方发生额；汇总转账凭证是按每一个非现金、银行存款科目的贷方进行汇总，并分别汇总出对应科目的借方发生额。记账凭证汇总表（科目汇总表）是按每一个会计科目借方、贷方金额进行汇总的记账凭证，科目汇总表并不反映科目之间对应关系。

③ 代用记账凭证。代用记账凭证是将原始凭证与直接记账凭证结合在一起的记账凭证。代用记账凭证通常是将原始凭证与记账凭证结合在一起进行设计，既可满足原始凭证要求，又可满足记账凭证要求，如可将材料采购请款单与付款凭证结合在一起设计成材料采购付款凭证。

四、原始凭证的设计

原始凭证设计，就是根据经济业务内容、管理需要以及内部控制等要求，确定原始凭证的种类、格式、内容和联次（张数）。原始凭证的设计步骤包括：明确原始凭证设计原则及要求，进行原始凭证设计调查，设计原始凭证种类、内容、格式及联次，编写原始凭证设计说明。

（一）原始凭证的设计原则

1. 全面详细地反映经济业务情况，满足各方面管理需要

原始凭证作为经济业务发生最初书面证明，应把业务发生的时间、地点、内容、有关人员的责任等基本情况详细地记录下来，一方面要满足会计核算和管理的需要，另一方面还要满足其他方面核算和管理的需要，如统计核算、业务核算的需要，生产管理、销售、管理、劳资管理等方面的需要。

2. 满足内部控制制度的要求，明确经济责任

一个单位发生的经济业务，大部分要涉及若干单位或同一单位的几个职能机构及相关人员。因此，在设计原始凭证时，必须根据实际需要，合理确定各种凭证所需要的联次数量，并规定各联的具体用途。既要满足各单位、各部门管理和核算的需要，又要加强岗位责任制，通过连续编号、复制多联、审核批准等方式使各部门之间相互制约，相互监督，以实现内部控制制度。如反映销货业务的“销货单”（发货票），在大中型企业里，最少应设计四联，由销货单位的销售部门、财会部门、仓库、购货单位各持一联。销售部门留存联用于进行业务核算，财会部门凭以收款并进行会计核算，仓库凭以发货并进行实物核算，购货单位作为付款凭证和抵扣增值税，进行采购业务会计核算。

3. 有利于加快凭证传递，提高工作效率

原始凭证如何设计，不仅要考虑经办业务的各职能部门如何相互联系和相互制约，促使他们尽职尽责，积极完成自己承担的任务，而且还应考虑如何简化凭证传递过程，提高工作效率。这就要求在设计原始凭证时，要科学、合理地规定每一凭证的传递程序，避免传递过程的迂回或脱节，如具体规定原始凭证传递过程需要经过哪些部门及人员等环节，各个传递环节的工作内容及任务，对于多联原始凭证，在传递过程中不同联次原始凭证的用途以及留存部门等。

4. 原始凭证的内容、格式力求标准化和通用化

在各单位内部，办理同类性质的经济业务所使用的凭证应当统一；某些原始凭证应尽可能地在部门、系统范围内通用，有条件的还应在地区或全国范围内统一使用。原始凭证的内容、格式标准化和通用化，可以方便原始凭证的填制和使用，节约原始凭证的设计和印制费用，有利于企业内部和企业外部财政、税务和审计等部门进行会计监督。

（二）原始凭证设计的调查

原始凭证设计实际上是各项经济业务分项设计中的一个主要内容，各项经济业务分项设计中具体包括了原始凭证、记账凭证、账簿、报表等表格的设计。为此原始凭证设计的调查应结合具体业务设计及调查进行。原始凭证设计的调查主要包括下列内容。

1. 本单位经济业务类型及内容的调查

进行原始凭证设计的调查，首先应对经济业务类型及内容进行调查，经济业务类型及内容决定了如何设置原始凭证，设置哪些原始凭证。如材料核算业务包括了材料采购核算，材料入库核算，材料出库核算，材料稽核、汇总核算，材料清查核算，材料账务处理核算等内容；决定了材料核算业务应该有材料采购合同，材料采购请款单，材料入库单，材料出库单，材料汇总分配表，材料盘点表，材料盈亏报告表等。

2. 本单位有关部门及人员核算与管理要求的调查

有关部门及人员核算与管理要求的调查，主要是调查原始凭证处理过程中经历了哪些有关部门或人员，原始凭证的用途，有关部门及人员对原始凭证的处理内容、处理方法、交接手续等。有关部门及人员核算与管理要求的调查，通常是在分项设计中结合业务处理调查进行的，通过有关部门及人员核算与管理要求的调查，可以了解原始凭证涉及哪些部门及人员，明确原始凭证的具体内容有哪些，便于明确经济责任，建立内部控制制度。

例如材料出库业务，需要设置材料出库原始凭证，但为了加强材料费用控制，要求对原料及主要材料实行限额领料制度，为此材料出库业务需要设置一般材料的领料单和原料及主要材料的限额领料单。限额领料单用于办理原料及主要材料出库业务，主要涉及生产工艺管理部门的材料限额管理人员、生产部门的材料领用人员、供应部门的仓库保管人员、财会部门的材料核算会计人员；材料限额管理人员通过限额领料单确定领料限额，并分析考核原料及主要材料耗用情况；材料领用人员通过限额领料单到仓库办理材料出库手续；仓库保管人员通过限额领料单办理材料出库手续，并通过限额领料单登记仓库材料明细账；材料核算会计需要定期到材料库进行材料稽核核算情况，需要将材料出库情况与材料领用单位进行核对，需要将材料出库情况进行汇总，并进行相应的账务处理。因此，限额领料单可设计为一式三联，其中一联为领料单位据以领料联，一联为仓库留存联，一联为财会稽核、核对、汇总联。为了满足有关部门及人员核算与管理的要求，如实反映经济业务内容，明确经济责任，便于内部控制，限额领料单应包括下列内容：限额领料单编号，限额领料单填制日期，领料单位，领料用途，领料仓库，材料编号、名称及规格、计量单位，领料限额，领料日期、数量，材料单价，领料金额，领料人，制单人，审核人，保管员，稽核人。

3. 原始凭证设计的外部调查

原始凭证设计不仅要调查了解本单位的情况，还要调查本单位以外的一些情况。原始凭证设计的外部调查主要有以下几种。

调查有关法律、法规、规章等的有关规定。如《中华人民共和国发票管理办法》、《中华人民共和国票据法》、中国人民银行规定的《支付结算办法》等规定，按照这些有关规定有些原始凭证内容及格式无须本单位自行设计，而且必须使用及遵照执行，但是在会计制度设计时必须对这些原始凭证的用途及使用作出必要的说明。

调查可以直接购买使用的原始凭证。有些经济业务处理所需的原始凭证往往可以直接购买使用（如普通三联收据、普通借据等），所以应对此作出调查，直接购买的原始凭证如果能够满足本单位经济业务处理的要求且使用数量不大，应尽量直接购买使用这种原始凭证，这样可以节约设计及印制费用，但是仍需对这些原始凭证的用途及使用作出必要的说明。

调查同行业及同类企业的同类经济业务的原始凭证设计及使用情况。通过这种调查可以在会计制度设计时参考和借鉴其他单位的经验，有利于取长补短，提高会计设计工作效率，并容易取得较好的效果，在实际的会计制度设计工作中常常采用这种调查方法。

调查原始凭证外部使用者的要求。有些原始凭证往往提供给本单位以外的某些单位或个人使用，所以原始凭证设计还应调查原始凭证外部使用者的要求。调查原始凭证外部使用者的要求主要包括原始凭证用途、内容及项目、格式、联次等。

（三）原始凭证的具体设计

1. 原始凭证构成的基本要素

不同类型的原始凭证，包含的具体内容不尽相同，但一般都必须具备一些共同的基本内容，这就是原始凭证构成的基本要素。原始凭证构成的基本要素主要包括以下几种。

① 原始凭证的名称及编号。

② 填制凭证的日期、业务执行的日期或期间（如某年某月份）。

③ 接受单位名称或个人姓名（通常叫“抬头”）及地址。

④ 经济业务的基本内容。

⑤ 经济业务的业务计量，如数量、单位、单价、金额和合计金额（包括大、小写金额）。

⑥ 填制单位的名称或填制人姓名公章，如外来原始凭证或对外原始凭证的单位公章。

⑦ 有关人员的签章，如凭证填制人、审核人、业务部门负责人、单位负责人以及业务经办人（如领料人、发料人、工资领取人等）的签章，应当注意需经审批的业务凭证，必须注明审批意见和审批人的签章，以明确责任。任何原始凭证都必须具备表示业务执行责任的要素，以加强内部控制和便于内部检查、外部审计。

⑧ 凭证编制依据。根据有关附件填制或汇总的凭证，须注明附件的号码、件数等。

上述内容只是构成原始凭证的基本要素，不同经济业务的原始凭证的具体内容可能与其构成基本要素有所不同，可以在构成基本要素的基础上增加或减少某些项目。如限额领料单就与原始凭证的构成基本要素有所不同。

2. 原始凭证的具体设计

原始凭证的具体设计应尽量采用通用格式，对于本单位的专用凭证，应根据实际需要进行设计。原始凭证的具体设计除按照第二章所述的表格设计的表格的外形尺寸设计、表格的内容设计、表格的空边设计、表格的标题设计、表格的表体设计、表格的联次设计方法之外，还应注意下列设计方法。

① 原始凭证的外形尺寸要与记账凭证相互协调。大多数原始凭证都要附在记账凭证之后装订在一起，所以在原始凭证设计时，原始凭证的外形尺寸大小主要依据经济业务内容多少而定，但也要注意与记账凭证相互协调，应尽量与其保持一致，或与其横向或纵向相同，或与其成倍比关系。

② 不同的原始凭证采用不同纸质。累计原始凭证使用次数较多，选用的纸质应比一次

原始凭证要好一些；复写联次较多的原始凭证选用的纸质要比不复写的原始凭证或复写联次较少的原始凭证要薄一些；保存期限较长的原始凭证选用的纸质要比保存期限较短的原始凭证要好一些；经手部门及人员较多的原始凭证选用的纸质要好一些。

③ 某些原始凭证要印制固定的编号。对于连续使用且不允许重复取得的原始凭证，一般在原始凭证设计时就已经印制好固定的编号，如支票、发票、股票、债券、固定收费票据等。凡印制固定的编号的原始凭证，由于某种原因作废时，仍需妥善保管，不得随意销毁。

④ 多联复写的原始凭证要合理安排联次顺序。一般按各联次使用顺序安排联次顺序，提供其他部门或外单位联次一般应是第一联以后的复写联，存根联应安排在最后的联次。

原始凭证的设计举例见表 3-8 限额领料单设计。

表 3-8 限额领料单

（企业名称）

限 额 领 料 单

年 月 日

领料单位________　　　　发料 字第________号

用 途________　　　　发料仓库________

材料编号	材料种类	材料名称及材料规格		计量单位	领料限额
日期	请领数量	实领数量	材料单价	领料金额	领料人
合计			—		—

制单人：　　　审核人：　　　保管员：　　　稽核人：

（四）原始凭证的设计说明

原始凭证的设计说明主要包括：原始凭证的用途说明，原始凭证的使用说明，原始凭证处理的内部控制要点说明，以及其他有关文字说明。原始凭证处理的具体详细说明在分项的业务处理设计进行说明。

如限额领料单用于办理原料及主要材料出库业务，加强材料费用控制，限额领料单一式三联，其中第一联为领料单位据以领料联，第二联为财会稽核、核对、汇总联，第三联为仓库留存、记账联。

五、记账凭证设计

记账凭证的设计就是根据登记账簿和管理需要以及内部控制等要求，确定记账凭证的种类、格式、内容和联次（张数）。记账凭证的设计步骤包括：明确记账凭证设计原则及要求，进行记账凭证设计调查，设计记账凭证种类、内容、格式及联次，编写记账凭证设计说明。

(一)记账凭证的设计原则

1. 应当满足编制会计分录和进行内部控制需要

记账凭证设计应当满足编制会计分录需要，会计分录是在其中指明经济业务事项应登记的账户名称、记账的借贷方向和金额的记录，因此记账凭证内容必须包括：经济业务的简要说明，使用的会计科目，记账的方向及增减变化的金额；记账凭证设计还满足内部控制需要，因此记账凭证必须标明：记账凭证日期，记账凭证编号，所附原始凭证的张数以及有关人员的签名或盖章。

2. 应当与所采用的会计核算形式相适应

会计核算形式是指把会计凭证、会计账簿、会计报表及其处理程序、处理方法有机结合的方式。不同的会计核算形式，具有不同种类及格式的会计账簿，会计账簿之间以及会计账簿与会计凭证之间具有不同的关系，这就要求有不同种类及格式的记账凭证，因此记账凭证设计应当与所采用的会计核算形式相适应。如在记账凭证会计核算形式下，可以设计“收款凭证”“付款凭证”和“转账凭证”三种凭证，也可设计统一的“记账凭证”；但在汇总记账凭证会计核算形式下，则必须分设“收款凭证”“付款凭证”和“转账凭证”三种凭证，并相应设计“汇总收款凭证”“汇总付款凭证”和“汇总转账凭证”。

3. 应当满足账簿登记的需要

记账凭证是登记账簿的主要依据，会计账簿有总分类账、明细分类账、日记账及备查辅助账。记账凭证的设计应当满足各类账簿登记的需要，如在设计记账凭证时，应当标明总分类账科目及各级明细分类账科目，以便分别登记总分类账及各级明细分类账；又如为了便于登记日记账，可以单独设置“收款凭证”“付款凭证”和“转账凭证”；此外说明记账凭证与账簿之间的关系，在设计记账凭证时，在记账凭证中设置“账页”栏或“过账”栏。

4. 应当适应本单位特点及规模，有利于合理分工

单位经济业务的特点及规模不同，则会计机构、会计人员的设置与分工也有所不同，则设计的记账凭证也有所不同。一般来说经济业务复杂，企业规模较大，则设置较大的会计机构，会计人员分工较细，则一般设计较多种类的记账凭证；否则，则设计较少种类或一种记账凭证。

(二)记账凭证设计的调查

记账凭证设计实际上是会计核算形式（账务处理程序）设计中的一个主要内容，会计核算形式设计中具体包括了原始凭证、记账凭证、账簿、报表等表格的设计。为此记账凭证设计的调查应结合会计核算形式设计及调查进行。记账凭证设计的调查主要包括下列内容。

1. 本单位会计核算形式及会计账簿种类、格式调查

会计核算形式有记账凭证会计核算形式、汇总记账凭证会计核算形式、科目汇总表会计核算形式、日记总账会计核算形式、多栏日记账会计核算形式。不同的会计核算形式决定了采用不同会计账簿、记账凭证的种类及格式，如采用科目汇总表会计核算形式，则需要设置现金、银行存款日记账，设置三栏式、数量金额式、多栏式明细账，设置三栏式总账；记账

凭证则可采用一种通用“记账凭证”，也可采用“收款凭证”“付款凭证”和“转账凭证”三种凭证，但还应设置科目汇总表。

2. 本单位会计机构设置及会计人员分工调查

记账凭证设计应调查本单位会计机构设置及会计人员分工的情况。具体主要调查会计机构下属是否设置分组，如何分组，设置了哪些会计岗位，各会计岗位如何分工及其职责有哪些，有关人员如何相互联系、相互制约，会计机构设置及会计人员分工决定了设置记账凭证的种类及有关经手人的具体项目。

3. 记账凭证设计的外部调查

记账凭证设计不仅要调查了解本单位的情况，还要调查本单位以外的一些情况。记账凭证设计的外部调查主要有以下内容。

调查有关法律、法规、规章等的有关规定。如《会计基础工作规范》就对记账凭证基本内容以及填制使用作出了规定，各单位在进行会计制度设计时，必须遵守这些有关规定，并结合本单位实际设计记账凭证，同时对设计记账凭证的用途及使用作出必要的说明。

调查可以直接购买使用的记账凭证。各单位在进行会计制度设计时，往往可以直接购买使用某种记账凭证（如通用记账凭证等），所以应对此作出调查，直接购买的记账凭证如果能够满足本单位会计核算的要求且使用数量不大，应尽量直接购买使用这种记账凭证，这样可以节约设计及印制费用，但是仍需对这些记账凭证的用途及使用作出必要的说明。

调查同行业及同类企业的同类会计核算形式的记账凭证设计及使用情况。通过这种调查可以在会计制度设计时参考和借鉴其他单位的经验，有利于取长补短，提高会计设计工作效率，并容易取得较好的效果，在实际的会计制度设计工作中常常采用这种调查方法。

（三）记账凭证的设计

1. 记账凭证构成的基本要素

① 填制单位的名称；

② 记账凭证的名称；

③ 凭证的编号；

④ 填制凭证的日期；

⑤ 经济业务内容摘要；

⑥ 会计科目，包括一级科目、二级科目和明细科目的名称和金额；

⑦ 所附原始凭证的张数；

⑧ 制证、审核、记账、出纳等有关人员签名或盖章。

2. 记账凭证具体设计

记账凭证的具体设计除按照第二章所述表格设计的表格的外形尺寸设计、表格的内容设计、表格的空边设计、表格的标题设计、表格的表体设计、表格的联次设计方法之外，还应注意应具备记账凭证的基本要素，记账凭证外形尺寸大小与原始凭证相互协调，应留足便于装订的空白边缘，应合理安排栏目顺序，便于记账凭证的填制、汇总和记账、审核、审计。此外还应注意下列设计方法。

① 直接记账凭证设计。可采用一种通用记账凭证设计；采用借项凭证、贷项凭证两

种记账凭证设计；采用收款凭证、付款凭证、转账凭证三种设计，或采用现金凭证、银行存款凭证、转账凭证三种记账凭证设计；采用收款凭证、付款凭证、转账贷项凭证、转账借项凭证四种记账凭证设计；采用现金收款凭证、现金付款凭证、银行存款收款凭证、银行存款付款凭证和转账凭证五种记账凭证设计；采用现金收款凭证、现金付款凭证、银行存款收款凭证、银行存款付款凭证、转账贷项凭证、转账借项凭证六种记账凭证设计。

② 汇总记账凭证设计。可采用一种通用汇总记账凭证设计；采用汇总收款凭证、汇总付款凭证、汇总转账凭证三种汇总记账凭证设计；采用科目汇总表记账凭证设计。

③ 代用记账凭证设计。可将有些自制原始凭证设计成代用记账凭证，如材料采购付款凭证、费用报销凭证、费用转账凭证等。

(四) 记账凭证的设计说明

记账凭证的设计说明主要包括：记账凭证的用途说明，记账凭证的使用说明，记账凭证处理的内部控制要点说明，以及其他有关文字说明。记账凭证的处理的具体详细说明应在会计核算形式设计进行说明。记账凭证的设计说明见记账凭证的种类及格式设计举例。

(五) 记账凭证的种类及格式设计举例

1. 通用记账凭证设计

通用记账凭证（见表 3-9～表 3-11）是一种适用于编制所有经济业务事项的会计凭证；可以据以登记日记账、有关明细账，在记账凭证会计核算形式下还可以登记总账；记账凭证必须根据审核无误的原始凭证编制，记账凭证必须连续编号，必须经过审核，未经审核的记账凭证不允许登记账簿，根据记账凭证登记账簿后必须在记账凭证上作出标记，涉及货币资金收付通用的记账凭证必须有出纳人员签章。

表 3-9 记账凭证

（企业名称）

记 账 凭 证

年 月 日 第____号

<table>
<tr><th rowspan="2">摘要</th><th colspan="2">会计科目</th><th colspan="10">借方金额</th><th colspan="10">贷方金额</th><th rowspan="2">账页</th></tr>
<tr><th></th><th></th><th>千</th><th>百</th><th>十</th><th>万</th><th>千</th><th>百</th><th>十</th><th>元</th><th>角</th><th>分</th><th>千</th><th>百</th><th>十</th><th>万</th><th>千</th><th>百</th><th>十</th><th>元</th><th>角</th><th>分</th></tr>
<tr><td></td><td></td><td></td><td></td><td></td><td></td><td></td><td></td><td></td><td></td><td></td><td></td><td></td><td></td><td></td><td></td><td></td><td></td><td></td><td></td><td></td><td></td><td></td><td></td></tr>
<tr><td></td><td></td><td></td><td></td><td></td><td></td><td></td><td></td><td></td><td></td><td></td><td></td><td></td><td></td><td></td><td></td><td></td><td></td><td></td><td></td><td></td><td></td><td></td><td></td></tr>
<tr><td></td><td></td><td></td><td></td><td></td><td></td><td></td><td></td><td></td><td></td><td></td><td></td><td></td><td></td><td></td><td></td><td></td><td></td><td></td><td></td><td></td><td></td><td></td><td></td></tr>
<tr><td></td><td></td><td></td><td></td><td></td><td></td><td></td><td></td><td></td><td></td><td></td><td></td><td></td><td></td><td></td><td></td><td></td><td></td><td></td><td></td><td></td><td></td><td></td><td></td></tr>
<tr><td></td><td></td><td></td><td></td><td></td><td></td><td></td><td></td><td></td><td></td><td></td><td></td><td></td><td></td><td></td><td></td><td></td><td></td><td></td><td></td><td></td><td></td><td></td><td></td></tr>
<tr><td></td><td></td><td></td><td></td><td></td><td></td><td></td><td></td><td></td><td></td><td></td><td></td><td></td><td></td><td></td><td></td><td></td><td></td><td></td><td></td><td></td><td></td><td></td><td></td></tr>
<tr><td colspan="3">合 计</td><td></td><td></td><td></td><td></td><td></td><td></td><td></td><td></td><td></td><td></td><td></td><td></td><td></td><td></td><td></td><td></td><td></td><td></td><td></td><td></td><td></td></tr>
</table>

会计主管： 记账： 审核： 制单：

表 3-10 凭证封面

凭 证 封 面

年 月份

单位名称	
凭证名称	
册 数	第 册共 册
起讫编号	自第 号至第 号
起讫日期	自 年 月 日至 月 日

主管________装订________

表 3-11 记账凭证

记 账 凭 证

年 月 日 编号：

摘 要	总账科目	明细科目	借方金额	贷方金额	过账
合 计					

附件 张

会计主管： 记账： 出纳： 复核： 制证： 领（收）款人：

通用的记账凭证的特点是：记账凭证格式统一，节约设计及印制，便于编制记账凭证，能完整地反映经济业务的科目对应关系，但不便于分类汇总。金额分栏式记账凭证，这种格式便于检查借贷金额平衡关系，适用于科目汇总表核算形式，便于编制科目汇总表。各种复式记账凭证不仅可以设计为金额分栏式，还可以设计为科目分栏式，科目分栏式便于检查借贷科目对应关系，适用于汇总记账凭证核算形式，便于编制汇总记账凭证。通用的记账凭证与转账凭证格式基本相同，主要差别是转账凭证不涉及货币资金会计科目及经手人。

2. 收款凭证设计

收款凭证（见表 3-12）是一种适用于现金或银行存款等货币资金收款业务的记账凭证，使用时借记现金或银行存款等货币资金会计科目，贷记有关对应科目。可以据以登记日记账、有关明细账，在记账凭证会计核算形式下还可以登记总账；收款凭证处理的内部控制要点说明同通用记账凭证。

收款凭证的特点是：便于分科目汇总，便于编制科目汇总表，便于编制汇总记账凭证；能完整地反映收款经济业务的科目对应关系，通过合计自动产生借贷金额平衡关系；适用经济业务规模较大、分工较细的单位，可适用于各种核算形式。

3. 付款凭证设计

付款凭证（见表 3-13）的用途、使用、内部控制要点以及特点与收款凭证基本相同，但付款凭证是一种适用于现金或银行存款等货币资金付款业务的记账凭证，使用时贷记现金或银行存款等货币资金会计科目，借记有关对应科目。

表 3-12 收款凭证

（企业名称）

收 款 凭 证

借方科目：　　　　　　　　　　年　　月　　日　　　　　　　　收字第　　号

摘　要	贷方总账科目	明细科目	金额	过账
合　计				

附件　　张

会计主管：　　制证：　　复核：　　记账：　　出纳：　　收款人：

表 3-13 付款凭证

（企业名称）

付 款 凭 证

贷方科目：　　　　　　　　　　年　　月　　日　　　　　　　　付字第　　号

摘　要	借方总账科目	明细科目	金额	过账
合　计				

附件　　张

会计主管：　　制证：　　复核：　　记账：　　出纳：　　领款人：

4. 转账凭证设计

转账凭证（见表 3-14）是一种适用于非货币资金收付的转账业务的记账凭证，使用时借记非货币资金会计科目，贷记有关对应的非货币资金科目。可以据以登记有关明细账，在记账凭证会计核算形式下还可以登记总账；转账凭证处理的内部控制要点说明同通用记账凭证。

表 3-14 转账凭证

（企业名称）

转 账 凭 证

年　　月　　日　　　　　　　　编号：

摘　要	借方科目	贷方科目	金额	过账
合　计				

附件　　张

会计主管：　　制证：　　复核：　　记账：

转账凭证的特点是：便于编制记账凭证，能完整地反映转账经济业务的科目对应关系，但不便于分类汇总；表 3-14 是科目分栏式转账凭证，这种格式便于检查借贷科目对应关系，适用于汇总记账凭证核算形式，便于编制汇总记账凭证；转账凭证可以设计为金额分栏式记账凭证，这种格式便于检查借贷金额平衡关系，适用于科目汇总表核算形式，便于编制科目汇总表。这种记账凭证适用于经济业务规模较大、分工较细的单位，可适用于各种核算形式科目。转账凭证与通用记账凭证格式基本相同，主要差别是转账凭证不涉及货币资金会计科目及经手人。

5. 其他直接记账凭证设计

其他直接记账凭证包括：转账贷项凭证、转账借项凭证、现金收款凭证、现金付款凭证、银行存款收款凭证、银行存款付款凭证等。其他直接记账凭证实际是上述直接记账凭证的变形，所以其他直接记账凭证设计可以参照上述直接记账凭证设计进行。

6. 汇总记账凭证设计

在采用汇总会计核算形式的情况下，应将一定会计期间的记账凭证（直接记账凭证）汇总编制成汇总记账凭证，并根据汇总记账凭证登记总账。汇总记账凭证的特点是：一般只登记记账凭证所涉及的各个一级科目的汇总金额；要反映各个一级科目的汇总金额是否借贷平衡；汇总记账凭证一般不设“摘要”栏目；汇总记账凭证具体种类、格式应根据本单位的会计核算形式、经济业务的类型及规模、会计机构的分工来进行设计。

汇总记账凭证按汇总的范围不同，可以分为全部汇总、分类汇总和分科目汇总三种形式。全部汇总就是将一定期间发生的经济业务的全部会计科目集中在一张汇总记账凭证上汇总；分类汇总就是将会计科目分成几类（如收款凭证、付款凭证、转账凭证），按类分别设置汇总记账凭证进行汇总；分科目汇总就是按每一个会计科目分别设置汇总记账凭证进行汇总。汇总记账凭证按汇总的方式不同，可以分为按科目对应关系汇总和不按科目对应关系汇总，如表 3-15 汇总收款凭证就是按科目对应关系汇总的，如表 3-19 科目汇总表就是不按科目对应关系汇总的。

表 3-15　汇总收款凭证

（企业名称）

汇 总 收 款 凭 证

自第　号至　号　　　　　　　　年　　月份　　　　　　　　汇收第　　号

对应贷方总账科目	金额	总账账页
借方科目		

会计主管：　　　　制证：　　　　复核：

(1) 汇总收款凭证设计　汇总收款凭证（见表 3-15）是按现金、银行存款、其他货币资金其中的一个会计科目的借方设置的，汇总该科目借方发生总额及其各对应科目的贷方发生额。汇总收款凭证是根据收款业务凭证汇总编制的，并作为登记总账的依据。汇总收款凭证汇总的基本方法是，首先按每一科目的借方归类，然后再按对应科目贷方归类加计。汇总收款凭证只是一种起汇总作用记账凭证，作为记账的依据，必须在汇总收款凭证中注明汇总所依据的记账凭证的时间及张数并附有依据的记账凭证；汇总收款凭证必须根据审核无误的记账凭证编制；汇总收款凭证必须连续编号；未经审核的汇总收款凭证不允许登记总账，根据汇总收款凭证登记账簿后必须在汇总收款凭证上作出标记。

汇总收款凭证的特点是：可以集中反映一定时期内某一科目收款业务的全面情况，并可简化登记总账的工作量；能反映某一科目发生额的对应关系，便于登记设有对应科目专栏的对应式总账；需将记账凭证进行归类加计，手续繁琐；一旦汇总计算差错，特别是科目出现串户汇总差错，查找比较困难。汇总记账凭证主要适用于汇总记账凭证会计核算形式。

(2) 汇总付款凭证设计 汇总付款凭证（见表 3-16）是按现金、银行存款、其他货币资金其中的一个会计科目的贷方设置的，汇总该科目贷方发生总额及其各对应科目的借方发生额。汇总付款凭证是根据付款业务凭证汇总编制的，并作为登记总账的依据。汇总付款凭证汇总的基本方法是，首先按每一科目的贷方归类，然后再按对应科目借方归类加计。汇总付款凭证的内部控制要点及特点与汇总收款凭证基本相同。

表 3-16 汇总付款凭证

(企业名称)

汇 总 付 款 凭 证

自第　号至　号　　　　年　　月份　　　　汇付第　　号

对应借方总账科目	金额	总账账页
贷方科目		

会计主管：　　　　制证：　　　　复核：

(3) 汇总转账凭证设计 汇总转账凭证（见表 3-17）是按非货币资金的每一个会计科目的贷方设置的，汇总该科目贷方发生总额及其各对应科目的借方发生额。汇总转账凭证是根据转账凭证汇总编制的，并作为登记总账的依据。汇总转账凭证汇总的基本方法是，首先按每一科目的贷方归类，然后再按对应科目借方归类加计。由于汇总转账凭证是按贷方科目设置，所以要求转账凭证一般只能编制一借一贷或一贷多借的会计分录，不宜编制一借多贷或多借多贷的会计分录。汇总转账凭证的内部控制要点及特点与汇总收款凭证基本相同。

(4) 汇总记账凭证设计 汇总记账凭证（见表 3-18）是按全部或某一类会计科目设置的，按其科目对应关系汇总各个科目的贷方发生总额及其各对应科目的借方发生额。汇总记账凭证是根据所有或分类经济业务的记账凭证汇总编制的，并作为登记总账的依据。汇总转账凭证汇总的基本方法是，首先按每一科目的贷方（或借方）归类，然后再按对应科目借方（或贷方）归类加计。汇总记账凭证也要求转账凭证一般只能编制一借一贷或一贷多借的会计分录，不宜编制一借多贷或多借多贷的会计分录。汇总记账凭证的内部控制要点及特点与汇总收款凭证基本相同。

表 3-17 汇总转账凭证

（企业名称）

汇 总 转 账 凭 证

自第　号至　号　　　　　　年　　月份　　　　　　汇转第　　号

对应借方总账科目	金额	总账账页
贷方科目		

会计主管：　　　　制证：　　　　复核：

表 3-18 汇总记账凭证

（企业名称）

汇 总 记 账 凭 证

自第　号至　号　　　　　　年　　月份　　　　　　汇第　　号

借方科目 贷方科目	现金	银行存款	原材料	……				合计
现金								
银行存款								
应收账款								
……								
合计								

会计主管：　　　　制证：　　　　复核：

（5）科目汇总表设计 科目汇总表（见表 3-19）还可以设计成另一种格式，即金额分列式。金额分列式的表体列的排列顺序依次为：“借方金额”“会计科目”“总账页号”“贷方金额”。

科目汇总表是按全部会计科目综合设置的，按每一个会计科目分别汇总其借方发生额和贷方发生额。科目汇总表是根据所有或分类经济业务的记账凭证汇总编制的，并作为登记总账的依据。科目汇总表汇总的基本方法是，按每一科目的借方或贷方分别加计，具体可以采用直接加计法，即将全部记账凭证按同一会计科目归类，直接加计借方或贷方总数列入此表；也可以采用 T 形账户法，即首先按每个会计科目开设 T 形账户，然后在 T 形账户中逐笔登记每个会计科目借方或贷方发生额，最后加计借方或贷方发生额，合计并填制科目汇总表。科目汇总表的内部控制要点与汇总收款凭证基本相同。

表 3-19　科目汇总表

（企业名称）

科目汇总表

汇自第　号至　号　　　　年　　月份　　　　汇第　　号

会计科目	借方金额	贷方金额	总账页号
现金			
银行存款			
原材料			
应收账款			
合　计			

会计主管：　　　　制证：　　　　复核：

科目汇总表的特点是：可以集中反映一定时期内全部会计科目的情况，并可简化登记总账的工作量；不能反映科目发生额的对应关系，不便于登记设有对应科目专栏的对应式总账；便于检验全部会计科目借贷双方总额的平衡关系。科目汇总表主要适用于科目汇总表核算形式。

7. 代用记账凭证的设计

代用记账凭证（表 3-20）是以某些原始凭证代替记账凭证。代用记账凭证设计既要符合原始凭证要求，又要符合记账凭证要求。

表 3-20　材料采购付款凭证

材料采购付款凭证

请款单位：　　　　年　　月　　日　　　　凭证编号：

受款单位			借款人		
借款金额(大写)	人民币：				
借方科目	金额	过账	贷方科目	金额	过账

附件　张

厂长：　　业务主管；　　会计主管：　　制证：　　复核：　　出纳：　　记账：

代用记账凭证的特点是：可以节约记账凭证的用量，减少记账凭证的填制工作，减少填制差错，提高工作效率。

采用代用记账凭证应当注意：主要应用于某些自制原始凭证；应同时具备原始凭证和记账凭证的基本要素；规格大小应尽量与记账凭证保持一致。

代用记账凭证是简化会计凭证设计的一个措施。在具体进行会计凭证设计时，还有其他简化记账凭证设计的措施，如设计套写记账凭证、设计累计记账凭证等。

六、会计账簿设计

（一）会计账簿的意义

会计账簿是以会计凭证为依据，由具有专门格式而又相互联结在一起的若干账页组成的，用来序时、分类地记录各项经济业务的簿籍。合理地设置和登记会计账簿，能系统地记录和提供企业经济活动的各种数据，设置和登记会计账簿是会计核算工作的基本方法。会计账簿的作用主要有以下几方面。

1. 可以连续、系统、全面地记录各项经济业务

设置账簿并以会计凭证为依据，将各项经济业务在账簿中登记，主要是对各项经济业务进行序时核算和分类核算。通过序时核算可以连续地记录和反映各项经济业务引起的各项会计要素的增减变动情况；通过分类核算既可以提供总括的会计核算资料，又可提供明细核算资料，可以系统地记录和反映各项经济业务引起的各项会计要素的增减变动情况；通过序时与分类核算的有机结合，则可以全面反映各项经济业务引起的各项会计要素的增减变动情况。

2. 可以为编制财务会计报告提供依据

通过设置和登记账簿，会计账簿记录了各项会计要素的增减变动情况，经审核无误的会计账簿记录则为编制财务会计报告提供了数据资料。通过编制财务会计报告可以反映某一特定日期财务状况和某一会计期间的经营成果、现金流量，为有关部门、单位、人员提供有用的会计信息。财务会计报告所披露的企业会计信息是否真实，编制是否及时，都同账簿记录有着密切的关系。

3. 可以为加强经济管理提供依据

通过设置和登记账簿，各项经济业务的发生和完成都被记录在会计账簿中，这样就可以使单位内部或外部有关经济监督的部门或单位通过账簿记录对经济活动进行监督和考核，了解其经济活动是否符合有关法律、法规、方针、政策、制度，可以考核各项计划的完成情况；可以对经济活动进行检查和分析，对资金使用是否合理、费用开支是否符合标准、经济效益有无提高等作出分析、评价，找出差距，挖掘潜力，提出改进措施，加强经济管理，提高经济效益。

（二）会计账簿的种类

1. 账簿按用途分类

(1) 日记账 日记账又称序时账，是按经济业务发生和完成时间的先后顺序进行登记的账簿。它是按照会计凭证逐日逐笔进行登记的账簿。早期的日记账也称分录簿，把每天发生的经济业务编制成会计分录，按时间顺序逐笔登记，并作为登记分类账的依据，这种日记账既具有序时反映的作用，又具有编制会计分录并作为登记分类账依据的作用。早期的日记账主要是普通日记账，后来逐渐演变为多栏日记账和特种日记账。普通日记账是将全部经济业务（或除特种经济业务外）编制成会计分录并按时间顺序逐笔登记的日记账；多栏日记账是在普通日记账中将发生频繁、性质相同的经济业务所涉及的账户，设计成为一些专栏的日记账；特种日记账是将发生频繁、需要经常查核、性质相同的特种经济业务从普通日记账中分离出来单独设置的专门日记账，如现金日记账、银行存款日记账、采购日记账、销售日记账等。这种早期的日记账经过逐步演化，目前在我国已失去编制会计分录并作为登记分类账依据的作用，这部分作用已被记账凭证所取代，目前保留的日记账主要是特种日记账，如现金日记账、银行存款日记账，它们仍具有序时反映的作用，但它也需以记账凭证为依据进行登记，同时也具有明细分类账的作用。

(2) 分类账 分类账是对各项经济业务按照它所涉及的账户进行分类登记的账簿。分类账按反映经济业务的详细程度的不同，分为总分类账和明细分类账。总分类账是按总分类账户开设，用以分类反映和监督各项资产、负债、所有者权益、成本费用和收入、财务成果等总括核算资料的账簿。明细分类账是按明细分类账户开设，用以提供明细核算资料的账簿。

(3) 备查簿 备查簿也称辅助账，是对在日记账和分类账中未能反映和记录的事项进行补充登记的账簿。主要用来记录一些供日后查考的有关经济事项，如代销商品登记簿、租入固定资产登记簿等。备查簿只是对账簿记录的一种补充，它与其他账簿之间不存在严密的依存、钩稽关系。

2. 账簿按外表形式分类

(1) 订本账 订本账是在启用前进行顺序编号并固定装订成册的账簿。订本账一般用于现金日记账、银行日记账和总分类账。它的优点是可以防止账页的散失和非法抽换；缺点是账页固定后，不便于分工记账，也不能根据记账需要增减账页。

(2) 活页账 活页账是把账页装订在账夹内，可以随时增添或取出账页的账簿。这种账簿的优点是可以根据需要增添或重新排列账页，有利于合理组织会计人员分工记账；缺点是账页容易丢失和被抽换。采用活页账，平时对每一个账户按账页顺序进行编号，在会计期末装订成册时应重新按实际账页顺序进行编号，并加封目录。这种账簿主要用于一般的明细分类账，如材料明细账、应收账款明细账等。

(3) 卡片账 卡片账是由专门格式、分散的卡片作为账页组成的账簿。这种账一般用卡片箱装置，可以随取随放，它实际上也是一种活页账。卡片账除具有一般活页账的优缺点外，它不需要每年更换，可以跨年度使用。如固定资产明细账、低值易耗品明细账一般采用这种形式。

（三）会计账簿设计的基本原则

会计账簿设计是会计制度设计的重要内容，会计账簿设计的质量直接影响整个会计制度的质量。因此，会计账簿的设计必须做到种类齐全、层次分明、组织严密，各种会计账簿之间的内在联系和勾稽关系严谨、清楚，起到相互制约或补充的作用。为此，在设计会计账簿时，应当遵循以下原则。

1. 要适应企业经营规模和管理要求

这一原则要求设计会计账簿时，必须针对企业的具体情况，包括经营规模大小、生产经营特点、业务数量多少、经营管理要求等进行设计。在充分权衡这些具体情况的基础上，确定会计账簿的种类、数量、格式、层次及内容。例如，在大中型企业里，材料品种多、数量大、变动频繁、保管地点分散，要求分类管理和核算，这就要求按材料类别设置二级账，按材料品名设置三级明细账，而在小型企业里，则可以不分二级、三级，按品种设明细账即可。

会计账簿设计，应当保证会计账簿的组织严密，防止重复或遗漏；各种会计账簿既要有明确的分工，以保证会计账簿的单个用途，又要保持紧密的联系，以发挥会计账簿的整体作用。只有这样才能连续、系统、全面地记录各项经济业务，为经营管理提供真实、准确、完整的会计资料，加强经济管理，提高经济效益。

2. 要为财务会计报告的编制提供所需的资料

会计账簿是编制财务会计报告的依据，会计账簿的设计应当满足财务会计报告编制的需要。会计账簿的设计应尽可能在编制财务会计报告时，能直接从会计账簿上找到有关的数据资料，加快报表的编制和报送速度，保证财务会计报告的质量。

3. 要与会计核算形式设计相适应

会计核算形式不同，对会计账簿种类和格式设计有不同的要求，如记账凭证会计核算形式下，总分类账簿可设计为三栏式，而在日记总账会计核算形式下，总分类账簿则必须设计为多栏式。前者按会计科目分设账页，后者则在同一账页中按会计科目分设专栏；前者纯属分类登记，后者则兼有序时记录和分类记录的共同作用。

4. 要有利于会计分工，明确岗位职责

对会计机构进行合理的分工，有利于提高会计工作效率，加强岗位责任制。会计分工通常与会计账簿的设计是紧密结合的，为此，会计账簿设计应当与会计机构的分工相配合，应当有利于会计分工，明确各个会计岗位的职责。例如，通过设计各种级别的材料明细账和应付账款明细账，可以为明确材料核算分工提供条件，有利于明确材料核算与监督的职责。

5. 要便于会计账簿的登记、审核和保管

会计账簿的设计要在保证账簿记录真实、完整的前提下，应当力求账簿组织体系的简化，账簿种类不能重复，账册数量不宜过多，账页尺寸不宜太大，账页格式不宜复杂，以方便账簿的登记；同时应当便于账证、账账和账表之间的核对，保证账实、账账、账证、账表相符；此外，账簿的形式应当方便查阅和保管。

（四）会计账簿设计的调查

① 企业外部报表和内部报表的种类、内容、格式调查。如资产负债表、损益表、现金流量表等主要报表及其附表等，通过调查以明确账簿体系及层次，以满足编制财务会计报告及对内会计报表的需要。

② 经济业务的类型、内容调查。如工业企业包括：企业性质、规模、生产工艺特点、生产组织特点、下属部门及机构设置、销售业务的内容、收款业务的内容、采购业务的内

容、存货业务的内容、生产过程业务的内容、劳动工资业务的内容、筹资业务的内容、投资业务的内容、净收益业务的内容、货币资金业务的内容、费用支出业务的内容、固定资产业务的内容等。通过调查以明确账簿记录经济内容及格式。

③ 会计科目调查。主要调查国家统一会计制度有关会计科目设置的规定，本单位目前设计使用的会计科目，包括总账科目设置，明细科目设置，会计科目的性质，会计科目核算的内容、范围，会计科目的使用方法，明细科目及账户的设置方法等。通过调查以明确账簿种类、内容及格式。

④ 企业所采用的会计核算及管理要求调查。如会计核算形式，成本核算是否要求计算在产品成本、是否实行二级成本核算，应收账款与预收货款是否单独核算，管理费用除了按其项目核算外是否按下属部门进行控制及考核等。特别是注意对会计核算形式的调查。因为会计核算形式不同，会计账簿种类和格式也有所不同。通过调查便于与会计核算形式紧密结合，明确账簿种类、内容及格式。

⑤ 会计机构分工及岗位设置调查。主要调查本单位会计机构设置、会计岗位设置、会计人员的分工、会计人员的岗位职责以及不同会计岗位之间相互联系等。通过调查以明确账簿体系，有利于会计人员分工，明确岗位职责。

⑥ 会计账簿设计的外部参照格式调查。调查包括可以直接购买使用的会计账簿，各单位在进行会计制度设计时，往往可以直接购买使用某种通用会计账簿，所以应对此作出调查，直接购买的会计账簿如果能够满足本单位会计核算的要求且使用数量不大，应尽量直接购买使用这种会计账簿，这样可以节约设计及印制费用；调查还包括同行业及同类企业的同类会计核算形式的会计账簿设计及使用情况，通过这种调查可以在会计制度设计时参考和借鉴其他单位的经验，有利于取长补短，提高会计设计工作效率，并容易取得较好的效果，在实际的会计制度设计工作中常常采用这种调查方法。

七、会计账簿的具体设计

（一）会计账簿构成的基本要素

各种账簿所记录的经济业务不同，账簿的格式可以多种多样。但各种主要账簿应具备下列基本内容。

① 封面：写明账簿名称、记账单位名称和账簿所属日期。

② 扉页：填列账簿启用的日期和截止日期，页数、册次；经管账簿人员一览表和签章；会计主管人员签章；账簿目录。

③ 账页：账页的格式，因反映经济业务内容的不同，可有不同的格式，但主要内容包括：账户名称（即会计科目、二级或明细科目）；日期栏；凭证种类和号数栏；摘要栏（记录经济业务内容的简要）；借方金额栏、贷方金额栏、余额栏（记录经济业务的增减变动）；总页次和页次；其他内容。

（二）会计账簿种类及格式设计

会计账簿种类及格式设计是在会计账簿设计调查的基础上进行的，它包括确定所使用的会计账簿种类，明确各种会计账簿的内容，绘制会计账簿格式。为了保证会计账簿的规范性、适用性，便于会计账簿的登记和保管，节约会计账簿设计费用和印刷费用，在设计会计账簿格式时，应当注意以下事项。

① 会计账簿应尽可能地采用现成的通用格式，以便从商店直接购买，减少绘制、印刷等工作，节省开支。

② 账页的规格尺寸，一般以十六开本为宜，可横式或纵式绘制、装订；多栏式明细账需要的栏目较多时（如制造费用、管理费用明细账），可采用两张页对折方式，绘制出全部栏目，以便全面反映明细核算的具体内容。

③ 账页中金额栏的各位数当以竖线分栏并用文字标明单位，以方便记账和查账，设置金额位数应以业务可能发生的最高数额为限，既要满足记录需要，又要防止设置多余栏。

④ 印制会计账簿所用的纸张，既要经久耐用，又要经济实惠。活页账账页的穿孔，要位置适当，大小适宜，便于装订。

⑤ 账页各行次之间的距离，要保证记账和改正错账的需要，同时要避免过宽形成浪费，一般是书写文字或数字的2～3倍高度。一般划线可使用黑色，作为起区别栏目作用的划线最好使用蓝色或红色或加重线。

⑥ 在会计账簿设计时，一般应对账页中的文字字体、字号，各栏之间的准确尺寸等作出标注说明，以供会计账簿排版、印制参照。

（三）日记账的设计

从账簿组织的演变过程可知，日记账簿既可作为登记分类账的依据，又可作为一种只起明细账作用的日记簿。日记账簿的具体用途不同，设计的要求和方法也不相同，设计日记账簿，首先需要解决的问题是日记账簿是否用来登记分类账。如果采用记账凭证和汇总记账凭证登记总分类账，则日记账只是作为序时明细账，那么日记账的设计比较简单；如果以日记账作为登记总分类账的依据，则日记账簿兼有记录经济业务详细内容和确定编制会计分录、登记总账的作用，那么设计起来就比较复杂。

日记账簿一般必须设置反映货币性资产收支业务的现金日记账和银行存款日记账，除此之外，一般不设置其他的转账日记账，但对一些频繁发生、需要加强管理的业务，有时也设置专门的日记账予以反映。如对商业企业的进货、销货业务，可专门设置购货日记账和销货日记账；如对工业企业购货业务，则也可专门设置购货日记账。为了如实反映单位的货币资金收付业务，为了保证货币资金的安全完整，加强货币资金管理，实行有效的内部控制，在会计账簿设计时必须设置现金日记账和银行存款日记账。

1. 现金日记账设计

现金日记账（见表3-21）是用于序时核算现金收付业务的会计账簿；它是根据现金收付款会计凭证按经济业务发生和完成时间的先后顺序逐日逐笔进行登记的账簿，现金收入登记在借方，现金支出登记在贷方，余额在借方反映库存现金实有数额，期末余额等于期初余额加上本期借方发生额减去本期贷方发生额。现金日记账应当由出纳人员负责登记，并做到日清日结及每日与库存现金进行核对；现金日记账必须根据审核无误的记账凭证登记，未经审核的记账凭证不允许登记现金日记账，根据记账凭证登记现金日记账后必须在记账凭证上作出标记；现金日记账应采用订本式账簿。

表 3-21 现金日记账

现 金 日 记 账　　　　第____页

年		凭证		摘要	借方								贷方								余额							
月	日	字	号		十	万	千	百	十	元	角	分	十	万	千	百	十	元	角	分	十	万	千	百	十	元	角	分

三栏式现金日记账的特点是；账簿内容排列及格式与一般三栏明细账基本一致，可以节约设计及印制费用，便于登记及序时反映现金收付存情况，这种格式适用于各种会计核算形式。

2. 银行存款日记账设计

银行存款日记账（见表 3-22）是用于序时核算银行存款收付业务的会计账簿；它是根据银行存款收付款会计凭证按经济业务发生和完成时间的先后顺序逐日逐笔进行登记的账簿。银行存款日记账的使用及登记方法、内部控制要点以及特点等其他有关文字说明与三栏式现金日记账基本相同。

表 3-22 银行存款日记账

银行存款日记账　　　　第____页

年		凭证		摘要	结算凭证号	借方	贷方	余额
月	日	字	号					

现金、银行存款日记账采用三栏式，便于进行收支对比，结算余额，随时了解货币资金收支变化和结余情况，监督货币资金的使用；同时，便于按照现金和银行存款收支业务的发生顺序逐日逐笔登记，序时核算；但是当货币资金收支业务频繁、业务量较大时，不便于分工记账，进而影响登记账簿的速度。如果单位的出纳业务（货币资金收支）较多，需要由两名出纳人员分管现金（或银行存款）的收支业务时，可将上述三栏式现金日记账分别设计为“现金（银行存款）收入日记账”和“现金（银行存款）支出日记账”一栏式账簿，分别登记现金的收、支和银行存款的收、支业务。这种账簿适用于现金、银行存款收付业务繁多，出纳分工较细，并使用单式记账凭证的大型企事业单位。其使用方法是：根据收、付款凭证分别登记收入、支出日记账，每日将各种账簿登记的总额报告出纳负责人，以结出现金的余额，编制出纳报告单，向财务负责人提供，以便统筹安排使用货币资金，加强资金管理。

当一个单位同时在两个以上的银行开户或在同一银行开设若干账户时，为了便于集中反映各银行存款或各种存款的收、支、结存情况，也可将三栏式银行存款日记账设计成为多栏式银行存款日记账格式，即按每一开户银行或每一种存款分设栏目，并在其下分别设置“借方”“贷方”“结余”三栏。

3. 分析栏式（现金、银行存款）日记账设计

分析栏式（现金、银行存款）日记账（见表 3-23）的主页的用途、使用及登记方法、内部控制要点以及特点等其他有关文字说明与三栏式现金日记账基本相同。但是其附页（见表 3-24）的分析栏目主要用于分析填列每一笔现金收入支出的现金流入、流出的项目，设计分析栏式（现金、银行存款）日记账的分析栏目主要用于编制现金流量表，这种格式主要适用货币收支业务量不大的单位，采用此种格式日记账通过分析栏目加计汇总有利于为编制现金流量表提供资料。

表 3-23　分析栏式现金日记账

现金日记账（分析栏式）

外币名称：　　　　　　　　　　　　　　　　　　　　　　　　　　　　第____页

年		凭证		摘　要	结算凭证号	借方	贷方	余额
月	日	字	号					

表 3-24　分析栏式现金日记账附页

附页

经营活动						投资活动				筹资活动				其他活动			
现金流入			现金流出			现金流入		现金流出		现金流入		现金流出		现金流入		现金流出	
商品劳务	项目	金额	商品劳务	项目	金额	项目	金额	项目	金额	项目	金额	项目	金额	项目	金额	项目	金额

4. 复币式（现金、银行存款）日记账设计

复币式（现金、银行存款）日记账（见表 3-25）是用于序时核算某种外币收付业务的会计账簿；它是根据外币收付款会计凭证按经济业务发生和完成时间的先后顺序逐日逐笔进行登记的账簿。复币式（现金、银行存款）日记账的使用及登记方法、内部控制要点以及特点等其他有关文字说明与三栏式现金日记账基本相同。

5. 购货日记账

购货日记账（见表 3-26）用来序时地登记材料（商品）采购业务的发生和完成情况。采购业务多的企业，一般需要设置这种日记账。这种日记账使用及登记方法、内部控制要点以及特点等其他有关文字说明与前述多栏银行存款日记账基本相同。

表 3-25　复币式现金日记账

现金日记账（复币）

外币名称：　　　　　　　　　　　　　　　　　　　　　　　　第____页

年		凭证		摘　要	结算凭证号	借　方			贷　方			余　额		
月	日	字	号			外币	汇率	人民币	外币	汇率	人民币	外币	汇率	人民币

表 3-26　购货日记账

购货（材料采购）日记账

第____页

年		凭证		摘要	供货单位	账页	借方（贷对方账户）				贷方（借对方）		余额
月	日	字	号				现金	银行存款	应付账款	其他	材料	其他	

6. 销货日记账

销货日记账（见表 3-27）用来序时地登记产品（商品）销货业务的发生和完成情况。销货业务多的企业，一般需要设置这种日记账。这种日记账使用及登记方法、内部控制要点以及特点等其他有关文字说明与前述购货日记账基本相同。

表 3-27　销货日记账

销 货 日 记 账

第____页

年		凭证		摘　要	购货单位	账页	借方	贷方（借对方账户）			
月	日	字	号					银行存款	现金	应收账款	其他

（四）分类账簿的设计

分类账簿，是对全部经济业务按照总分类账户和明细分类账户进行分类登记的账簿。分类账簿由总分类账簿与明细分类账簿组成。总分类账簿是用来分类登记全部经济业务，提供各种资产、负债、所有者权益、费用成本和收入成果等会计要素总括核算资料的分类账簿，简称总账；明细分类账簿是用来分类登记某类经济业务，提供某种会计要素明细核算资料的分类账簿，简称明细账。

总账和明细账是控制与被控制的关系。总分类账户对其所属的明细分类账户起到控制作用。明细分类账户对总分类账户起着补充和详细说明的作用。一个总分类账户的借、贷方发生额和余额，必须等于该总分类账户所属的各明细分类账户的借、贷方发生额和余额的合计数。因此，总账和明细账必须按照“同时登记、方向相同、金额相等”的原则进行平行登记。

1. 总分类账簿设计

总分类账簿的作用，可以概括为：记录全部经济业务，控制所属的明细分类账，为编制会计报表提供总括价值核算资料。其登记的依据可以是记账凭证和汇总记账凭证，也可以是日记账簿；登记的方式可以逐笔登记，也可以采取一定的汇总方式登记。总分类账簿包括三栏式总分类账、汇总式总分类账、日记总分类账、对应式总分类账。

(1) 三栏式总分类账

这是最基本、最常用的总分类账（见表 3-28），适用于日记总账会计核算形式以外的所有会计核算形式，也是分类账户的标准格式。这种分类账是在账页上设置三个金额栏，即借方、贷方和余额三栏，使用时每个总账科目开设一个账户，定期或不定期地进行登记；这种账簿简单明了，适用性强，便于记账、查账。这种账簿如果采用科目汇总表会计核算形式、汇总记账凭证会计核算形式时，可以取消“摘要”栏，如果以日记账簿登记总账时，账页中的“凭证字、号”栏可改为“账页”栏。

表 3-28　三栏式总分类账

总　分　类　账

账户名称：　　　　　　　　　　　　　　　　　　　　　　　　　　第____页

年		凭证		摘要	借方								贷方								借或贷	余额							
月	日	字	号		十	万	千	百	十	元	角	分	十	万	千	百	十	元	角	分		十	万	千	百	十	元	角	分

(2) 汇总式总分类账

这是简化的总分类账（见表 3-29），适用于经营规模较小、业务较少，采用科目汇总表会计核算形式的单位。这种分类账使用时每个月重新设置，每月开设的总分类账填制所有总账科目，根据科目汇总表进行登记；这种账簿简单明了、节省账页，登记总账的工作量简化。全面汇总反映所有总分类账增减变动和结存情况，便于记账、查账和试算平衡，便于会计报表的编制。这种账簿也可以采用简化格式，如表 3-30 所示，这种格式总分类账是根据科目汇总表每月汇总登记一次并结出余额。

表 3-29 汇总式总分类账

总 分 类 账

年 月 第____页

总账科目	期初余额	汇总号；		汇总号；		汇总号；				期末余额
		借方	贷方	借方	贷方	借方	贷方			

表 3-30 汇总式总分类账（简化格式）

总 分 类 账

年 月 第____页

总账科目	期初余额		本期发生		期末余额	
	借方	贷方	借方	贷方	借方	贷方

（3）日记总分类账

日记总账（见表 3-31）适用于经营规模小，经济业务简单，使用会计科目少的采用日记总账会计核算形式的单位。这种总账将全部会计科目集中设置在一张账页中，每一总账科目设置一栏，在总账科目下再分设借、贷方两小栏，根据记账凭证按照经济业务发生的时间顺序逐笔登记。这种总账兼有序时记录和分类记录双重作用，将序时记录与分类记录相结合，简化了核算；反映了科目之间的对应关系，可防止或减少过账中的错误，即使出现错账也容易查找；通过发生额的登记，既能控制各科目的发生额，又便于期末进行试算平衡，检验记账是否正确；这种总账栏次多、账页规格大，不便于操作。

表 3-31 日记总账

日 记 总 账

第____页

年		凭证		摘 要	现金		银行存款		应收账款			
月	日	字	号		借方	贷方	借方	贷方	借方	贷方		

（4）对应式总分类账

对应式总分类账（见表 3-32）是适用于汇总记账凭证会计核算形式和凭单日记账会计核算形式的一种总分类账。这种账簿按会计科目分设账户，根据汇总记账凭证或凭单日记账登记全年的经济业务。这种账簿要求记载对应账户的名称，可以反映科目对应关系，揭示经济业务的来龙去脉。这种账簿也可以采用简化格式，如表 3-33 所示，这种格式总分类账是根据汇总记账凭证或凭单日记账，按科目对应关系分析每月汇总登记一次并结出余额。表 3-34 所列为棋盘式总分类账。

表 3-32 对应式总分类账

总 分 类 账

账户名称：　　　　　　　　　　　　　　　　　　　　　　　　　　第____页

年		凭证		摘 要	对应账户	借方	贷方	借贷	余额
月	日	字	号						

表 3-33 对应式总分类账（简化格式）

总 分 类 账

账户名称：　　　　　　　　　　年　　　　　　　　　　第____页

项目		一月	二月	三月	四月	五月	六月	七月	八月	九月	十月	十一月	十二月	合计
期初余额														
借方发生额	现金													
	银行存款													
	合计													
贷方发生额合计														
期末余额														

表 3-34 棋盘式总分类账

总分类账（棋盘式）

年　　月　　　　　　　　　　第____页

贷方科目 \ 借方科目		现金	银行存款	应收账款										借方合计
期初余额	借方													
	贷方													
现金														
银行存款														
应收账款														
贷方发生额合计														
期末余额	借方													
	贷方													

2. 明细分类账簿的设计

明细分类账簿的作用，可以归纳为：记录某类经济业务的具体内容，补充总分类账，为经营管理提供详细的价值核算资料或实物核算指标。其登记的依据可以是记账凭证和原始凭证，也可以是序时账簿和原始凭证；登记的方式一般为逐笔登记。明细分类账簿包括三栏式明细分类账、多栏式明细分类账、数量金额式明细分类账。

(1) 三栏式明细分类账

三栏式明细分类账（见表 3-35）是明细分类账中最基本的格式，其他格式的明细账一般都是在此基础上，结合所要记录的特殊内容加以演变而来的。这种明细分类账是在账页上分设三个金额栏，分别记录经济业务引起的资金增加、减少和结余，单纯提供详细具体的价值核算指标。明细分类账应当由会计人员负责登记；明细分类账必须根据审核无误的会计凭证登记，未经审核的会计凭证不允许登记，根据记账凭证登记明细分类账后必须在记账凭证上作出标记；明细分类账一般按月进行结账。

表 3-35 三栏式明细分类账

应收账款明细分类账

明细账户名称：　　　　　　　　　　　　　　　　　　　　　第____页

年		凭证		摘要	借方								贷方								借贷	余额							
月	日	字	号		十	万	千	百	十	元	角	分	十	万	千	百	十	元	角	分		十	万	千	百	十	元	角	分

三栏式明细分类账内容排列及格式与一般三栏账基本一致，可以节约设计及印制费用，便于登记，这种明细分类账适用于各种资产明细账、各种债权债务（应收款、应付款、银行借款等）明细账。

(2) 数量金额式明细分类账

数量金额明细账簿（见表 3-36）是在三栏金额账簿的基础上增设“数量”和“单价”栏而形成的。这种账簿适用于既提供详细价值指标，又提供实物数量指标的原材料、燃料、包装物、低值易耗品、产成品等明细核算。这些明细账一般按品名规格分别设置，分别记录各种材料、产成品等的入库、出库和结存情况。原材料明细账设置材料类别，有利于进行材料的二级明细核算；设置储存地点，有利于账实核对、及时准确地收发材料；设置最高储备量和最低储备量是防止材料积压造成浪费，或防止材料储备不足影响生产；设置材料编号，有利于材料识别和统一保管。其他如燃料、产成品等明细账簿可比照原材料明细账设计。

以上是按实际成本计价设计的材料明细账账页格式，如果材料按计划成本计价，则可取消各“单价”栏，而在账页上方或“摘要”栏后增设“计划成本”栏。

(3) 多栏式明细分类账　多栏式明细分类账与三栏式明细账和数量金额式明细账比较，此种账簿的格式不固定，栏目变化比较多，一般是在借方或贷方栏下设置若干项明细科目金额栏，栏次的数量多少取决于明细科目的数量及其所包含的具体经济内容，以及经营管理的要求。为了适应经济内容的变化，在设计栏次时，除满足现行需要外，还应设置一些空栏，以备后用。这种格式一般适用于成本（基本生产、辅助生产、材料采购等）、费用（制造费用、管理费用、销售费用、财务费用等）、销售、利润、应交税金等明细核算。

表 3-36 数量金额式明细分类账

原材料明细账

第____页

材料类别： 编号： 结存地点： 最高储量：

材料名称： 规格： 计量单位： 最低储量：

年		凭证		摘要	收入			发出			结存		
月	日	字	号		数量	单价	金额	数量	单价	金额	数量	单价	金额

① 基本生产明细账。基本生产明细账（见表 3-37）按成本计算对象（生产车间或产品等）设置明细账户。发生各种费用时根据审核后的记账凭证，记入借方相应的栏次，它们的合计数即为产品成本应负担的全部费用：结转完工产品的成本时记入“贷方”栏下，如果有余额则在“借方”，表明尚未完工的在产品成本。

表 3-37 基本生产明细账

生产成本明细账

生产车间（或产品名称）： 第____页

年		凭证		摘要	借方					贷方	余额
月	日	字	号		直接材料	直接人工	制造费用		合计		

② 材料采购明细账。这种格式材料采购明细账（见表 3-38）用于采用计划成本计价材料采购明细分类核算。账页设计考虑材料成本差异的结转，而采用横线登记法予以登记。应当指出，如果某批材料一次付款，分次到达，即贷方需要登记若干次才能与借方发生额结平，则借方可设置一行，贷方与此对应需分设若干小行，只有这样才能保证材料采购的横线登记结平每一批采购材料金额。

表 3-38 材料采购明细账

材料采购明细账

材料类别： 第____页

年		凭证		供货单位	材料名称规格	借方			贷方				备注
月	日	字	号			买价	运杂费	其他	日期	编号	计划成本	成本差异	

③ 制造费用明细账。制造费用明细账（见表 3-39）一般按车间名称设置明细账户，以反映各车间为组织和管理生产而发生的费用。由于制造费用月底全部转入生产成本账户没有余额，因此该账页可以不设计“余额”栏。

表 3-39　制造费用明细账

制 造 费 用 明 细 账

车间名称：　　　　　　　　　　　　　　　　　　　　　　　　　　第____号

<table>
<tr><th colspan="2">年</th><th colspan="2">凭证</th><th rowspan="2">摘要</th><th colspan="8">借方</th><th rowspan="2">贷方</th></tr>
<tr><th>月</th><th>日</th><th>字</th><th>号</th><th>工资</th><th>福利费</th><th>机物料</th><th>水电费</th><th>修理费</th><th>劳保费</th><th></th><th>其他</th></tr>
<tr><td></td><td></td><td></td><td></td><td></td><td></td><td></td><td></td><td></td><td></td><td></td><td></td><td></td><td></td></tr>
<tr><td></td><td></td><td></td><td></td><td></td><td></td><td></td><td></td><td></td><td></td><td></td><td></td><td></td><td></td></tr>
<tr><td></td><td></td><td></td><td></td><td></td><td></td><td></td><td></td><td></td><td></td><td></td><td></td><td></td><td></td></tr>
<tr><td></td><td></td><td></td><td></td><td></td><td></td><td></td><td></td><td></td><td></td><td></td><td></td><td></td><td></td></tr>
</table>

多栏式明细账的特点是：没有统一的账页格式，账页格式随经济业务内容的变化而变化；每一栏目都提供经营管理所需要的一个具体经济指标，栏目的多少随管理需要而定；有关金额栏的数字相加后，可以提供一个总括的价值核算指标。

明细账的三种形式并不是完全孤立的，各种具体的明细账格式也不是绝对固定的，实际工作中可以根据具体情况对明细账进行变通或结合设计。

（五）备查账簿的设计

备查账簿是用来记录日记账和分类账未能或无法反映的特殊经济事项的账簿，其种类和格式一般没有固定的模式，完全取决于特殊经济事项的种类、内容以及对此实施管理的要求，如备查账簿可以有代管商品备查簿、固定资产备查登记簿、在用低值易耗品备查登记簿等。在设计备查账时，应从本单位的实际出发，讲求实用性、力求简化。

1. 账簿启用表

账簿启用及交接表如表 3-40 所示。

表 3-40　账簿启用及交接表

账簿启用及交接表

<table>
<tr><td colspan="2">单位名称</td><td colspan="4"></td><td colspan="4">印　　鉴</td></tr>
<tr><td colspan="2">账簿名称</td><td colspan="4">（第　册）</td><td colspan="4" rowspan="4"></td></tr>
<tr><td colspan="2">账簿编号</td><td colspan="4"></td></tr>
<tr><td colspan="2">账簿页数</td><td colspan="4">本账簿共计　　　　页（本账簿页数
检点人盖章）</td></tr>
<tr><td colspan="2">启用日期</td><td colspan="4">公元　　　　　年　　月　　日</td></tr>
<tr><td rowspan="3">经管人员</td><td colspan="2">负责人</td><td colspan="2">主办会计</td><td colspan="2">复　　核</td><td colspan="2">记　　账</td></tr>
<tr><td>姓　名</td><td>盖章</td><td>姓　名</td><td>盖章</td><td>姓　名</td><td>盖章</td><td>姓　名</td><td>盖章</td></tr>
<tr><td></td><td></td><td></td><td></td><td></td><td></td><td></td><td></td></tr>
</table>

续表

交接记录	经管人员		接 管				交 出			
	职 别	姓 名	年	月	日	年	月	日	盖章	
备注										

2. 账簿目录

如表 3-41 所示。

表 3-41 账簿目录

目 录

编号	科目	页码	编号	科目	页码	编号	科目	页码

第四章　会计核算形式设计

一、会计核算形式设计概述

（一）会计核算形式的意义

会计核算形式也称账务处理程序或会计核算程序，会计核算形式是指以账簿组织为核心，把会计凭证、会计账簿、会计报表以及处理方法、程序有机结合起来的技术组织方式。从业务处理角度上看，会计核算形式是指根据会计凭证（包括原始凭证、记账凭证），按照一定的步骤和方法，登记日记账、明细分类账和总分类账到编制会计报表的整个工作过程。

会计核算形式的内容包括：使用哪些种类和格式的会计账簿，各种会计账簿之间如何建立联系，进而组成记录全部经济业务的会计账簿体系；使用哪些种类和格式的原始凭证和记账凭证，会计凭证之间以及凭证与会计账簿之间怎样进行联系；使用哪些种类和格式的会计报表，会计报表之间以及会计账簿与会计报表之间怎样进行联系；会计凭证如何填制和传递，会计账簿如何登记，怎样编制会计报表等方面的工作程序、方法及内部控制的规定。会计核算形式的意义主要有以下几个方面。

1. 将会计核算的各种方法有机地结合起来，形成完整的会计核算体系

会计核算的方法包括：设置会计科目和账户、复式记账、填制和审核会计凭证、登记账簿、成本计算和财产清查。这些方法并不是孤立存在的，必须通过一定的组织形式使之相互联结起来，形成一个完整的会计核算体系，将各种会计核算方法有机连接起来的组织程序，就是会计核算形式。如会计制度中的会计科目体系，包括总账科目（一级科目）和明细科目（二级科目和明细科目），都要通过会计账簿组织来设置相应的总分类账户和明细分类账户，进行记录和核算；各种业务的核算办法，也要通过设置各种会计凭证、会计账簿、会计报表，以及它们之间的关系来具体实施；各种会计报表，包括对外会计报表和对内会计报表，应根据有关会计账簿通过合理的处理程序产生和形成。可以说，会计核算形式就是对各种经济业务的确认、计量、记录、报告等手段进行的协调、组织和综合，使之形成完整的会计核算体系。

2. 会计核算形式体现了总体的内部牵制制度，有助于提供准确、及时的会计信息

会计核算工作可以概括为三项：填制审核会计凭证、登记会计账簿和编制会计报表。会计核算形式通过规定各种处理（证、账、表）的分工，起到控制的作用，使各项工作相互联系、相互制约，形成一个总体的内部控制制度。良好的会计核算形式可以使会计信息在各环节上的整理、加工以及反馈都能及时、准确，减少不必要的会计凭证传递环节和会计账簿的重复登记，有利于为管理提供及时、准确的会计信息。

3 有利于保障会计工作的顺利进行，提高工作效率和工作质量

科学的会计核算形式，可以合理简化会计工作手续，避免重复劳动，提高工作效率，保证会计工作的顺利进行。工作效率提高，可以加快核算速度，在提供及时、准确的会计信息同时，还可以相应地拓宽会计核算的内容，也就相应地提高了会计工作的质量。

4. 有利于加强经营管理，提高经济效益

会计的目的就是加强经营管理、提高经济效益。科学的会计核算形式，可以为经营管理提供有价值的会计信息，为加强经营管理，提高经济效益服务。同时科学的会计核算形式，从会计工作自身看，可以在对凭证、账簿和报表的协调中，发现问题，及时解决，减少不必要的工作环节和手续，杜绝无效劳动，节约人力、财力、物力的支出，降低核算费用，提高会计工作本身的经济效益。

（二）会计核算形式的形成过程

1. 流水账、普通日记账核算形式

在会计核算的最初，并没有形成系统的会计核算形式，只是在经济业务发生时，将其直接登记在一本序时账簿中。这种账簿只是一种流水账，主要起备忘的作用。这时所用的记账方法，属于单式记账法，设置的序时簿籍称为日记簿。

随着经济业务逐渐增多，与各方面发生的经济关系也较复杂，为了便于日后考查和归类汇总反映经济业务的发生情况，首先要求对记入账簿中的数据要取得和填制一定的原始凭证；其次要求使用的账簿除了有序时账簿外，还增加了分类登记的账簿，这时要求日记簿不仅具有序时、备忘的作用，还要求具有分录簿的作用，以此作为登记分类账的依据；最后要求在一定时期编制出必要的会计报表。

在这种会计核算形式下，经济业务发生时，首先将其登记在日记账中，然后根据日记账的记载，将经济业务的内容逐笔过入分类账，最后根据分类账编制会计报表。这是会计核算形式的一种最基本形式，以后会计核算形式的各种演变，都是在这种基本形式的基础上发展起来的。我国早期的中式簿记就属于这种形式，如设置有流水簿（相当于日记簿）和誊清簿（相当于分类账）。

2. 多栏日记账、多种日记账会计核算形式

普通日记账核算形式需要逐笔过入分类账，登记分类账工作量大。为克服这一缺点，在普通日记账基础上开设了专栏，形成了多栏日记账及多栏日记账会计核算形式。多栏日记账的特点是：对大量重复出现的账户在日记账中设置专栏，对不经常出现的账户在日记账中另设其他栏。对设置专栏的账户，其金额可汇总一次过入分类账；对设置其他栏的账户，其金额仍逐笔过入分类账。多栏日记账会计核算形式与普通日记账核算形式基本相同，仅以多栏日记账代替普通日记账；但是此时过入分类账形式发生了变化，出现了总分类账与明细分类账的雏形，汇总登记的分类账相当于总分类账，逐笔登记的分类账相当于明细分类账。此时总分类账与明细分类账并不是采用平行登记的方法，而且不存在统驭与被统驭关系，但是多栏日记账的专栏具有汇总登记账户（总分类账）的明细分类账作用。

普通日记账与多栏日记账通常用一个人进行登记，而且不便于多人分别登记分类账，所以在经济业务规模较大的单位，为克服这一缺点解决分工核算问题，将普通日记账或多栏日记账进行分割，形成了多种日记账及多种日记账会计核算形式。多种日记账的特点是：首先，将现金、银行存款收付业务的记录从日记账中分割出来，设立现金、银行存款特种日记账；此后，将销货业务和进货业务等也分割出来，设立了销货日记账和进货特种日记账；其他业务仍在一本日记账中记录，此时为了以示区别，把记录其他业务的日记账正式称为普通日记账。这种核算形式也可以把各种特种日记账及保留的普通日记簿设计成多栏式日记账。

多栏日记账、多种日记账会计核算形式仍然采用以账过账的方式，即根据多栏日记账、特种日记簿及普通日记簿过入分类账。但是随着生产经营规模进一步扩大、经济业务的发展，分类账中的账户越来越多，会计的分工、记账、查阅和核对愈来愈感到不便，于是在多栏日记账、特种日记账会计核算形式下，便将分类账户进行分割，把一些性质相同、户数较多的账户（如债权债务账户）分割出来单独设账，并为分离出来的分类账中设置统驭账户。具有统驭作用的分类账叫做总分类账，总分类账通常按日记簿的专栏汇总数一次登记；分割出来的分类账叫做辅助分类账（相当于明细分类账），辅助分类账则仍按日记账逐笔登记。此时总分类账与明细分类账采用平行登记的方法，而且存在统驭与被统驭关系。

3. 记账凭证、记账凭证汇总会计核算形式

随着经济业务的进一步扩大，在一些经济业务繁杂的单位，上述会计核算形式采用以账过账的方式不便于会计的分工、记账、查阅和核对，尤其是不便于建立内部控制制度，于是出现了传票制度。传票有单式传票、复式传票、汇总传票，这些传票目前一般称为记账凭证，但仍有一些单位将记账凭证称为传票（关于记账凭证种类与格式参见记账凭证设计一章）。由于传票的出现，则产生了一系列以记账凭证为基础的记账凭证、记账凭证汇总会计核算形式。

在记账凭证会计核算形式下，其账务处理程序如下：填制或取得原始凭证，审核原始凭证，填制记账凭证，审核记账凭证，根据记账凭证登记日记账、总分类账、明细分类账，账目核对，根据会计账簿及有关资料编制会计报表。这种会计核算形式建立了完整的会计账簿体系，总分类账与明细分类账采用平行登记的方法，而且存在统驭与被统驭关系；在这种会计核算形式下日记账已失去编制会计分录并作为登记分类账依据的作用，这部分作用已被记账凭证所取代；这种会计核算形式的日记账主要有现金日记账、银行存款日记账，它仍具有序时反映的作用，但也是以记账凭证为依据进行登记的，同时这种日记账也具有明细分类账的作用。

记账凭证汇总会计核算形式，其账务处理程序与记账凭证会计核算形式基本相同，其主要区别是：根据记账凭证只能登记日记账和明细分类账；而对记账凭证还需采用不同的汇总方法进行汇总产生各种汇总记账凭证，然后根据汇总记账凭证的汇总数再登记总分类账。这种核算形式，不仅简化了总账记账工作，而且加强了内部控制，有利于账务处理工作进一步

分工。这种核算形式具体包括：科目汇总表会计核算形式、汇总记账凭证会计核算形式。这些会计核算形式是我国目前采用的主要会计核算形式。

会计核算形式还有日记账会计核算形式与记账凭证为基础的会计核算形式相结合的会计核算形式，如凭单日记账、日记总账会计核算形式。

(三) 会计核算形式的种类及特点

1. 会计核算形式的种类

将各种不同的会计凭证、账簿以及报表，按照不同的顺序和方法有机地组合起来，就形成不同的会计核算形式。它们分别适用于经济业务特点、经营规模大小、经济管理要求不同的企事业单位。各种会计核算形式的主要区别在于：是以日记账为依据登记分类账，还是以记账凭证为依据登记分类账；是逐笔登记分类账（主要是总分类账），还是汇总登记分类账。

会计核算形式主要有：普通日记账核算形式、日记总账会计核算形式、多种日记账会计核算形式、凭单日记账会计核算形式、记账凭证会计核算形式、汇总记账凭证会计核算形式、科目汇总表会计核算形式。

2. 各种会计核算形式的特点及适用范围

(1) 普通日记账会计核算形式 普通日记账会计核算形式就是经济业务发生后，首先在日记账中进行登记并编制会计分录，然后根据日记账的会计分录逐笔登记总账。这种会计核算形式的特点如下。

① 可以直接根据原始凭证直接登记日记簿，这样就可以省去大量的记账凭证编制工作；

② 采用完整的日记簿体系来进行序时记录，可以取得企业全面经济业务的连续记录资料，便于查找错误和审计工作，并且较记账凭证便于保存、查阅。

这种会计核算形式与记账凭证会计核算形式比较，核算工作大大简化，但仍属于逐笔过账会计核算形式，所以其核算的工作量很大，适用于经济规模较小、业务类型简单、业务量较少、科目少、人员少的企业。

(2) 日记总账会计核算形式 日记总账会计核算形式就是将经济业务登记在一本既具有日记簿作用，又具有分类账作用的多栏式日记总账。日记总账把所有科目都集中在一张账页上，对所有经济业务按发生的时间顺序进行序时记录，并根据业务的性质，按科目的对应关系进行总分类记录。这种会计核算形式的特点如下。

① 将序时记录和分类记录结合在一起，使会计核算工作大大简化，易于被会计人员理解和掌握；

② 对于不经常发生的业务可以不设置明细分类账；

③ 总分类账具有序时账性质，便于查账及核对总账，反映其借贷方发生额及余额；

④ 日记账将全部会计科目分栏列在一张账页上，对所有经济业务按发生的时间顺序进行序时记录，可以清楚地表现出科目间的对应关系和经济业务的面貌，有利于进行会计分析；

⑤ 当科目较多时，账页就需要加大，不便于使用，在记账时容易串行，而且造成账页浪费。

日记总账也不便于会计人员分工记账，必须集出纳、记账于一身，不便实行内部控制制度。这种会计核算形式适用于经济规模较小，业务类型简单，业务量较少，科目少，会计人员少的企业。

(3) 多种日记账会计核算形式 多种日记账会计核算形式每发生一笔经济业务，都首先记入有关的日记簿，再由日记簿汇总记入总账。这种会计核算形式的日记簿由多本日记账组成，构成一个完整的序时记录体系，这种会计核算形式除设置完整的总分类账和按需要设置的明细分类账外，还要求设置能记录企业所发生全部经济业务的多种日记簿。日记簿设置的种类须按企业性质的不同而区别，一般应设置下列日记簿：银行存款日记账、现金日记账、购货日记账和销货日记账及普通日记账等。这种会计核算形式以日记簿为依据登记总账，而且通常是按日记账各有关科目专栏的分类汇总数登记总账。这种会计核算形式的特点如下。

① 日记账既可以起到序时记录的作用，又可以起到会计分录和汇总的作用，因而简化了核算工作；

② 可以不编制记账凭证或汇总凭证（包括汇总记账凭证和科目汇总表）；

③ 每一本日记账汇总各有关科目借贷方金额；

④ 便于会计人员分工记账，但应明确各自的核算范围，以避免重复记账。

这种会计核算形式适用于业务复杂、数量大、分工较细的大、中型企业。

(4) 凭单日记账会计核算形式 凭单日记账会计核算形式就是定期编制凭单日记账，然后根据凭单日记账登记总账。凭单日记账会计核算形式账簿组织主要包括凭单日记账、总分类账、辅助登记账（明细分类账）三种账簿，这三种账簿与有关的凭证都是相互联系的。凭单日记账是这个账簿体系中最主要的和最有特点的账簿，它是根据原始凭证或记账凭证及辅助登记表来直接登记的；它按一个或几个相关的总账科目设置，每个凭单日记账都是依据账户的贷方设立，用以序时、分类地记录一个账户或相关的一些账户的贷方全部金额，并与各有关账户的借方发生额形成对应关系；它是登记总分类账的依据，月终时每一个科目的合计数过入总分类账户的借方，而其总计数则一笔过入该账户的贷方。这种会计核算形式对有些经济业务也要根据原始凭证编制记账凭证（如外来原始凭证），然后记入凭单日记账中。

凭单日记账应按各种经济业务分设并给以固定编号。凭单日记账可以设计为：第 1 号-现金凭单日记账，第 2 号-银行存款凭单日记账，第 3 号-销售及应收账款凭单日记账，第 4 号-其他应收款凭单日记账，第 5 号-生产费用凭单日记账，第 6 号-材料采购及应付账款凭单日记账，第 7 号-其他应付款凭单日记账，第 8 号-固定资产凭单日记账，第 9 号-投资及筹资凭单日记账等。建立了这些凭单日记账，基本上可以满足记录企业全部经济业务的需要，但是对于有些贷方发生额非常少的账户，又不能与其他账户合并设置凭单日记账的，可不设凭单日记账而使用记账凭证登记总账。凭单日记账会计核算形式的特点如下。

① 可以简化会计核算。由于可以根据原始凭证直接登记凭单日记账，因而可以减少大量编制记账凭证的工作，减少重复抄录和抄写过程中发生错误的可能。

② 使企业全部经济业务基本保持完整的序时记录。在凭单日记账系统中，大部分凭单日记账是序时登记的。即使有些凭单日记账是汇总登记的，如现金凭单日记账、银行存款凭单日记账等，但其业务可在辅助登记表上首先序时登记，然后汇总登入凭单日记账，所以仍保留序时记录的特征。

③ 便于登记总账。在各种凭单日记账上都按应贷科目和应借科目设有专栏，当经济业务发生后记入各有关专栏，到期末将各栏内数额相加，成为本期内该记录的汇总资料，一笔登入总账，简化了登记总账的工作。使用凭单日记账不需要像记账凭证汇总核算形式那样根据记账凭证编制汇总记账凭证，可以自然形成汇总。

④ 便于对资金运动进行分析。采用这种核算形式时，在凭单日记账中对每个科目的贷方发生额都详细地反映了其对应科目；而在总分类账中则对每个科目借方发生额的对应关系集中反映，总分类账与日记账簿这样相互配合、相互补充，就可全面分析企业资金运动的来龙去脉。

⑤ 便于会计人员分工。经济业务较多的大型企业，它的会计人员较多，分工较细，采用凭单日记账核算形式可以很方便地由一个会计人员负责一个或几个科目的核算工作。

⑥ 便于及时编制会计报表。根据凭单日记账可以直接编出某些会计报表来，而不必进行重新整理归集工作。例如，根据生产费用凭单日记账可以直接编出生产费用表，根据销售凭单日记账可以编制产品销售利润明细表，根据现金及银行存款凭单日记账可以编制带有分析性质的货币收支报告表等。

这种核算形式账表格式较多，账簿体系比较复杂，不适用会计事项和会计人员较少的单位。

(5) 记账凭证会计核算形式 记账凭证会计核算形式就是根据记账凭证直接登记总分类账和明细分类账。这种会计核算形式的特点如下。

① 核算工作简单明了，易于被会计人员理解和掌握。由于根据记账凭证直接登记总账，会计处理十分简单，从经济业务的发生到最终记录的交接环节少，省去了汇总记账凭证的工作，操作起来比较容易。

② 可以简化分类账的设置，对那些不常发生业务的科目可不设明细账，如待摊费用账户、预提费用账户等；对于只有借方或贷方单方发生额期末无余额的账户可以总账、明细账合并设计成多栏式账簿，如制造费用账户、管理费用账户等。

③ 由于根据记账凭证直接登记总账，使得总账除有分类作用之外，同时也具有序时账的作用，便于查账。

由于这种会计核算形式是根据记账凭证直接登记总分类账和明细分类账，既要根据记账凭证登记明细分类账，又要登记总账，所以其核算的工作量很大，只适用于经济规模较小、业务比较简单、会计凭证不多的企业。

(6) 汇总记账凭证会计核算形式 汇总记账凭证会计核算形式就是定期根据记账凭证编制汇总记账凭证，然后根据汇总记账凭证登记总账。这种会计核算形式的特点如下。

① 汇总记账凭证每月编制一次或定期编制数次，可以简化登记总账的工作。

② 总账可以反映经济业务的来龙去脉及科目间的对应关系。

③ 记账凭证可以分类汇总，整理归类手续简便，发生错误也容易查找。

④ 记账程序清楚，有利于加强会计核算的正确性、完整性和及时性。

⑤ 这种会计核算形式的缺点是多了一道汇总记账凭证的手续，若企业单位经济业务较少、凭证不多，就不能起到简化的作用。此外，记账凭证在汇总后，要按其发生的顺序重新排列，增加了整理凭证的工作。

这种会计核算形式适用于经济业务量较大的大、中型企业单位。

(7) 科目汇总表会计核算形式 科目汇总表会计核算形式就是按每个总账科目汇总编制一张科目汇总表，然后根据科目汇总表的数据登记总账。这种会计核算形式账务处理程序与汇总记账凭证账务处理程序基本相同，只是记账凭证按每一总账科目编制一张科目汇总表，这种科目汇总表只反映每一总账科目发生额，而不反映科目的对应关系。这种会计核算形式的特点如下。

① 可以减少登记总账的工作量，简化会计核算。

② 总账中不反映经济业务的来龙去脉，不反映科目间的对应关系。

③ 记账程序清楚，有利于加强会计核算的正确性、完整性和及时性。

④ 通过编制科目汇总表，便于会计人员分工记账，便于发现记账凭证的错误。

⑤ 多了一道汇总手续，整理凭证的工作量大，若企业的经济规模不大、业务较少，起不到简化的作用。

这种会计核算形式适用于业务量较大的大、中型企业单位。

二、会计核算形式具体设计

会计核算形式从基本功能角度上看主要包括：填制记账凭证；审核记账凭证；登记日记账；登记明细账；记账凭证汇总；登记总账；总账与明细账、日记账核对；会计档案保管等。

会计核算形式设计的基本步骤包括：明确会计核算形式设计原则及要求；进行会计核算形式设计调查；设计账务处理程序，画出业务流程图；设计账务处理程序涉及的各种表格，包括原始凭证、记账凭证、会计账簿；编制主要业务处理及内部控制制度说明。

（一）会计核算形式设计的原则

1. 要适应本单位经济活动的特点和经济业务的数量

适应本单位经济活动的特点和经济业务的数量是设计核算程序的决定性因素，任何单位的会计核算形式，要想做到科学合理，首先必须适应本单位的经济活动特点和经济业务发生的数量。例如，从事生产经营活动的企业与从事收支活动的事业单位比较，经济业务的繁简程度、相应的会计科目数量、使用的凭证种类、账簿种类等均有明显的区别。为此，设计时绝不能把它们等同起来，必须区别对待。一般地讲，行政事业单位和小型企业，可以考虑采用逐笔过账的会计核算形式，而大中型企业则适宜采用汇总过账的会计核算形式。账务处理系统涉及大量的会计科目及账户，涉及大量的会计凭证，涉及一系列账表，所以相对其他核算子系统而言处理的数据量大，具体的核算形式种类可再根据会计科目的数量等决定。

2. 要考虑经济管理的要求

经济管理对会计工作提出的要求，也是设计会计核算形式必须考虑的因素。任何会计核算形式都必须为经济管理提供数据资料，而各种资料出自何处、在哪个环节提供、采用什么方式提供等都应当进行合理的安排。例如，对内部会计报表很少的单位，则应考虑采用记账凭证会计核算形式或日记总账会计核算形式。会计核算形式在数据处理过程中，一方面必须遵守一系列法律、法规和准则，如会计法、会计基本准则、会计具体准则、行业会计制度、会计基础工作规范等；另一方面必须遵循一定的会计原理和规则，如复式记账方法、“有借必有贷，借贷必相等”、资产＝负债＋所有者权益、总账发生额及余额必须等于下属明细账发生额及余额之和等。

3. 要与会计机构设置及组织分工相适应

一般地讲，会计机构越大，财会人员数量多，内部分工比较细，则应更加强调内部控制及岗位责任制，一般应采用汇总过账的会计核算形式，以方便机构内部的分工合作。反之，则应考虑逐笔过账的会计核算形式。

4. 要有利于凭证、账簿和报表之间的协调

会计凭证、账簿、报表是会计核算形式的基本组成内容。会计核算形式中业务处理步骤具有严格的处理顺序要求，严格执行填制、审核记账凭证，登记日记账、明细账，记账凭证汇总，登记总账，编制会计报表业务处理顺序。账务处理与其他业务处理关系复杂，一方面账务处理系统从其他核算系统取得大量原始凭证及数据，如工资、材料、固定资产等核算系统为账务处理系统提供大量原始凭证及记账凭证；另一方面其他核算系统也从账务处理系统取得数据，如工资、材料、固定资产等核算系统从账务处理系统取得账户设置等信息，成本核算系统从账务处理子系统取得成本核算所需要的费用归集的数据等，账务处理系统是整个会计核算系统的核心。会计核算形式设计应当注意：凭证与凭证之间的联系，原始凭证之间的关系怎样，是否需要汇总原始凭证，如何根据原始凭证编制记账凭证，若采用汇总过账怎样根据记账凭证编制汇总凭证；凭证与账簿之间的联系，各种凭证用来登记什么账簿，各种账簿根据什么凭证登记，是原始凭证，是记账凭证，还是汇总记账凭证；账簿与账簿之间的联系，序时账与分类账之间的关系，总分类账与明细分类账之间的关系；账簿与报表之间的联系，各种会计报表所需要的资料，如何从有关的账簿中取得，是总分类账，是明细分类账，还是有关的日记账。

5. 要有助于简化会计工作量，提高会计工作效率

记账凭证核算形式是会计核算形式的基本形式，其他各种会计核算形式都是在这一基本形式的基础上演变发展而来的。由记账凭证会计核算形式转化为多种核算形式的原因之一，就是为了简化记账的工作量，克服重复抄录的现象。为此，设计会计核算形式必须考虑简化工作量、提高工作效率的要求。具体进行会计核算形式设计时，所采用的会计核算形式的核算工作量应当小于或等于记账凭证会计核算形式的核算工作量。

6. 要有利于加强内部会计控制

设计会计核算形式不仅要求符合单位具体条件，协调会计的各项工作，提高会计工作效率，而且要求加强会计工作的内部控制制度，明确会计核算的各个环节、各个岗位上的责任，使从事各项工作的人员能够相互制约、相互监督，既要明确分工，又能有效合作。如果会计核算形式的内部控制不严密，责任不明确，既影响工作效率，又难以保证工作质量。

（二）会计核算形式设计的调查

会计核算形式设计调查不仅要调查本单位的情况，还应详细调查同行业及同类单位已经实施的会计核算形式的情况。由于会计核算形式在整个会计核算工作中处于核心地位，且与各主要业务处理过程存在紧密的联系，所以会计核算形式设计调查不仅要涉及有关总体调查的内容，而且还涉及有关业务处理的详细调查的内容。会计核算形式设计调查主要内容包括以下几个方面。

① 生产经营特点，包括企业的行业特征、主要生产经营活动、生产工艺流程、生产组织形式、单位性质等；

② 生产经营规模，包括最近几年的国内生产总值、年销售额、年利润总额、自有资金数额、企业员工人数、分支机构的设置情况、内部组织机构情况等；

③ 会计机构名称、级别、领导关系；

④ 会计机构规模、下设分组、岗位及人员配置情况；

⑤ 会计机构下属非独立核算单位（如车间）分支会计机构、规模、岗位及人员配置情况；

⑥ 单位主要有哪些种类的经济业务核算，如货币资金、工资、材料等核算，这些主要种类经济业务量及原始凭证数量大体有多大，这些主要种类经济业务与账务处理程序有哪些数据联系；

⑦ 单位执行什么行业会计制度，使用哪些会计科目及与行业会计制度，有何差别；

⑧ 会计科目如何编号，如何使用会计科目编号；

⑨ 每一个总账科目如何设置明细会计科目，大体会计科目总数多少；

⑩ 采用何种会计核算方法；

⑪ 每月记账凭证量大约有多大，一项经济业务最多涉及多少个会计科目；

⑫ 该单位开设几个银行账户，现金有几个币种，有无外币核算内容，现行使用的银行结算方式有哪几种，银行结算凭证格式如何，如何填制结算凭证和如何办理结算手续；

⑬ 各主要种类经济业务记账凭证分别由哪一岗位会计编制及审核；

⑭ 会计档案有些管理要求；

⑮ 管理上对会计核算形式有哪些要求，如报表的要求，核算指标的要求，有关业绩考核要求等；

⑯ 会计核算内部控制有哪些要求。

对于同行业及同类单位已经实施的会计核算形式的调查主要内容包括：记账凭证种类、格式及其编号、编制等；银行存款和现金日记账记账、结账、对账方法，银行存款调节表编制等；各主要种类经济业务明细账种类、格式及其记账、结账、核对等；往来性质的应收、应付款账户明细账设置，请款、报销手续，记账、结账和对账方法；汇总发生额的会计凭证（如科目汇总表）的格式、汇总日期和汇总方法；总账的格式及记账和结账的方法；总账、明细账、日记账核对方法；会计核算形式有哪些内部控制措施及其存在哪些问题。

（三）改进会计核算形式设计的几项措施

改进会计核算形式，应当维护会计科学本身的严密性，满足管理需要，提高会计工作效益。通常改进会计核算形式设计的主要措施如下。

1. 采用汇总原始凭证（原始凭证汇总表）

有些类别的原始凭证的发生量很大，如果根据每一张原始凭证去编制记账凭证是不可能的，也没有必要，这时可考虑将这类原始凭证进行汇总，编制汇总原始凭证，然后根据汇总原始凭证编制记账凭证。如工业企业每月有大量的材料入库单和领料单，在会计制度设计时可以将这些原始凭证，在每月稽核时编制收料凭证汇总表和发料凭证汇总表，并据以编制有关记账凭证。

2. 采用累计的原始凭证

累计原始凭证可以连续反映一定时期内不断重复发生的同类经济业务，据此编制的记账凭证数量必然减少，整个记账工作随之简化。为此，对于有些自制原始凭证，有条件的情况下，应尽可能地采用累计的方式。但应当注意不能将不同类型的经济业务累计编制一张原始凭证。

3. 以自制原始凭证代替记账凭证

原始凭证是编制记账凭证的依据，记账凭证是对原始凭证的内容进行的会计加工。对于某些自制原始凭证，可以在设计时进行改进，增设会计科目、记账方向、财会人员签章等内容，这样做可以使自制原始凭证同时满足记账凭证要求，可以节省编制记账凭证的工作量。如表 4-1 可以将收款收据设计成为代记账凭证格式。

表 4-1　收款收据

现金收据（代记账凭证）

收据编号：　　　　　　　　　　年　　月　　日　　　　　　　　　记账凭证编号：

贷方科目			过账	
交款单位或个人名称				
收款事由				
金额(大写)	¥______			

第二联会计记账

会计主管：　　　记账：　　　审核：　　　出纳：　　　交款人：

4. 对性质相同原始凭证合并编制一张记账凭证

有些经济业务是大量重复发生的，在大量的原始凭证中，有一些原始凭证的性质是相同的，编制的记账凭证也是相同的。对于这些原始凭证，就可以合并在一起，编制一张会计凭证，从而大大地简化汇总记账凭证的工作量，对于有些明细账的登记，则可参照记账凭证所附的原始凭证进行。

5. 记账凭证与日记账套写

对于有些特种日记账可以将记账凭证与日记账按套写方式进行设计，如现金、银行存款日记账等。其具体做法是：将日记账设计成复写方式，每发生登记一笔业务，同时复写记录在两张页面上，每页记满之后，将第一联撕下与有关的原始凭证附在一起，作为记账凭证（会计分录簿）及登记分类账的依据；而留存的底联，通过结算发生额及余额则可以作为日记账使用。

6. 将日记账设计为多栏式，汇总后登记总账

在采用以日记账作为登记分类账依据时，可将日记账设计成多栏式，按有关会计科目设置专栏。经济业务发生时，根据加盖戳记的原始凭证在日记账上作出会计分录，将数额记在有关的科目专栏内。月末或定期地将各专栏数字进行汇总登记总分类账。

7. 采用便于汇总的记账凭证填制方法

在采用汇总记账凭证和科目汇总表会计核算形式时，由于某些经济业务较复杂，使一张凭证中涉及几个会计科目，给汇总工作造成许多不便，而且汇总出现差错时又难于查找。为此，在编制记账凭证时，应当尽可能地编制一借一贷和多借一贷的会计分录，若遇一借多贷和多借多贷的情况，将其分解在几张凭证上，化为一借一贷或多借一贷的形式，以便按单一的贷方科目汇总到记账凭证，给汇总工作提供方便，简化汇总工作量。此外，为了加快汇总工作，还可以将记账凭证设计成可裁记账凭证，或采用复写的方式

填制记账凭证。

8. 将总账与明细账合并

在逐笔过账的会计核算形式下，对某些下属明细账户较少且比较固定、经济业务不多的账户，可以不设明细账，而将总账和明细账合并在一起，这样就可以只登记一次账簿，从而简化核算工作，提高工作效率。

9. 以卡代账

对于业务核算规范，已形成固定核算模式的业务，可以以一定的业务卡片代替明细账，并定期抄列余额与总账进行核对。如差旅费请款报销业务，就可以将请款单设计成一式三联，第一联出纳人员付款后，加盖“现金付讫”戳记，作为款项付出的原始凭证；第二联由会计人员留存，作为备用金明细账，报销后抽出；第三联交给请款人员留存、备查。如固定资产一般也以卡片代替明细账。

10. 以单代账

对于某些需要根据内部自制原始凭证编制记账凭证的经济业务，可直接以自制原始凭证代替明细账。如可以以成本计算单代替成本明细账；以生产费用发生额汇总表（车间）代替生产费用账；以棋盘式总账代替三栏式总账；以工资汇总表代替工资明细账等。

（四）会计核算形式业务流程设计

1. 科目汇总表会计核算形式基本业务流程及内部控制要点（内部控制基本要求）

（1）有关会计人员 填制取得原始凭证。

经济业务发生，必须填制和取得原始凭证，各单位必须根据实际发生的经济业务事项进行会计核算，填制会计凭证，登记会计账簿，编制财务会计报告。任何单位不得以虚假的经济业务事项或者资料进行会计核算。

下列经济业务事项，应当办理会计手续，必须填制或者取得原始凭证并及时送交会计机构，进行会计核算。

① 款项和有价证券的收付；

② 财物的收发、增减和使用；

③ 债权债务的发生和结算；

④ 资本、基金的增减；

⑤ 收入、支出、费用、成本的计算；

⑥ 财务成果的计算和处理；

⑦ 需要办理会计手续、进行会计核算的其他事项。

原始凭证记载的各项内容均不得涂改；原始凭证有错误的，应当由出具单位重开或者更正，更正处应当加盖出具单位印章。原始凭证金额有错误的，应当由出具单位重开，不得在原始凭证上更正。

（2）有关领导会计 审批审核原始凭证。

会计机构、会计人员必须按照国家统一的会计制度的规定对原始凭证进行审核，对不真实、不合法的原始凭证有权不予接受，并向单位负责人报告；对记载不准确、不完整的原始凭证予以退回，并要求按照国家统一的会计制度的规定更正、补充。

(3) 有关会计人员 填制记账凭证。

记账凭证应当根据经过审核的原始凭证及有关资料编制。

(4) 稽核会计人员 审核记账凭证。

记账凭证必须经过非填制人员审核。

(5) 总账会计 编制科目汇总表。

采用科目汇总表账务处理程序，必须编制科目汇总表，并以科目汇总表作为登记总账的依据。

(6) 有关会计或出纳 登记总账、明细账、日记账。

会计账簿登记，必须以经过审核的会计凭证为依据，并符合有关法律、行政法规和国家统一的会计制度的规定。会计账簿包括总账、明细账、日记账和其他辅助性账簿。总账与明细账必须平行登记。

会计账簿应当按照连续编号的页码顺序登记。会计账簿记录发生错误或者隔页、缺号、跳行的，应当按照国家统一的会计制度规定的方法更正，并由会计人员和会计机构负责人（会计主管人员）在更正处盖章。

使用电子计算机进行会计核算的，其会计账簿的登记、更正，应当符合国家统一的会计制度的规定。

各单位发生的各项经济业务事项应当在依法设置的会计账簿上统一登记、核算，不得违反《会计法》和国家统一的会计制度的规定私设会计账簿登记、核算。

各单位应当定期将会计账簿记录与实物、款项及有关资料相互核对，保证会计账簿记录与实物及款项的实有数额相符、会计账簿记录与会计凭证的有关内容相符、会计账簿之间相对应的记录相符、会计账簿记录与会计报表的有关内容相符。

(7) 进入财务会计报告编制业务流程 返回总账、明细账、日记账、财务会计报告。

各单位采用的会计处理方法，前后各期应当一致，不得随意变更；确有必要变更的，应当按照国家统一的会计制度的规定变更，并将变更的原因、情况及影响在财务会计报告中说明。

单位提供的担保、未决诉讼等或有事项，应当按照国家统一的会计制度的规定，在财务会计报告中予以说明。

财务会计报告应当根据经过审核的会计账簿记录和有关资料编制，并符合《会计法》和国家统一的会计制度关于财务会计报告的编制要求、提供对象和提供期限的规定；其他法律、行政法规另有规定的，从其规定。

财务会计报告由会计报表、会计报表附注和财务情况说明书组成。向不同的会计资料使用者提供的财务会计报告，其编制依据应当一致。有关法律、行政法规规定会计报表、会计报表附注和财务情况说明书须经注册会计师审计的，注册会计师及其所在的会计师事务所出具的审计报告应当随同财务会计报告一并提供。

财务会计报告应当由单位负责人和主管会计工作的负责人、会计机构负责人（会计主管人员）签名并盖章；设置总会计师的单位，还须由总会计师签名并盖章。

单位负责人应当保证财务会计报告真实、完整。

(8) 档案保管人员 保管会计档案，包括总账、明细账、日记账、财务会计报告、保管清册、移交清册、销毁清册等。

各单位对会计凭证、会计账簿、财务会计报告和其他会计资料应当建立档案，妥善保管。会计档案的保管期限和销毁办法，由国务院财政部门会同有关部门制定。

2. 科目汇总表会计核算形式基本业务流程

科目汇总表会计核算形式基本业务流程见表 4-2 和图 4-1。

表 4-2 会计核算形式基本业务流程

序号	人员	业务
1	有关会计人员	填制取得原始凭证
2	有关领导会计	审批审核原始凭证
3	有关会计人员	填制记账凭证
4	稽核会计人员	审核记账凭证
5	总账会计	编制科目汇总表
6	有关会计或出纳	登记账簿
7		进入财务会计报告编制业务流程
8	档案保管人员	保管会计档案

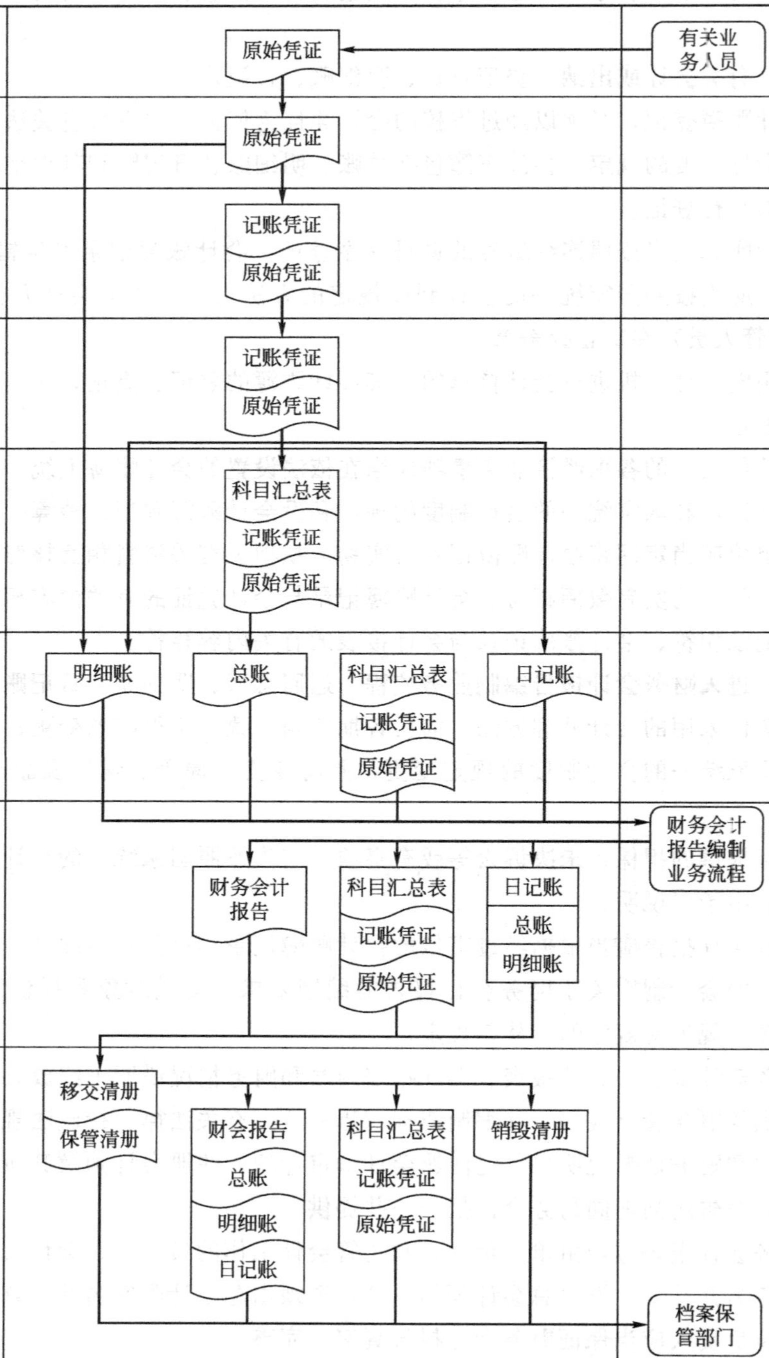

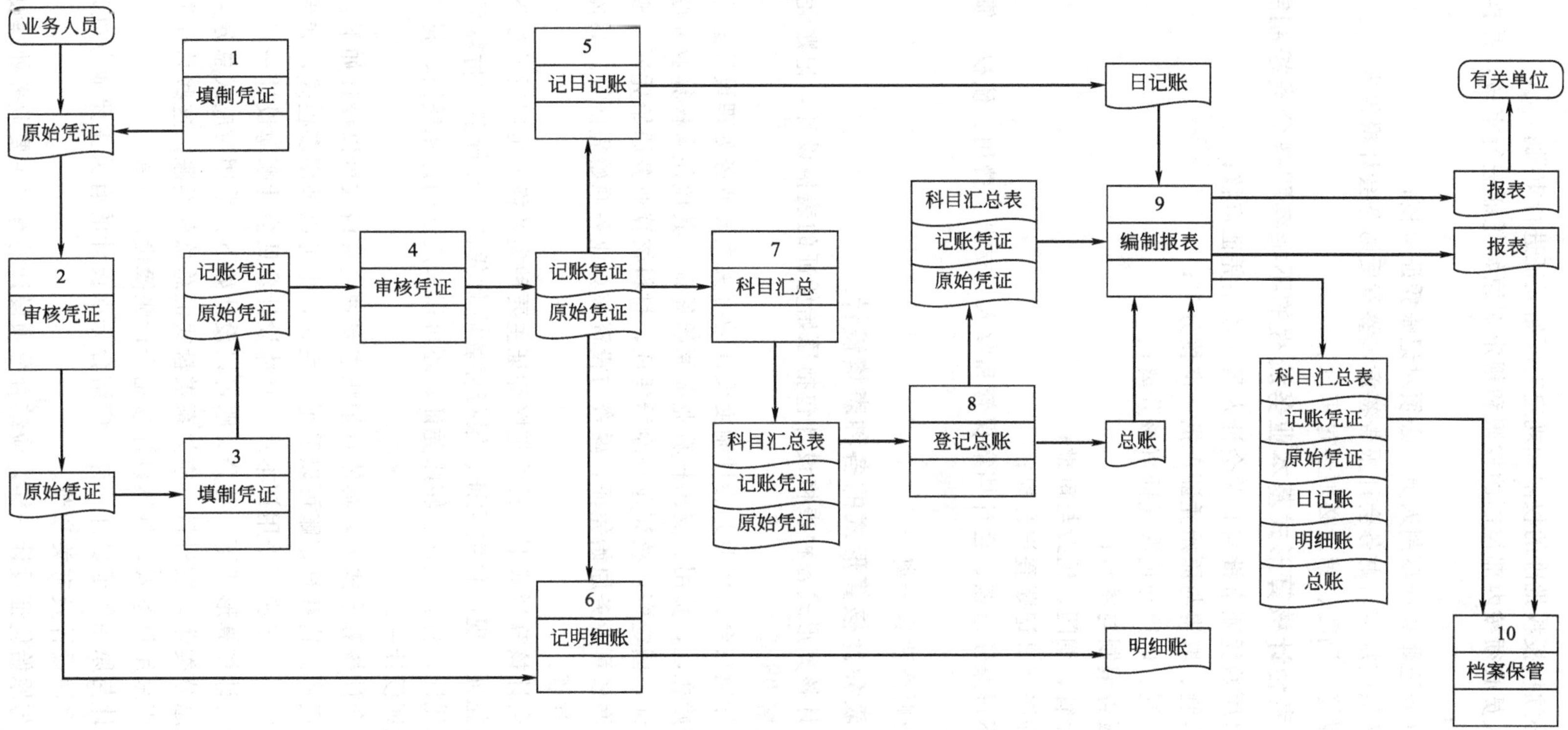

图 4-1　账务处理程序业务流程图

3. 科目汇总表会计核算形式基本业务流程的授权批准控制制度

① 有关领导必须按授权批准的权限和规定对原始凭证进行审批；

② 有关会计人员必须按内部控制的权限和规定对原始凭证进行审核，并据审核后原始凭证填制记账凭证；

③ 稽核人员（非记账凭证填制人员）必须对记账凭证审核；

④ 有关领导必须按规定对财务会计报告签章，签章后财务会计报告方可上报；

⑤ 会计档案保管、调阅、销毁必须经过审批。

4. 科目汇总表会计核算形式基本业务流程的不相容职务分离控制制度

① 有关领导对原始凭证审批与有关会计人员对原始凭证审核；

② 原始凭证填制、取得与原始凭证审批、审核分离；

③ 记账凭证填制、取得与记账凭证审核分离；

④ 财务会计报告编制与签章；

⑤ 会计档案保管、调阅、销毁与审批；

⑥ 总账与明细账、日记账登记分离；

⑦ 出纳人员不得兼任稽核、会计档案保管和收入、支出、费用、债权、债务账目的登记工作；

⑧ 账目登记与财产清查分离。

5. 科目汇总表会计核算形式的各种表格设计

科目汇总表会计核算形式各种表格设计包括原始凭证的表格设计，记账凭证的表格设计，会计账簿的表格设计。

原始凭证的设计应结合具体业务会计制度设计的有关主要业务处理设计进行，具体有货币资金核算业务原始凭证，费用、支出核算业务原始凭证，其他往来核算业务原始凭证，工资核算业务原始凭证，固定资产核算业务原始凭证，材料核算业务原始凭证，成本核算业务原始凭证，销售利润核算业务原始凭证，融资与投资核算业务原始凭证等。具体设计参见会计凭证设计及有关章节。

在科目汇总表会计核算形式下，具体记账凭证主要种类及格式可以设计如下：记账凭证可以采用现金收款凭证、现金付款凭证、银行存款收款凭证、银行存款付款凭证，转账凭证；可以采用收款凭证、付款凭证、转账凭证；还可以采用通用记账凭证、科目汇总表。具体设计参见会计凭证设计一章。

在科目汇总表会计核算形式下，具体日记账主要种类及格式可以设计如下：采用现金日记账，银行存款日记账。这些日记账可以采用三栏式，也可以采用多栏式，如果有外币核算应采用复币式；这些日记账应当采用订本式。具体设计参见会计账簿设计一章。

在科目汇总表会计核算形式下，总分类账可以设计如下：采用对应式总分类账，按科目对应关系分析汇总总分类账，按科目对应关系棋盘式汇总总分类账。这些总分类账除棋盘式汇总总分类账外应当采用订本式。具体设计参见会计账簿设计一章。

明细分类账设计与原始凭证设计一样，应结合分项设计的有关主要业务处理设计进行。具体设计参见会计账簿设计及有关章节。

备查账簿设计与原始凭证设计一样，应结合分项设计的有关主要业务处理设计进行。在会计实务中，主要包括各种租借设备、代管物资的辅助登记，有关担保、抵押备查簿等。

三、科目汇总表会计核算形式业务处理流程的具体控制与处理方法的说明

（一）原始凭证的填制和取得

① 办理经济业务事项时必须如实填制或者取得原始凭证，并及时送交会计机构，以保证会计核算工作的正常进行。一般来说，填制或取得的原始凭证送交会计机构的时间最迟不应超过一个会计结算期。

② 要保证原始凭证的内容完整。即应该填写的项目要逐项填写，不可缺漏；年、月、日要按照填制原始凭证的实际日期填写；名称要写全，不能简化；品名或用途要填写明确；有关人员的签章必须齐全。

③ 从外单位取得的原始凭证必须盖有填制单位的公章；从个人取得的原始凭证，必须有填制人员的签名或者盖章。自制原始凭证必须有经办部门负责人或其指定的人员签名或者盖章。对外开出的原始凭证，必须加盖本单位的公章。所谓“公章”，应是具有法律效力和规定用途，能够证明单位身份和性质的印鉴，如业务公章、财务专用章、发票专用章、收款专用章或专用章等。

④ 凡填有大写和小写金额的原始凭证，大写与小写的金额必须相符。

⑤ 购买实物的原始凭证，必须有验收证明。实物购入以后，要按照规定办理验收手续，以明确经济责任，保证账实相符。

⑥ 一式几联的原始凭证，必须注明各联的用途，并且只能以一联用作报销凭证；一式几联的发票或收据，除本身具备复写功能外，必须用双面复写纸套写，并连续编号，作废时应加盖“作废”戳记，连同存根一起保存。

⑦ 发生销货退回及退还货款时，必须填制退货发票，附有退货验收证明和对方单位的收款收据，不得以退货发票代替收据。

⑧ 单位人员公出借款式的收据，必须附在记账凭证之后。借款收据是此项借款业务的原始凭证，是办理有关会计手续、进行相应会计核算的依据。在收回借款时，应当另开收据或者退还借款副本，不得退还原借款收据。因为借款和收回借款虽然有联系，但又有区别，在会计上需要分别进行处理，如果将原借款收据退还借款人，就会损害会计资料的完整性，使其中一项业务的会计处理失去依据。

⑨ 经上级有关部门批准的经济业务事项，应当将批准文件作为原始凭证附件。如果批准文件需要单独归档，应当在凭证上注明批准机关名称、日期和文件字号。

⑩ 原始凭证不得外借，经本单位会计机构负责人（会计主管人员）批准，可以复制。向外单位提供的原始凭证复制件，应当在专设的登记簿上登记，并由提供人员和收取人员共同签名或者盖章。

⑪ 一张原始凭证所列的支出需要由两个以上的单位共同负担时，应当由保存该原始凭证的单位开具原始凭证分割单给其他应负担的单位。原始凭证分割单必须具备原始凭证的基本内容，包括凭证的名称，填制凭证的日期，填制凭证单位的名称或填制人的姓名，经办人员的签名或盖章，接受凭证单位的名称，经济业务事项的内容、数量、单价、金额和费用的分担情况等。

⑫ 对丢失原始凭证的处理。从外单位取得的原始凭证如有遗失，应当取得原开出单位盖有公章的证明，注明原来凭证号码、金额和内容等，并由经办人员签名后，报经办人批准后，才能作原始凭证。如果确实无法取得证明的，如火车、轮船、飞机等凭证，由当事人写出详细情况，由经办单位负责人批准后，代作原始凭证。

⑬ 原始凭证的错误更正。原始凭证所记载的各项内容均不得涂改，随意涂改原始凭证即为无效凭证，不能作为填制记账凭证或登记会计账簿的依据。原始凭证记载的内容有错误的，应当由开具单位重开或更正，更正工作必须由原始凭证出具单位负责，并在更正处加盖出具单位印章；重新开具原始凭证也应当由原始凭证开具单位负责。原始凭证金额出现错误，不得更正，只能由原始凭证开出单位重开。因为如果允许随意更改原始凭证上的金额，容易产生舞弊，不利于保证原始凭证的质量。原始凭证开具单位应当依法开具准确无误的原始凭证，对于填制有误的原始凭证，负有更正和重新开具的法律义务，不得拒绝。

（二）原始凭证的审核

对原始凭证进行审核，是确保会计资料质量的重要措施之一，也是会计机构、会计人员的重要职责。

① 会计机构、会计人员必须审核原始凭证，这是法定职责。

② 会计机构、会计人员审核原始凭证应当以国家统一的会计制度为依据，也就是说，会计机、会计人员审核原始凭证的具体程序、要求，应当由国家统一的会计制度规定，会计机构、会计人员应当据此执行。这种审核也称合规性审核，就是要根据国家的有关政策、法令、制度以及计划、预算、合同等，审核原始凭证所记录的经济业务是否合规、合法，有无违反法令、制度的行为，是否符合节约的原则和费用的开支标准，是否符合审批权限和手续等。

③ 按前述原始凭证的填制和取得要求进行审核。这种审核主要包括完整性审核和技术性审核。完整性审核就是要根据原始凭证的基本内容，逐项审核原始凭证各构成要素是否完整，包括原始凭证的手续是否完备，应填项目是否填写齐全，有关经办人员是否都已签章，主管人员是否审批同意等。技术性审核就是要根据凭证的填制要求，审核原始凭证的摘要和数字是否填写清楚、正确，数量、单价、金额的计算有无差错，大、小写金额是否一致等。

④ 会计机构、会计人员对不真实、不合法的原始凭证，有权不予受理，并向单位负责人报告，请求查明原因，追究有关当事人的责任。

⑤ 对记载不准确、不完整的原始凭证予以退回，并要求经办人员按照国家统一的会计制度的规定进行更正、补充。

（三）记账凭证的填制

① 记账凭证必须根据审核无误的原始凭证填制。

② 记账凭证应当具备的基本要素都应具备。

③ 记账凭证可以根据每一张原始凭证填制，也可以根据若干张同类原始凭证汇总编制，或者根据原始凭证汇总表填制，但不得将不同内容和类别的原始凭证汇总填制在一张记账凭证上。

④ 记账凭证应当连续编号，目的是分清会计事项处理的先后顺序，便于记账凭证与会计账簿之间的核对，确保记账凭证的完整。记账凭证编号的方法有多种，可以按收款、付款、转账三类业务或现金收付、银行存款收付和转账三类业务分别编号，也可以按现金收

入、现金支出、银行存款收入、银行存款支出和转账五类进行编号，或者将转账业务按照具体内容再分成几类编号。一笔经济业务事项需要填制两张或者两张以上记账凭证的，可以采用分数编号法编号，如 1 号会计事项分录需要填制三张记账凭证，就可以将其编号分别写为 11/3、12/3、13/3。

⑤ 除结账和更正错误等外，必须附有原始凭证并注明所附原始凭证的张数。所附原始凭证张数的计算，一般以原始凭证的自然张数为准。与经济业务事项记录有关的每一张证据，都应当作为原始凭证的附件。如果记账凭证中附有原始凭证汇总表，则应该把所附的原始凭证和原始凭证汇总表的张数一起计入附件的张数之内。但报销差旅费等零散票据，可以粘贴在一张纸上，作为一张原始凭证。一张原始凭证如涉及几张记账凭证的，可以将该原始凭证附在一张主要的记账凭证后面，在其他记账凭证上注明该主要记账凭证的编号或者附上该原始凭证的复印件。

⑥ 正确使用改错方法。填制记账凭证时如果发生错误，应当重新填制。已经登记入账的记账凭证在当年内发现错误的，可以用红字注销法进行更正。如果会计科目没有错误，只是金额错误，可以按正确数字同错误数字之间的差额，另编一张调整记账凭证。如果发现以前年度的记账凭证有错误的，应当用蓝字填制一张更正的记账凭证。

⑦ 实行会计电算化的单位，其机制记账凭证应当符合记账凭证的一般要求。打印出来的机制记账凭证上要加盖制单人员、审核人员、记账人员和会计机构负责人（会计主管人员）印章或者签字，以明确责任。

⑧ 填制完经济业务事项后的记账凭证，如有空行，应当在金额栏自最后一笔金额数字下的空行处至合计数上的空行处画斜线注销。

（四）记账凭证的审核

① 记账凭证是否附有原始凭证，记录的内容与所附原始凭证的内容是否相符。

② 所编制的会计分录是否正确，即应借、应贷会计科目（包括一级科目，二级或明细科目）的名称和金额是否正确。

③ 记账凭证的内容是否按规定要求填制完整无缺，各项目是否按规定填写齐全并按规定手续办理。

④ 根据现行的会计制度和会计准则的规定，审核记账凭证记录的经济业务是否合理、合法。

⑤ 记账凭证审核人与填制人不能是同一人员，审核后应在审核处签章，未经审核的记账凭证不允许登记账簿。

（五）会计科目汇总

会计科目汇总就是编制会计科目汇总表，会计科目汇总表是根据汇总期内的汇总范围内的全部记账凭证编制而成的，具体是加总每一个一级会计科目的借方与贷方合计数。具体加总方法可以采用直接加总法和 T 形账户法。

（六）会计账簿的登记

1. 会计账簿的设置

依法设置会计账簿，是单位进行会计核算的最基本的要求。所有实行独立核算的国家机关、社会团体、公司、企业、事业单位和其他组织都必须依法设置、登记会计账簿，保证其真实、完整。根据规定，各单位应当依法设置的会计账簿包括：总账，也称总分类账；明细账，也称明细分类账；日记账；其他辅助账簿，也称备查账簿。

会计账簿的设置禁止账外设账。各单位发生的各项经济业务事项应当在依法设置的会计账簿上统一登记、核算，不得违反《会计法》和国家统一的会计制度私设会计账簿登记。这是《会计法》对账外设账问题作出的禁止性规定。违反规定账外设账，主要表现为在法定会计账簿之外，另设一套账簿，用于登记没有纳入法定会计账簿之内统一核算的其他经济业务事项，以达到种种非法目的。账外设账，是滋生"小金库"、不正之风的温床，是产生虚假会计资料的根源，而且也直接影响到会计资料的真实、完整，是一种极为严重的违法行为。

2. 会计账簿的启用

启用新的会计账簿时，应当在账簿封面上写明单位名称和账簿名称，并填写账簿扉页上的"启用表"，注明启用日期、账簿起止页数（活页式账簿，可于装订时填写起止页数）、记账人员和会计机构负责人（会计主管人员）姓名等，并加盖名章和单位公章。当记账人员或者会计机构负责人（会计主管人员）调动工作时，也要在"启用表"上注明交接日期、接办人员和监交人员姓名，并由交接双方签字盖章。

3. 会计账簿的登记规则

① 必须依据经过审核的会计凭证登记会计账簿。依据会计凭证登记会计账簿，是基本的会计记账规则，也是保证会计账簿记录质量的重要环节。

② 登记会计账簿时，应当将会计凭证日期、编号、业务内容、摘要、金额和其他有关资料逐项记入账内。登记完毕后，记账人员要在记账凭证上签名或者盖章，并注明已经登账的符号（如打"√"等）。

③ 各种账簿要按页次顺序连续登记，不得跳行、隔页。

凡需结出余额的账户，应当定期结出余额。没有余额有账户，应当在"借或贷"等栏内写"平"字，并在余额栏内（一般是在元位）用"θ"表示。现金日记账和银行存款日记账必须每天结出余额。每一账页登记完毕结转下页时，应当结出余额。写在本页最后一行和下一页第一行有关栏内，并在摘要栏内注明"过次页"和"承前页"字样。

④ 会计账簿发生错误时，应当按照规定的更正方法进行更正。更正方法一般有划线更正法、补充登记法、红字更正法三种方法。

划线更正法，也称红线更正法。在结账以前，如发现会计账簿记录有文字或数字错误，而会计凭证没有错误，可采用划线更正法。采用划线更正法更正错误时，先在错误的数字或文字上划一条红线以示注销，但所划线条必须使原有字迹仍可辨认，然后在错误数字或文字上方空白处填写正确的数字或文字，并由记账人员和会计机构负责人（会计主管人员）在更正处盖章，以明确责任。

补充登记法，是在记账以后，如果发现记账错误是由记账凭证所列金额小于应记金额而引起的，但记账凭证中所列会计科目及其对应关系均正确，在此情况下，可以采用补充登记法更正记账错误。更正时，按照应记金额与错误数额的差额，用蓝字编制一张记账凭证补充登记会计账簿。更正的记账凭证应由会计人员和会计机构负责人（会计主管人员）签章。

红字更正法，是在记账以后发现记账错误是由记账凭证所列会计科目或金额有错误引起的，可以采用红字更正法。红字在记账中表示减少，起抵消作用。红字更正法，一般适用于以下两种情况：一种是在记账后发现记账凭证中应借、应贷的会计科目有错误，可用红字更正法予以更正。更正的方法是，先用红字填制一张与原错误记账凭证完全相同的记账凭证，在摘要栏内注明“冲销某月某日第某号记账凭证的错账”，并据此红字登记入账，以冲销原有的错误记录；然后用篮字填制一张正确的记账凭证，在摘要栏内注明“补记某月某日账”，并据此登记入账。另一种情况是记账以后，发现记账凭证和账簿中所记金额大于应计金额，而应借、应贷的会计科目并无错误，也可采用红字更正法。更正的方法是，用红字按多记的金额填制一张应借、应贷会计科目与错误记账凭证相同的记账凭证，在摘要栏内注明“冲销某月某日第某号记账凭证多记金额”，并据此用红字登记入账，以冲销多记的金额。更正的记账凭证应由会计人员和会计机构负责人（会计主管人员）签章。

⑤ 实行会计电算化的单位，其会计账簿的登记、更正也应当符合国家统一的会计制度。

⑥ 会计账簿的设置和登记，除应当符合《会计法》、国家统一的会计制度外，还应当符合其他法律、行政法规，对会计账簿的设置严格执行。如《中华人民共和国税收征收管理法》第十二条规定：“从事生产、经营的纳税人、扣缴义务人按照国务院财政税务主管部门的规定设置账簿，根据合法、有效凭证记账，进行核算。”

4 会计账簿的核对

账目核对，也称对账。各单位应当定期将会计账簿记录与实物、款项及有关资料相互核对，保证会计账簿记录与实物及款项的实有数额相符、会计账簿记录与会计凭证的有关内容相符、会计账簿之间相对应的记录相符、会计账簿记录与会计报表的有关内容相符。账目核对应做到账实相符、账证相符、账账相符和账表相符。

① 账实相符，是会计账簿记录与实物、款项和有价证券实有数核对相符的简称。保证账实相符，是会计核算的基本要求。由于会计账簿记录上实物、款项和有价证券使用情况的价值量反映，实物、款项和有价证券的增减变化情况，必须在会计账簿记录与实物、款项和有价证券的实有数相核对，可以检查、验证会计账簿记录的正确性，发现财产物资和款项、有价证券管理中存在的问题，有利于查明原因、明确责任，有利于改善管理、提高效益，有利于保证会计资料真实、完整。

② 账证相符，是会计账簿记录与会计凭证有关内容核对相符的简称。保证账证相符，也是会计核算的基本要求。由于会计账簿记录是根据会计凭证等资料编制的，两者之间存有逻辑联系，因此，通过账证核对，可以检查、验证会计账簿记录和会计凭证的内容是否正确无误，以保证会计资料真实、完整。各单位应当定期将会计账簿记录与相应的会计凭证记录（包括时间、编号、内容、金额、记账方向等）逐项核对，检查是否一致。如果发现有不一致之处，应当及时查明原因，并按照规定予以更正。

③ 账账相符，是会计账簿之间相对应记录核对相符的简称。保证账账相符，同样是会计核算的基本要求。由于会计账簿之间，包括总账各账户之间、总账与明细账之间、财会部门与保管部门、使用部门的有关财产物资明细账之间等相应的记录存在着内在联系，通过定期核对，可以检查、验证会计账簿记录的正确性，便于及时发现问题、纠正错误，保证会计资料的真实、完整和准确无误。

④ 账表相符，是会计账簿记录与会计报表有关内容核对相符的简称。保证账表相符，同样也是会计核算的基本要求。由于会计报表是根据会计账簿记录及有关资料编制的，两者之间存在相对应的关系，因此，通过检查会计报表各项目的数据与会计账簿相关数据是否正确无误，确保会计账簿质量。

5. 会计账簿的结账

结账是在将本期内所发生的经济业务事项全部登记入账的基础上，按照规定的方法对该期内的账簿记录进行小结，结算出本期发生额合计和余额，并将其作余额，结转下期或者转入新账。结账可分为月结、季结和年结等。

① 为了正确反映一定时期内在账簿记录中已经记录的经济业务事项，总结有关经济业务活动和财务状况，各单位必须在会计期末进行结账，不能在编制会计报告之后结账。

② 结账前，应将本期内所发生的经济业务事项全部登记入账，对需要调整的账项要及时调整。

③ 结账时，应当根据不同的账户记录，分别采用不同的方法。

对不需要按月结计本期发生额的账户，如各项应收应付款明细账和各项财产物资明细账等，每次记账以后，都要随时结出余额，每月最后一笔经济业务事项记录之下通栏划红单线，不需要再结计一次余额。

现金、银行存款日记账和需要按月结计发生额的收入、费用等明细账，每月结账时，要在最后一笔经济业务事项记录下面通栏划红单线，结出本月发生额和余额，在摘要栏内注明“本月合计”字样，在下面再通栏划红单线。

需要结计本年累计发生额的某些明细账户，每月结账时，应在“本月合计”行下结出自年初起至本月末止的累计发生额，登记在月份发生额下面，在摘要栏内注明“本年累计”字样，并在下面再通栏划红单线。十二月末的“本年累计”就是全年累计发生额，全年累计发生额下通栏划红双线。

总账账户平时只需结出月末余额。年终结账时，为了总括反映全年各项资金运动情况的全貌、核对账目，要将所有总账账户结出全年发生额和年末余额，在摘要栏内注明“本年合计”字样，并在合计数下通栏划红线。采用棋盘式总账和科目汇总表代总账的单位，年终结账应当汇编一张全年会计科目汇总表和棋盘式总账。

④ 年度终了结账时，有余额的账户，要将其余额结转下年。结转的方法是，将有余额的账户余额直接记入新账余额栏内，不需要编制记账凭证，也不必将余额再记入本年账户的借方或者贷方，使本年有余额的账户的余额为零。因为，既然年末是有余额的账户，其余额应当如实地在账户中加以反映，否则，容易混淆有余额的账户和没有余额账户。

（七）会计档案的保管

会计档案是记录和反映经济业务事项的重要历史资料和证据。会计档案对于总结经济工作，指导生产经营管理和事业管理，查验经济财务问题，防止贪污舞弊，研究经济发展的方针、战略都具有重要的作用。

1. 会计档案的概念和种类

会计档案是指会计凭证、会计账簿、财务会计报告等会计核算专业资料。

会计档案一般分为：会计凭证类，包括原始凭证、记账凭证、汇总凭证等；会计账簿类，包括总账、日记账、明细账、辅助账等；财务会计报告类，包括月度、季度、年度会计报表及相关文字分析材料，主要财务指标快报等；其他类，包括会计移交清册、会计档案保管清册、会计档案销毁清册等。

各单位的预算、计划、制度等文件材料属于文书档案，不属于会计档案。

2. 会计档案的归档

各单位每年形成的会计档案，应由财务会计部门按照归档要求负责整理立卷或装订。当年形成的会计档案在会计年度终了后，可暂由本单位财务会计部门保管一年。保管期满之后，原则上应由财务会计部门编制清册，移交本单位的档案部门保管；未设立档案部门的，应当在财务会计部门内部指定专人保管。

档案部门接收保管的会计档案，原则上应当保持原卷册的封装，个别需要拆封重新整理的，应当会同原财务会计部门和经办人共同拆封整理，以分清责任。

对会计档案应当进行科学管理，做到妥善保管、存放有序、查找方便，不得随意堆放，严防毁损、散失和泄密。

保存的会计档案应当积极为本单位提供和利用。会计档案原件原则上不得借出，如有特殊需要，须经本单位负责人批准且在不拆散原卷册的前提下，可以提供查阅或复制，并应履行借出手续和限期归还。

3. 会计档案的保管期限

根据《会计档案管理办法》的规定，会计档案保管期限分为永久和定期两类。永久，即是指会计档案须永久保存；定期，是指会计档案应保存达到法定的时间，会计档案的定期保管期限分为 3 年、5 年、10 年、15 年和 25 年 5 种。会计档案的保管期限是从会计年度终了后的第一天算起。

4. 会计档案的销毁

根据规定，会计档案保管期满需要销毁的，可以按照规定程序予以销毁。销毁的基本程序和要求如下。

① 编造会计档案销毁清册。会计档案保管期满需要销毁的，由本单位档案部门提出意见，会同财务会计部门共同进行审查和鉴定，并在此基础上编制会计档案销毁清册。会计档案销毁清册是销毁会计档案的记录和报批文件，一般应包括的内容是：会计档案名称、卷号、册数、起止年度和档案编号、应保管期限、已保管期限、销毁日期等。单位负责人应在会计档案销毁清册上签署意见。

② 专人负责监销。销毁会计档案时，应当由单位的档案机构和会计机构共同派人监销；国家机关销毁会计档案时，还应当有同级财政、审计部门派人监销；各级财政部门销毁会计档案时，应当由同级审计部门派人监销。监销人在销毁会计档案前应当按照会计档案销毁清册所列内容，清点核对所要销毁的会计档案；销毁后，监销人应当在会计档案销毁清册上签章，并将监销情况报告本单位负责人。

③ 不得销毁的会计档案。对于保管期满但未结清的债权债务原始凭证和涉及其他未了事项的原始凭证，不得销毁，而应当单独抽出立卷，保管到未了事项完毕时为止。单独抽出立卷的会计档案，应当在会计档案销毁清册和会计档案保管清册上列明。另外，正在建设期间的建设单位，其保管期满的会计档案也不得销毁。

④ 合并撤销单位的会计档案，应根据不同情况，分别交给并入单位、上级主管部门或主管部门指定的其他单位接收保管，并由交接双方在移交清册上签名或盖章。

第五章　财务会计报告内部会计制度设计

一、财务会计报告设计

（一）会计报表的意义

财务会计报告由会计报表、会计报表附注和财务情况说明书组成。会计报表是会计报告的核心组成部分，会计报表是以日常会计核算资料为主要依据，以货币为计量单位，利用一定的指标及表格形式总括地反映企业和行政、事业单位在一定时期内财务状况和经营成果的报告文件。编制会计报表是会计核算的一项专门方法。会计报表的作用主要是向企业及企业外部提供财务信息，它是将日常核算中数量繁多、分散的会计资料，按统一的格式和编制方法加以归类、整理、汇总而形成的一套完整的会计指标体系。会计报表可以更为综合、系统和全面地反映财务状况和经营成果情况，为有经济利害关系的单位及个人及本单位经营管理提供数据资料。编制会计报表的主要意义如下。

1. 可以向投资者、潜在投资者、债权人提供会计资料，有利于他们作出决策

通过会计报表编制及报送，会计报表所提供的资料可以帮助投资者——企业所有者评价经营管理者的决策是否得当，经营管理是否完善，管理人员是否恪尽职守，从而监督其不断改善经营管理。投资者、潜在投资者可以利用会计报表所提供的资料，进行是否对企业投资，以什么方式对企业投资等决策。债权人可以利用会计报表所提供的资料，检查企业债务使用及偿债的保证情况，决定是否对企业提供贷款或信用。

2. 可以向管理当局及本单位职工提供会计资料，有利于加强经营管理

通过会计报表编制及报送，会计报表所提供的资料可以帮助企业管理者分析检查企业的经济活动是否符合有关制度规定，考核企业资金成本、利润等计划指标完成程度，分析评价经营管理中的成绩和缺点，从而采取有效措施改善经营管理、提高经济效益。会计报表提供的资料可以为编制下期计划提供依据。同时，通过会计报表，把企业的经营情况和结果向职工交底，以便于职工监督，进一步发挥职工群众主人翁责任感，从各方面提出改进意见，促进企业增产节约、增收节支、提高经济效益。

3. 可以向政府有关部门提供会计资料，有利于加强宏观控制与管理

通过会计报表编制及报送，会计报表所提供的资料可以帮助财政、税收、审计等政府有关部门加强宏观控制与管理。如财政、税收部门利用会计报表所提供的资料，可以了解企业资金筹集和运用是否合理，检查企业税收、利润计划的完成与解交情况以及有无违反税法和财经纪律现象，更好地发挥财政、税收的监督职能。审计部门利用会计报表了解企业财务状况和经营情况及财经政策、法令和纪律执行情况，从而为进行财务审计和经济效益审计提供必要的资料。

（二）会计报表的种类

明确会计报表的种类，有利于了解各类会计报表的特点，掌握它们的设计要求和规律，并在此基础上进一步设计各种会计报表的格式和内容。会计报表的分类有利于对经济管理所需要的全部会计指标进行分组，避免指标的重复设置或遗漏，保证会计报表的质量。会计报表可以按不同标志进行分类。

1. 会计报表按经济内容分类

会计报表按其反映的经济内容不同，可以分为反映财务状况的报表和反映经营成果的报表。

反映财务状况的报表主要有：资产负债表及附表、现金流量表。资产负债表是反映期末资产、负债、所有者权益状况的静态报表。现金流量表是通过反映现金的流入与流出，揭示企业一定期间财务状况变动的动态报表。

反映经营成果的报表主要有：损益表、利润分配表、主营业务收支明细表、产品生产成本表、主要产品单位成本表、制造费用明细表、管理费用明细表等。经营成果报表是用来反映企业一定时期生产经营过程中的收入实现、成本耗费和利润形成与分配情况的会计报表。

2. 会计报表按报送的对象分类

会计报表按其报送的对象不同，可以分为外送报表和内部报表。

外送报表是指专门为投资人、债权人、政府部门、证券交易所等企业外部报表使用者报送的会计报表。这些报表主要包括资产负债表、现金流量表、损益表、利润分配表等。这类报表的格式、报告内容、编制依据及方法必须符合有关法律及国家统一会计制度的要求。

内部报表又称内部会计报告，它是为企业内部各职能管理部门提供会计信息而编制的会计报表。这些报表主要包括成本报表、制造费用明细表、成本分析表、资金分析表、利润分析表、出纳报告单、销售日报，以及企业预算、计划、业绩评价等报表。这类报表的种类、格式和编制方法一般没有国家统一会计制度的规定，而是根据企业内部经营管理的需要编制。

需要指出，外送报表与内部报表并不是完全分开的，如外送报表也可用于企业的内部管理，有些内部报表又是对外送报表的详细说明。

3. 会计报表按编制时间分类

会计报表按其编制的时间不同，可以分为定期报表和临时报表。定期报表有月报、季报和年报几种，定期报表要求财会部门在规定的时间内编报。临时报表是为了满足企业管理部门一些特殊的、临时性的需要而编制的报表。一般情况下，外送报表都属于定期报表，而内部报表有些是定期编制的，有些则是临时编制的。

4. 会计报表按编制单位分类

会计报表按其编制的单位不同，可以分为基层报表、汇总报表、合并报表。基层报表是由各基层企事业单位编制的，反映各单位经营活动和财务收支情况的会计报表。汇总报表是由上级主管部门根据其所属单位上报的基层报表，加上汇总单位本身的会计报表编制的，反映本部门、本系统经济活动情况的会计报表。合并报表是由集团中的母公司运用专门方法，将母、子公司视为一个整体编制的，以反映整个企业集团的财务状况和经营成果的会计报表。

（三）会计报表的基本内容

会计报表的用途不一，格式多种多样，所包含的具体内容也不相同，这些突出地表现在提供的经济指标方面。正是因为各种经济指标及其组合不同，从而产生了各种不同的会计报表。各种不同的会计报表的格式及内容可以多种多样，但各种会计报表应具备下列基本内容。

① 编制单位名称。即编制会计报表的企业、事业、机关和其他单位以及主管部门的名称。它表明会计报表反映经济内容的空间范围。

② 会计报表名称及编号。它表明各会计报表的种类及其在会计报表体系中的排列位置和重要程度。

③ 编制报表日期。即编制会计报表的日期和会计报表所包含的会计期间。它表明会计报表反映经济内容的时间范围。

④ 计量单位。即会计报表中所使用的货币量度（元、千元）、实物量度（吨、件）和劳动量度（工时、工日）单位。

⑤ 经济指标。即会计报表中各个项目的数量和金额，一般包括本期数、本期累计数、计划数、上期数和历史先进水平数等。其中本期数是任何一张会计报表所必须具备的，其他则根据不同会计报表确定。

⑥ 补充资料。它是为了阅读和使用会计报表而提供的一些参考资料。它包括对报表中主要经济指标的详细说明，与会计指标有关的一些统计资料、有关指标之间的对比分析等。

（四）财务会计报告业务可能发生的风险及应对控制措施

财务会计报告业务会计制度设计应当根据设计目标，即内部控制的目标明确、具体列示至少应当关注的财务会计报告业务风险，并针对风险提出相适应的应对控制措施，以建立相应财务会计报告业务流程及财务会计报告业务内部会计制度。财务会计报告业务可能发生的基本风险包括：财务会计报告信息不合法、不真实、不准确、不完整。财务会计报告编报不及时、未有效利用。财务会计报告业务可能发生的具体风险及应对控制措施主要包括以下内容。

① 制定财务报告编制方案环节的主要风险是：会计政策未能有效更新，不符合有关法律法规；重要会计政策、会计估计变更未经审批，导致会计政策使用不当；会计政策未能有效贯彻、执行；各部门职责、分工不清，导致数据传递出现差错、遗漏、格式不一致等；各步骤时间安排不明确，导致整体编制进度延后，违反相关报送要求。

② 确定重大事项的会计处理环节的主要风险是：重大事项，如债务重组、非货币性交易、公允价值的计量、收购兼并、资产减值等的会计处理不合理，会导致会计信息扭曲，无法如实反映企业实际情况。

③ 清查资产核实债务环节的主要风险是：资产、负债账实不符，虚增或虚减资产、负债；资产计价方法随意变更；提前、推迟甚至不确认资产、负债等。

④ 对账结账环节的主要风险是：账务处理存在错误，导致账证、账账不符；虚列或隐瞒收入，推迟或提前确认收入；随意改变费用、成本的确认标准或计量方法，虚列、多列、不列或者少列费用、成本；结账的时间、程序不符合相关规定；关账后又随意打开已关闭的会计期间等。

⑤ 编制财务报告环节的主要风险是：编制个别财务报告的主要风险为提供虚假财务报告，误导财务报告使用者，造成决策失误，干扰市场秩序；报表数据不完整、不准确；报表种类不完整；附注内容不完整等。编制合并财务报告的主要风险为合并范围不完整；合并内部交易和事项不完整；合并抵消分录不准确。

⑥ 财务报告对外提供前的审核环节的主要风险是：在财务报告对外提供前未按规定程序进行审核，对内容的真实性、完整性以及格式的合规性等审核不充分。

⑦ 财务报告对外提供前的审计环节的主要风险是：财务报告对外提供前未经审计，审计机构不符合相关法律法规的规定，审计机构与企业串通舞弊。

⑧ 财务报告的对外提供环节的主要风险是：对外提供未遵循相关法律法规的规定，导致承担相应的法律责任；对外提供的财务报告的编制基础、编制依据、编制原则和方法不一致，影响各方对企业情况的判断和经济决策的作出；未能及时对外报送财务报告，导致财务报告信息的使用价值降低，同时也违反有关法律法规；财务报告在对外提供前提前泄露或使不应知晓的对象获悉，导致发生内幕交易等，使投资者或企业本身蒙受损失。

⑨ 财务报告分析利用阶段的主要风险：制定财务分析制度的主要风险为制定的财务分析制度不符合企业实际情况，财务分析制度未充分利用企业现有资源，财务分析的流程、要求不明确，财务分析制度未经审批等。编写财务分析报告的主要风险为财务分析报告的目的不正确或者不明确，财务分析方法不正确；财务分析报告的内容不完整，未对本期生产经营活动中发生的重大事项作专门分析；财务分析局限于财会部门，未充分利用相关部门的资源，影响质量和可用性；财务分析报告未经审核等。整改落实的主要风险是：财务分析报告的内容传递不畅，未能及时使有关各部门获悉；各部门对财务分析报告不够重视，未对其中的意见进行整改落实。

针对上述风险，企业财务会计报告业务内部会计制度应当采取的主要控制措施包括：加强制定编制方案、核查重大事项、清产核债、核查对账结账、编制报表、编制附注说明、审核批准报告、报告审计、报告分析、报告提供控制。

二、财务会计报告内部会计制度具体设计

（一）财务会计报告业务流程设计

1. 财务会计报告基本业务流程及内部控制要点（内部控制基本要求）

财务会计报告业务内部会计制度应当建立符合本企业需要的业务处理流程，确定本企业

关键内部控制点。

财务会计报告基本业务流程一般包括：制定编制方案、核查重大事项、清产核债、审核对账结账、编制报表、编制附注说明、审核批准报告、报告审计、报告分析、报告提供。其中关键控制点包括：清产核债、审核对账结账、编制报表、编制附注说明、审核批准报告、报告审计、报告提供。关键控制点是财务会计报告业务基本控制环节和评价考核点。

(1) 建立制定编制方案管理措施

第一，制定财务报告编制方案。

财务报告编制方案应当明确财务报告编制程序及方法、岗位职责分工、各步骤编报时间安排等相关内容。

第二，制定企业的会计政策文件。

企业应当按照国家会计准则等规定，结合自身情况，制定企业统一的会计政策文件。

会计政策是："企业在会计核算时所遵循的具体原则以及企业所采纳的具体会计处理方法。"具体原则是指企业按照国家统一的会计制度规定的原则所制定的、适合于本企业的会计制度中所采用的会计原则，而不是笼统地指所有的一般会计核算原则。一般会计核算原则，如客观性原则不属于会计政策，它是为了满足会计信息质量要求而由国家制定的、统一的、不可选择的、企业必须遵循的原则。具体会计处理方法是对国家统一的会计制度所允许选择的、某一类会计业务的具体处理方法中所作出的具体选择。例如，谨慎原则是国家统一的会计制度所规定的会计核算一般原则之一，企业不可选择，但企业在具体运用谨慎原则时，在对短期投资采用成本与市价孰低法的情况下，是按投资总体计提短期投资跌价准备，还是按投资类别或单项投资计提，属具体的会计处理方法，可由企业根据自身情况加以选择。再如，在所得税核算采用纳税影响会计法时，会计制度允许在递延法和债务法之间进行选择，而递延法和债务法是对所得税业务的具体会计处理方法。

企业只能在国家统一的会计制度规定的可选择会计政策中选择适用的会计政策。

会计政策的选择应当保持前后各期的一致性。

企业内部会计制度设计中需要选择的会计政策主要有以下几个方面。

① 特殊业务会计政策。特殊业务会计政策包括：企业合并政策、外币折算政策、外币报表折算政策、租赁政策等。

② 资产项目会计政策。资产项目会计政策包括：短期投资政策、应收账款政策、坏账准备政策、存货政策、长期股权投资政策、长期债权投资政策、固定资产的计价与折旧政策、无形资产的计价与摊销政策、长期待摊费用政策等。

③ 负债项目会计政策。负债项目会计政策包括：企业债券政策、债务重组政策等。

④ 资本项目会计政策。资本项目会计政策包括：实收资本政策、资本公积政策、盈余公积政策、利润分配政策等。

⑤ 损益项目会计政策。损益项目会计政策包括：收入政策、借款费用政策、所得税政策等。

⑥ 表外披露会计政策。表外披露会计政策包括：关联方交易政策、或有负债政策、资产负债表日后事项政策等。

第三，有关领导审核批准财务报告编制方案与会计政策文件。

应当按规定的权限和程序审核审批财务报告编制方案，审核审批后将其签发至各有关参与财务报告编制部门及岗位。

应当按规定的权限和程序审批会计政策及会计估计、变更文件。

(2) 建立核查重大事项管理措施

① 财务会计报告会计编制重大事项核查处理报告。

重大的交易或事项一般包括：会计政策和会计估计的变更、新增业务和其他新发生的事项、会计准则制度的变化、资产减值、公允价值的计量、债务重组、非货币性交易、收购兼并、以前年度审计调整以及相关事项、年度内合并（汇总）报告范围的变化对财务报告的影响等。

对会计报告可能产生重大影响的交易或事项进行全面核查，包括重大的交易或事项的会计处理是否正确，是否按规定的权限和程序进行审核、批准。

对核查重大事项发现的问题，应当分析原因、明确责任，并按国家统一会计制度规定作出正确的处理，编制重大事项核查处理报告。

② 有关领导及人员审核批准重大事项核查处理报告。

对于重大事项核查处理报告发现的问题，在查明原因、分清责任基础上，对其按国家统一会计制度规定作出的处理按规定的权限和程序进行审核批准处理。

③ 有关会计人员填制记账凭证。

对于按规定的权限和程序进行审核批准处理的重大事项核查处理报告，有关业务处理的会计人员应当填制相应的记账凭证。填制的该记账凭证进入账务处理业务流程，进行相应的账务处理。

(3) 建立清产核债管理措施　有关会计及人员编制清产核债处理报告，应当按计划组织财务和相关部门全面进行资产清查、债权债务核实工作。全面进行资产清查、债权债务核实工作一般包括以下几个方面。

① 与银行核对对账单、盘点库存现金、核对票据；

② 应收款项、应付款项、应交税金等结算款项是否存在，与债务、债权单位的金额是否一致，各项结算款项的拖欠情况及其原因；

③ 各项存货的实存数量与账面数量是否一致，材料物资的实际储备情况，是否有报废损失和积压物资等；

④ 各项投资是否存在，投资收益是否按照国家统一的会计制度规定进行确认和计量，各项投资是否达到预期目的；

⑤ 各项固定资产的实存数量与账面数量是否一致，固定资产的使用情况及其完好程度等，清查土地、房屋的权属证明，确定资产归属；

⑥ 在建工程的实际发生额与账面记录是否一致；

⑦ 需要清查、核实的其他内容。

对清查过程中经查实资产、债权债务有变动的，应当分析原因、明确责任，并按国家统一会计制度规定作出正确的处理，编制清产核债处理报告。

⑧ 有关领导及人员审核批准清产核债处理报告。

对于清产核债处理报告已查实资产、债权债务变动，在查明原因、分清责任基础上，对其按国家统一会计制度规定作出的处理按规定的权限和程序进行审核批准处理。

⑨ 有关会计人员填制记账凭证。

对于按规定的权限和程序进行审核批准处理的清产核债处理报告，有关业务处理的会计人员应当填制相应的记账凭证。填制的该记账凭证进入账务处理业务流程，进行相应的账务处理。

(4) 按规定进行对账结账

第一，有关会计及人员编制对账和结账处理报告。

应当在日常定期对账的基础上组织全面账目核对工作和结账工作。对账和结账内容与要求主要包括以下几个方面。

① 核对各会计账簿记录与会计凭证的记录是否一致。

② 检查相关的会计核算是否根据实际发生的经济业务事项，按照国家统一的会计制度的规定确认、计量和记录资产、负债、所有者权益、收入、费用、成本和利润或企业按照会计核算的一般原则制定的核算方法进行，确认、计量和记录的资产、负债、所有者权益金额应当真实可靠。应当如实确认、计量和记录当期应计的收入、费用和利润，是否存在漏记或多记、提前确认或推迟确认报告期内发生的交易或事项的情形。

③ 检查是否有随意变更会计要素确认、计量和记录会计处理方法的。

④ 检查是否存在因会计差错、会计政策变更等原因需要调整前期或者本期相关项目。

⑤ 依照规定的结账日进行结账，不得提前或者延迟。

⑥ 结账应结出有关会计账簿的余额和发生额，并账账核对：总账自身核对；会计总账与明细账、日记账核对；会计账与有关部门的实物账核对。

对账目核对过程和结账中发现问题的，应当分析原因、明确责任，并按国家统一会计制度规定作出调账、差错更正处理，编制对账和结账处理报告。

第二，有关领导及人员审核批准对账和结账处理报告。

对于对账和结账处理报告发现的问题，在查明原因、分清责任基础上，对其按国家统一会计制度规定作出的处理按规定的权限和程序进行审核批准处理。

第三，有关会计人员填制记账凭证。

对于按规定的权限和程序进行审核批准处理的对账和结账处理报告，有关业务处理的会计人员应当填制相应的记账凭证。填制的该记账凭证进入账务处理业务流程，进行相应的账务处理。

(5) 按规定编制会计报表

会计报表应当包括资产负债表、利润表、现金流量表及国家统一的会计制度规定的其他报表。编制报表的主要要求包括以下几个方面。

① 必须根据实际发生的经济业务事项，确认、计量、记录会计要素，以真实的交易和事项编制财务会计报告。

② 应当按照有关法律法规、国家统一的会计制度的规定的编制基础、编制依据、编制原则和方法进行会计要素的确认、计量、记录、报告。列示的资产、负债、所有者权益金额应当真实可靠。应当如实列示当期收入、费用和利润。列示的各种现金流量应当按照规定划清各类交易和事项的界限。

③ 按照国家统一的会计制度规定的会计报表内容、格式、依据及方法，根据登记完整、核对无误的会计账簿记录和其他有关资料编制会计报表，确保数字真实可靠、内容格式完整、报表项目与相关账户对应关系正确、计算公式无误、计算准确，不得漏报或者任意取舍。

④ 会计报表的勾稽关系应当正确。包括会计报表之间、会计报表内各项目之间、本期与上期的有关数字之间、会计报表与附表之间。

⑤ 企业应当于年度终了编报年度财务会计报告。国家统一的会计制度规定企业应当编报半年度、季度和月度财务会计报告的，从其规定。

⑥ 企业发生合并、分立、终止营业情形的，应当按照国家统一的会计制度的规定编制相应的财务会计报告。

⑦ 需要编制合并会计报表的企业集团，母公司除编制其个别会计报表外，还应当按照国家统一的会计制度的规定编制企业集团的合并会计报表。

编制合并财务报表，应当明确合并财务报表的合并范围和合并方法，保证合并范围完整，保证合并内部交易和事项完整，保证合并抵消分录准确。

(6) 按规定编制会计报表的附注说明 会计报表的附注说明，应当按照国家统一的会计制度等国家规定，在会计报表附注中，对财务状况、经营成果、现金流量的报表中需要说明的编制基础、编制依据、编制原则和方法及主要项目等事项作出真实、完整、清楚的说明。

会计报表附注至少应当包括下列内容：

① 不符合基本会计假设的说明；

② 重要会计政策和会计估计及其变更情况、变更原因及其对财务状况和经营成果的影响；

③ 担保、诉讼、未决事项等或有事项和资产负债表日后事项的说明；

④ 关联方关系及其交易的说明；

⑤ 资产重组、重要资产转让及其出售情况；

⑥ 企业合并、分立；

⑦ 重大投资、融资活动；

⑧ 会计报表中重要项目的明细资料；

⑨ 有助于理解和分析会计报表需要说明的其他事项。

财务情况说明书至少应当对下列情况作出说明：

① 企业生产经营的基本情况；

② 利润实现和分配情况；

③ 资金增减和周转情况；

④ 对企业财务状况、经营成果和现金流量有重大影响的其他事项。

(7) 按规定审核批准财务会计报告 有关领导及人员审核批准财务会计报告，单位负责人、总会计师（主管会计工作的负责人）、会计机构负责人逐级按起草编制报表、编制附注说明的要求规定对财务会计报告进行审核，并进行批准。上市公司还需经董事会和监事会审批通过后方能对外提供。

企业对外提供的财务会计报告应当编排页码，制作封面，装订成册，加盖公章。封面上应当注明：企业名称、企业统一代码、组织形式、地址、报表所属年度或者月份、报出日期，并由企业负责人、主管会计工作的负责人、会计机构负责人（会计主管人员）签名并盖章。设置总会计师的企业，还必须由总会计师签名并盖章。

(8) 按规定审计财务会计报告 注册会计师审计财务会计报告，按国家规定须经注册会计师审计的，企业应当接受符合资格规定的注册会计师及其会计师事务审计。

应当配合注册会计师的审计工作，及时提供与财务报告相关的资料。

不得以任何方式要求或者示意注册会计师及其所在的会计师事务所出具不实或者不当的审计报告。

(9) 建立报告分析管理措施

① 财务会计报告会计建立财务分析制度。

企业应当建立财务分析制度，并按规定的权限和程序进行审批后实施。财务分析制度应当明确分析的时间、组织形式、参加的部门和人员；财务报告分析的内容、步骤、方法和体系；财务报告分析报告的编写要求等。

② 财务会计报告会计编写会计报表分析报告。

企业应当对偿债能力、营运能力、盈利能力、发展能力、生产经营状况等内容进行全面分析，并形成分析报告，构成内部报告的组成部分。

财务分析报告应当充分、灵活地运用各项资料，运用正确的财务分析方法，全面分析企业的财务管理、经营管理状况和存在的问题，并有针对性提出改进措施，明确有关部门职责。

③ 有关领导及人员审核、审批会计报表分析报告。

按照财务分析制度定期编写财务分析报告，应当通过定期召开财务分析会议等形式对分析报告的内容予以完善，并按规定的权限和程序进行审核、审批。

财务分析报告作为内部报告应当及时传递给企业内部有关管理层级进行信息沟通。有关部门根据职责与分析报告的意见，按要求落实整改，财会部门负责监督、跟踪责任部门的落实情况，并及时向有关负责人反馈落实情况。

(10) 建立报告提供管理措施 对外提供财务会计报告的主要要求包括以下几个方面。

① 财务会计报告必须按规定经过完整的审核批准并签名盖章后方可对外提供。上市公司还需经董事会和监事会审批通过后方能对外提供。

② 财务会计报告须经注册会计师审计的，审计报告应当随同财务报告一并提供。

③ 应根据相关法律法规的要求，明确规定财务会计报告对外提供的对象，并按规定的对象对外提供财务会计报告。

④ 应当依照企业章程的规定，向投资者提供财务会计报告。

⑤ 国务院派出监事会的国有重点大型企业、国有重点金融机构和省、自治区、直辖市人民政府派出监事会的国有企业，应当依法定期向监事会提供财务会计报告。

⑥ 国有企业、国有控股的或者占主导地位的企业，应当至少每年一次向本企业的职工代表大会公布财务会计报告，并重点说明有关事项。

⑦ 按相关法律法规的要求，向债权人等提供财务会计报告。

⑧ 有关部门或者机构依照法律法规等规定，要求企业提供部分或者全部财务会计报告及其有关数据的，应当向企业出示依据。企业有权拒绝非依照法律法规等规定要求企业提供部分或者全部财务会计报告及其有关数据。

⑨ 提供给投资者、债权人、政府监管部门、社会公众等不同对象的财务会计报告的编制基础、依据、原则和方法应当一致。

⑩ 应严格遵守相关法律法规和国家统一的会计制度规定的财务会计报告报送时间，及时对外报送财务会计报告。

⑪ 应建立财务会计报告保密制度。对能够接触财务会计报告信息的人员进行权限限制，保证财务报告信息在对外提供前控制在适当的范围，防止财务会计报告在对外提供前提前泄露或使不应知晓的对象获悉。应当明确负有披露义务的有关部门和人员的职责和权限，未经授权批准的任何部门及个人不得擅自对外披露信息。

⑫ 对外提供的财务会计报告应当及时整理归档，并按有关规定作为会计档案妥善保存。

2. 财务会计报告基本业务流程

财务会计报告基本业务流程见表 5-1。

表 5-1　财务会计报告基本流程

(1)	财务会计报告会计	制定财务报告编制方案		
(2)	财务会计报告会计	制定企业的会计政策文件		
(3)	有关领导	审核批准财务报告编制方案与会计政策文件		
(4)	财务会计报告会计	编制重大事项核查处理报告		
(5)	有关领导及人员	审核批准重大事项核查处理报告		
(6)	有关会计人员	填制记账凭证		
(7)	有关会计及人员	编制清产核债处理报告		
(8)	有关领导及人员	审核批准清产核债处理报告		
(9)	有关会计人员	填制记账凭证		
(10)	有关会计及人员	编制对账和结账处理报告		
(11)	有关领导及人员	审核批准对账和结账处理报告		
(12)	有关会计人员	填制记账凭证		
(13)	财务会计报告会计	编制会计报表		
(14)	财务会计报告会计	会计报表的附注说明		
(15)	有关领导及人员	审核批准财务会计报告		
(16)	注册会计师	审计财务会计报告		
(17)	财务会计报告会计	建立财务分析制度		
(18)	财务会计报告会计	编写会计报表分析报告		
(19)	有关领导及人员	审核审批会计报表分析报告		
(20)	财务会计报告会计	对外提供财务会计报告		

(二) 货币资金业务基本业务流程的授权批准控制制度

企业应当建立严格的财务会计报告分级、分类授权批准制度，明确审批人员授权批准流程、范围、权限、方式、责任。

审批人应当根据授权批准制度的规定，在授权范围内进行审批，不得超越审批权限。

上市公司还需经董事会和监事会审批通过后方能对外提供财务会计报告。

严禁未经授权的机构或人员进行财务会计报告的有关业务处理或直接接触财务会计报告。

授权批准内容一般包括：财务报告编制方案，会计政策文件，重大事项核查处理报告，清产核债处理报告，对账和结账处理报告，财务会计报告，财务分析制度，财务分析报告等。

（三）财务会计报告基本业务流程的不相容职务分离控制制度

应当明确有关机构和岗位设置、岗位分工。有关机构和岗位一般包括：制定编制方案、核查重大事项、清产核债、审核对账、编制报表及附注、审核批准、报告分析、报告提供、各项会计核算。

在贯彻不相容职务分离的前提下，可以一人一岗、一人多岗、多岗一人。

明确规定职责权限（岗位责任制）。

企业负责人对财务报告的真实性、完整性负责。

企业总会计师或分管会计工作的负责人负责组织领导财务报告编制和分析利用工作。

企业财会部门负责财务报告编制和分析报告编写工作、制定本单位财务报告编制分工表。

企业内部参与财务报告编制的各部门应当及时向财会部门提供编制财务报告所需的信息，参与财务分析会议。

企业法律事务部门或外聘律师应当对财务报告对外提供的合法合规性进行审核。

分离不相容岗位和职务，财务会计报告不相容职务一般包括：①以上各项审批与经办；②核查重大事项、清产核债、审核对账与各项会计核算；③编制报表及附注与审核批准。

（四）财务会计报告业务的表格设计

企业对外提供的主要财务会计报表设计有以下几种。

（1）资产负债表设计 资产负债表是反映会计主体在某一特定日期资产和负债、所有者权益状况的报表。资产负债表是依据“资产＝负债＋所有者权益”这一会计基本平衡等式设计的，反映企业的各项经济指标在某一时点上的数额，故属于静态报表。其包括的指标主要有：资产、负债、所有者权益。这些指标在资产负债表中分别列示，并形成一定的对立关系，反映企业的财务状况。资产负债表的格式主要有以下两种。

① 报告式，又称直式。是将资产类指标和负债、所有者权益类指标按顺序上下排列，并反映出各种指标之间的关系。其基本结构如表 5-2 所示。

表 5-2　报告式资产负债表

资产负债表

编制单位：　　　　年　　月　　日　　　　单位：元

项目	年初金额	期末金额
资产		
流动资产		
长期投资		
固定资产		
无形资产		
递延资产		
其他资产		
资产合计		

续表

项目	年初金额	期末金额
负债和所有者权益		
负债		
流动负债		
长期负债		
负债合计		
所有者权益		
实收资本		
资本公积		
盈余公积		
未分配利润		
所有者权益合计		

② 账户式，又称横式。它是将资产、负债和所有者权益类指标分成左右两方，并按指标之间的联系，采用分布式排列先后顺序，双方各自的合计数保持相等。资产负债表的左方资产按流动速度（变现速度）进行排列，流动速度快的资产排列在前，流动速度慢的资产排列在后；右方负债项目按需要偿还的时间长短进行排列，马上需要偿还的流动负债排列在前，需要偿还期限较长的长期负债排列在后；所有者权益项目按所有者权益的重要程度进行排列，在所有者权益中所占比重大的项目排列在前，所占比重小的项目排列在后。目前国家统一会计制度规定的资产负债表就是横式的，具体格式如表 5-3 所示。

表 5-3 账户式负债表

资 产 负 债 表

编制单位：　　　　年　　月　　日　　　　单位：元

资产	期末余额	年初余额	负债和所有者权益	期末余额	年初余额
流动资产：			流动负债：		
货币资金			短期借款		
交易性金融资产			交易性金融负债		
应收票据			应付票据		
应收账款			应付账款		
预付款项			预收款项		
应收利息			应付职工薪酬		
应收股利			应交税费		
其他应收款			应付利息		
存货			应付股利		
一年内到期的非流动资产			其他应付款		
其他流动资产			一年内到期的非流动负债		
流动资产合计			其他流动负债		
非流动资产：			流动负债合计		

续表

资产	期末余额	年初余额	负债和所有者权益	期末余额	年初余额
可供出售金融资产			非流动负债：		
持有至到期投资			长期借款		
长期应收款			应付债券		
长期股权投资			长期应付款		
投资性房地产			专项应付款		
固定资产			预计负债		
在建工程			递延所得税负债		
工程物资			其他非流动负债		
固定资产清理			非流动负债合计		
生产性生物资产			负债合计		
油气资产			所有者权益：		
无形资产			实收资本(或股本)		
开发支出			资本公积		
商誉			减:库存股		
长期待摊费用			盈余公积		
递延所得税资产			未分配利润		
其他非流动资产			所有者权益合计		
非流动资产合计					
资产总计			负债和所有者权益总计		

(2) 利润表设计 利润表是反映企业在一定时期的经营成果及其分配情况的报表。由于该表反映的经济指标是某一时期的数字，故属于动态报表。一般情况下损益表有“一步式”和“多步式”两种格式。

① 一步式。一步式是将企业的各项收入和各项支出分别汇总，合计数相抵以后计算出经营成果。因此，在表中必须将各项收入列在前面，而各项费用支出列示在其后，最后列示利润总额及其分配情况。这种形式的损益表有利于了解企业的全部收入和全部支出等指标，但不利于掌握企业的利润构成情况。其基本格式如表 5-4 所示。

表 5-4 一步式利润表

利 润 表

编制单位： 年 月 单位：元

项 目	行次	本月数	本年累计数	上年同期累计数
一、收入合计				
1. 产品销售收入				
2. 其他业务收入				
3. 投资收益				
4. 营业外收入				
……				

续表

项　目	行次	本月数	本年累计数	上年同期累计数
二、支出合计				
1. 产品销售成本				
2. 产品销售费用				
3. 产品销售税金及附加				
4. 管理费用				
5. 财务费用				
6. 销售费用				
7. 其他业务支出				
……				
三、利润总额				
……				
四、未分配利润				

由于一步式损益表不利于掌握利润构成情况和分析利润升降原因，因此目前应用很少。

② 多步式。多步式是将企业的主要经营业务实现的利润和其他业务实现的利润分别反映，各种利润相加后计算出企业的利润总额。设计多步式损益表，首先列示产品销售收入及其成本费用，据以计算出产品销售利润；其次列示其他业务收入、其他业务支出和营业外收支净额，最后列示利润总额及其分配情况。目前国家统一会计制度规定的资产负债表就是横式的。具体格式如表 5-5 所示。

表 5-5　多步式利润表

利 润 表

编制单位：　　　　　　　　　　年　　月　　　　　　　　　　单位：元

项　目	本期金额	上期金额
一、营业收入		
减：营业成本		
营业税金及附加		
销售费用		
管理费用		
财务费用		
资产减值损失		
加：公允价值变动收益（损失以“－”号填列）		
投资收益（损失以“－”号填列）		
其中：对联营企业和合营企业的投资收益		
二、营业利润（亏损以“－”号填列）		
加：营业外收入		
减：营业外支出		
其中：非流动资产处置损失		

续表

项　目	本期金额	上期金额
三、利润总额（亏损总额以“－”号填列）		
减：所得税费用		
四、净利润（净亏损以“－”号填列）		
五、每股收益：		
（一）基本每股收益		
（二）稀释每股收益		

（3）现金流量表设计　现金流量表是反映企业一定会计期间现金和现金等价物（以下简称现金）流入和流出的报表。

现金流量表的现金是指企业的库存现金以及可以随时用于支付的存款及现金等价物。现金流量是某一段时期内企业现金（含现金等价物）流入和流出的数量。如企业销售商品、提供劳务、出售固定资产、向银行借款等取得现金，形成企业的现金流入；购买原材料、接受劳务、购建固定资产、对外投资、偿还债务等而支付现金等，形成企业的现金流出。企业现金形式的转换不属于现金的流入和流出，如企业从银行提取现金，是企业现金存放形式的转换，并未流出企业，不构成现金流量；同样，现金与现金等价物之间的转换也不属于现金流量。

现金流量表应当按照经营活动、投资活动和筹资活动的现金流量分类分项列示。目前国家统一会计制度规定的现金流量表具体格式如表 5-6 所示。

表 5-6　现金流量表

现金流量表

编制单位：　　　　　　　　　　　年度　　　　　　　　　　　单位：元

项目	行次	本年金额	上年金额
一、经营活动产生的现金流量：	1		
销售商品、提供劳务收到的现金	2		
收到的税费返还	3		
收到其他与经营活动有关的现金	4		
经营活动现金流入小计	5		
购买商品、接受劳务支付的现金	6		
支付给职工以及为职工支付的现金	7		
支付的各项税费	8		
支付其他与经营活动有关的现金	9		
经营活动现金流出小计	10		
经营活动产生的现金流量净额	11		
二、投资活动产生的现金流量：	12		
收回投资收到的现金	13		
取得投资收益收到的现金	14		
处置固定资产、无形资产和其他长期资产收回的现金净额	15		

续表

项目	行次	本年金额	上年金额
处置子公司及其他营业单位收到的现金净额	16		
收到其他与投资活动有关的现金	17		
投资活动现金流入小计	18		
购建固定资产、无形资产和其他长期资产支付的现金	19		
投资支付的现金	20		
取得子公司及其他营业单位支付的现金净额	21		
支付其他与投资活动有关的现金	22		
投资活动现金流出小计	23		
投资活动产生的现金流量净额	24		
三、筹资活动产生的现金流量：	25		
吸收投资收到的现金	26		
取得借款收到的现金	27		
收到其他与筹资活动有关的现金	28		
筹资活动现金流入小计	29		
偿还债务支付的现金	30		
分配股利、利润或偿付利息支付的现金	31		
支付其他与筹资活动有关的现金	32		
筹资活动现金流出小计	33		
筹资活动产生的现金流量净额	34		
四、汇率变动对现金的影响	35		
五、现金及现金等价物净增加额	36		
期初现金及现金等价物余额	37		
期末现金及现金等价物余额	38		
补充资料	行次	本年金额	上年金额
1. 将净利润调节为经营活动现金流量：	39		
净利润	40		
加：资产减值准备	41		
固定资产折旧、油气资产折耗、生产性生物资产折旧	42		
无形资产摊销	43		
长期待摊费用摊销	44		
待摊费用减少（增加以“—”号填列）	45		
预提费用增加（减少以“—”号填列）	46		
处置固定资产、无形资产和其他长期资产的损失（收益以“—”号填列）	47		
固定资产报废损失（收益以“—”号填列）	48		
公允价值变动损失（收益以“—”号填列）	49		
财务费用（收益以“—”号填列）	50		
投资损失（收益以“—”号填列）	51		

续表

项目	行次	本年金额	上年金额
递延所得税资产减少(增加以“－”号填列)	52		
递延所得税负债增加(减少以“－”号填列)	53		
存货的减少(增加以“－”号填列)	54		
经营性应收项目的减少(增加以“－”号填列)	55		
经营性应付项目的增加(减少以“－”号填列)	56		
其他	57		
经营活动产生的现金流量净额	58		
2. 不涉及现金收支的重大投资和筹资活动：	59		
债务转为资本	60		
一年内到期的可转换公司债券	61		
融资租入固定资产	62		
3. 现金及现金等价物净变动情况：	63		
现金的期末余额	64		
减：现金的期初余额	65		
加：现金等价物的期末余额	66		
减：现金等价物的期初余额	67		
现金及现金等价物净增加额	68		

(五) 财务会计报告业务处理流程具体控制与处理方法（会计报表编制）的说明

会计报表编制包括各种会计报表编制，如资产负债表、损益表、现金流量表等会计报表的编制。现仅以现金流量表为例说明会计报表编制。其他会计报表编制请参阅有关财务会计教材及国家统一会计制度。

1. 有关项目填列规定

(1) 关于经营活动产生的现金流量

① 销售商品、提供劳务收到的现金。包括本期销售商品和提供劳务收到的现金，以及前期销售商品、提供劳务本期收到的现金和本期预收的账款，扣除本期退回本期销售的商品和前期销售本期退回的商品支付的现金。本项目包括销售收入和应向购买者收取的增值税销项税额。企业销售材料和代购代销业务收到的现金也在本项目反映。

② 收到的租金。包括经营租赁收到的租金、出租包装物收到的租金等。

③ 收到的税费返还。包括如增值税、消费税、营业税、所得税、教育费附加返还款等。

④ 收到的其他与经营活动有关的现金。包括如罚款收入、流动资产损失中由个人赔偿的现金收入等。

⑤ 购买商品、接受劳务支付的现金。包括本期购入商品、接受劳务支付的现金（包括增值税进项税额），以及本期支付前期购入商品、接受劳务的未付款项和本期预付款项。本期发生的购货退回收到的现金应仅本项目内扣除。

⑥ 经营租赁所支付的现金。包括企业经营租入固定资产支付的租金、租入包装物支付的租金等。不包括融资租赁所支付的现金。

⑦ 支付给职工以及为职工支付的现金。包括本期实际支付给职工的工资、奖金、各种津贴和补贴等。不包括支付的离退休人员的各项费用和支付给在建工程人员的工资等。支付的离退休人员的各项费用，包括支付的统筹退休金以及未参加统筹的退休人员的费用，在“支付的其他与经营活动有关的现金”项目中反映；支付给在建工程人员的工资，在“购建固定资产、无形资产和其他长期资产所支付的现金”项目中反映。

⑧ 企业为职工支付的养老、失业等社会保险基金，补充养老保险，住房公积金，支付给职工的住房困难补助，企业为职工交纳的商业保险金，以及企业支付给职工或为职工支付的其他福利费用等，应按职工的工作性质和服务对象，分别在本项目和“购建固定资产、无形资产和其他长期资产所支付的现金”项目中反映。

⑨ 实际交纳的增值税款项目。反映企业本期实际上交的增值税款，不包括本期退回的增值税，本期退回的增值税在“收到税费返还”项目反映。

⑩ 支付的所得税款项目。反映企业本期实际上交的所得税款，不包括本期退回的所得税，本期退回的所得税在“收到税费返还”项目反映。

⑪ 支付的除增值税、所得税以外的其他税费项目。反映企业按国家有关规定于当期实际支付的除增值税、所得税以外的其他各种税费，包括本期发生并实际支付的税费，以及本期支付以前各期发生的税费和预交的税金，如支付的教育费附加、矿产资源补偿费、印花税、营业税等。不包括计入固定资产价值，实际支付的耕地占用税等。

⑫ 支付的其他与经营活动有关的现金。如罚款支出、支付的差旅费、业务招待费、支付保险费等。

(2) 投资活动产生的现金流量

① 收回投资所收到的现金项目。反映企业出售、转让或到期收回除现金等价物以外的短期投资、长期股权投资而收到的现金，以及收回长期债权投资本金而收到的现金。不包括长期债权投资收回的利息，以及收回的非现金资产。收回的非现金资产，不涉及现金流量的变动，在现金流量表补充资料中“不涉及现金收支的投资与筹资活动”项目中反映。处置投资收回的现金扣除投资成本后的收益，计入损益，构成净利润因素，但它属于投资活动的现金流量。

② 分得股利或利润所收到的现金项目。反映企业因股权投资而分得的现金股利，以及从子公司、联营企业和合营企业分回利润收到的现金。本项目不包括股票股利。

③ 取得债券利息收入所收到的现金项目。反映企业因债权性投资所收到的现金利息收入。不包括债券投资收回的本金，收回债券的本金在“收回投资所收到的现金”项目中反映。包括在现金等价物范围内的债券投资，其利息收入也应在本项目中反映。

④ 处置固定资产、无形资产和其他长期资产而收到的现金净额项目。反映处置固定资产、无形资产和其他长期资产所取得的现金，扣除为处置这些资产而支付的有关费用后的净额。由于自然灾害所造成的固定资产等长期资产损失而收到的保险赔偿收入，也应在本项目反映。

⑤ 收到的其他与投资活动有关的现金项目。反映企业除了上述各项以外，收到的其他与投资活动有关的现金流入。

⑥ 购建固定资产、无形资产和其他长期资产所支付的现金项目。反映企业购买、建造

固定资产，取得无形资产和其他长期资产所支付的现金，不包括为购建固定资产而发生的借款利息资本化部分，以及融资租入固定资产支付的租赁费。借款利息和融资租入固定资产支付的租赁费，在筹资活动中单独反映。企业以分期付款方式购建固定资产，其首次付款支付的现金作为投资活动的现金流出，以后各期支付的现金作为筹资活动的现金流出。

⑦ 权益性投资所支付的现金项目。反映企业权益性投资所支付的现金，包括企业取得的除现金等价物以外的短期股票投资、长期股权投资支付的现金，以及支付的佣金、手续费等附加费用。企业以非现金的固定资产、商品等进行的权益性投资，在补充资料中反映。

⑧ 债权性投资所支付的现金项目。反映企业购买的除现金等价物以外的债权而支付的现金，包括企业购买的除现金等价物以外的短期债券投资和长期债券投资支付的现金，以及支付的佣金、手续费等附加费用。企业取得的长期债券投资以外的其他债权投资支付的现金，也在本项目反映。

⑨ 企业购买股票和债券时，实际支付的价款中包含的已宣告而尚未领取的现金股利和已到期尚未领取的债券利息，应在投资活动"支付的其他与投资活动有关的现金"项目反映；收回购买股票和债券时支付的已宣告而尚未领取的现金股利和已到期尚未领取的债券利息，应在投资活动的"收到的其他与投资活动有关的现金"项目反映。

⑩ 支付的其他与投资活动有关的现金项目。反映企业除了上述各项以外，支付的其他与投资活动有关的现金流出。

(3) 筹资活动产生的现金流量

① 吸收权益性投资所收到的现金项目。反映企业收到的投资者投入的现金，包括以发行股票方式筹集的资金实际收到的股款净额（发行收入减去支付的佣金等发行费用后的净额）。以发行股票方式筹集资金而由企业直接支付的审计、咨询等费用，在"发生筹资费用所支付的现金"项目反映，不从本项目内扣除。

② 发行债券所收到的现金项目。反映企业发行债券实际收到的现金（发行收入减去支付的佣金等发行费用后的净额）。企业自行发行债券支付的发行费用，在"发生筹资费用所支付的现金"项目反映，不从本项目内扣除。

③ 借款收到的现金项目。反映企业举借各种短期、长期借款所收到的现金。

④ 收到的其他与筹资活动有关的现金项目。反映企业除了上述各项以外，收到的其他与筹资活动有关的现金流入、接受现金捐赠等。

⑤ 偿还债务所支付的现金项目。反映企业以现金偿还债务的本金，包括偿还金融企业借款本金、偿还债券本金等。企业偿还的借款利息、债券利息，在"偿付利息所支付的现金"项目反映，不在本项目反映。

⑥ 发生筹资费用所支付的现金项目。反映企业为发行股票、债券或向金融企业借款等筹资活动发生的各种费用，如咨询费、公证费、印刷费等。这里所说的现金支出是指资金到达企业之前发生的前期费用，不包括利息支出和股利支出。委托其他单位发行股票或债券，由委托单位直接从发行收入中抵扣的各项发行费用，不包括在本项目内。

⑦ 分配股利或利润所支付的现金项目。反映企业实际支付的现金股利，以及支付给其他投资单位的利润。

⑧ 偿付利息所支付的现金项目。反映企业用现金支付的借款利息、债券利息等。

⑨ 融资租赁所支付的现金项目。反映融资租赁租入固定资产所支付的现金。

⑩ 减少注册资本所支付的现金。反映企业因减少注册资本所支付的现金。

⑪ 支付的与筹资活动有关的其他现金项目。反映企业除了上述各项以外，支付的其他与筹资活动有关的现金流出。

(4) 汇率变动对现金的影响额项目 汇率变动对现金的影响，指企业外币现金流量及境外子公司的现金流量折算成记账本位币时，所采用的是现金流量发生日的汇率或平均汇率，而现金流量表最后一行“现金及现金等价物净增加额”中外币现金净增加额是按期末汇率折算的。这两者的差额即为汇率变动对现金的影响。

(5) 关于购买和处置子公司及其他营业单位 购买和处置子公司及其他营业单位属于投资活动，其产生的现金流量，应在现金流量表的投资活动类别中“权益性投资所支付的现金”或“权益性投资所收到的现金”项目下反映。整体购买一个单位，其结算方式是多样的，如购买方全部以现金支付或一部分以现金支付而另一部分以实物清偿。同时，企业购买子公司及其他营业单位是整体交易，子公司和其他营业单位除有固定资产和存货外，还可能持有现金和现金等价物。这样，整体购买子公司或其他营业单位的现金流量，就应以购买出价中以现金支付的部分减去子公司或其他营业单位持有的现金和现金等价物后的金额反映。

现金流量表准则要求在现金流量表附注中以总额披露当期购买和处置子公司及其他营业单位的下列内容：购买（或处置）价格；购买（或处置）价格中以现金清偿的部分；购买（或处置）子公司及其他营业单位所取得的现金；购买（或处置）子公司及其他营业单位按主要类别分类的非现金资产和负债。

(6) 关于现金流量以总额或净额反映 现金流量一般应当以总额反映，从而全面揭示企业现金流量的方向、规模和结构。但是，对于那些代客户收取或支付的现金以及周转快、金额大、期限短的项目的现金收入和现金支出应当以净额列示。这些项目包括银行发放的短期贷款和吸收的活期储蓄存款等。还有代客户收取或支付的款项等，如证券公司代收的客户证券买卖交割费、印花税等；旅游公司代游客支付的房费、餐费、交通费、文娱费、行李托运费、门票费、票务费、签证费等费用。金融企业由于其存贷款业务的数额巨大，比较频繁，因而其有关项目应以净额列示。

(7) 特殊项目 特殊项目是指那些特殊的、不经常发生的项目。如自然灾害损失、保险赔款等。特殊项目的现金流量应根据其性质，分别归并到经营活动、投资活动或筹资活动的现金流量项目中反映。

(8) 不涉及现金收支的投资和筹资活动 一定期间内影响资产或负债但不形成该期现金收支的所有投资和筹资活动的信息。这些投资和筹资活动虽然不涉及现金收支，但对以后各期的现金流量有重大影响。如融资租赁设备，记入“长期应付款”账户，当期并不支付设备款及租金，但以后各期必须为此支付现金，从而在一定期间内形成了一项固定的现金支出。

不涉及现金收支的投资和筹资活动的业务主要有：以固定资产偿还债务、以对外投资偿还债务、以固定资产进行长期投资、以存货偿还债务、融资租赁固定资产、接受捐赠非现金资产等。

(9) 将净利润调节为经营活动的现金流量 在补充资料中，通过债权债务变动、存货变动、应计及递延项目、投资和筹资现金流量相关的收益或费用项目，将净利润调节到经营活动的现金流量。在净利润基础上进行调整的主要项目包括：计提的坏账准备或转销的坏账；固定资产折旧；无形资产摊销；处置固定资产、无形资产和其他长期资产的损益；固定资产报废损失；财务费用；投资损益；递延税款；存货；经营性应收项目；经营性应付项目等。

(10) 现金流量净增加额 在补充资料中“现金及现金等价物净增加额”，是通过对现金、银行存款、其他货币资金账户以及现金等价物的期末余额与期初余额比较得来的。“现金、银行存款、其他货币资金”等项，应是指符合准则“现金”定义的现金、银行存款、其他货币资金，不能随时用于支付的存款，应当作为投资处理。补充资料中的“现金及现金等价物净增加额”与现金流量表中最后一项“五、现金及现金等价物净增加额”存在勾稽关系，即金额相等。

2. 现金流量表的编制方法

现金流量表的编制方法有工作底稿法和T形账户法。

采用工作底稿法编制现金流量表，就是以工作底稿为手段，以利润表和资产负债表数据为基础，对每一项目进行分析并编制调整分录，从而编制出现金流量表。

在直接法下，整个工作底稿纵向分成三段，第一段是资产负债表项目，其中又分为借方项目和贷方项目两部分；第二段是利润表项目；第三段是现金流量表项目。工作底稿横向分为五栏，在资产负债表部分，第一栏是项目栏，填列资产负债表各项目名称；第二栏是期初数，用来填列资产负债表项目的期初数；第三栏是调整分录的借方；第四栏是调整分录的贷方；第五栏是期末数，用来填列资产负债表项目的期末数。在利润表和现金流量表部分，第一栏也是项目栏，用来填列利润表和现金流量表项目名称；第二栏空置不填；第三、第四栏分别是调整分录的借方和贷方；第五栏是本期数。利润表部分这一栏数字应和本期利润表数字核对相符，现金流量表部分这一栏的数字可直接用来编制正式的现金流量表。

采用工作底稿法编制现金流量表的程序如下。

第一步，将资产负债表的期初数和期末数过入工作底稿的期初数栏和期末数栏。

第二步，对当期业务进行分析并编制调整分录。调整分录大体有这样几类：第一类涉及利润表中的收入、成本和费用项目以及资产负债表中的资产、负债及所有者权益项目，通过调整，将权责发生制下的收入费用转换为现金基础；第二类是涉及资产负债表和现金流量表中的投资、筹资项目，反映投资和筹资活动的现金流量；第三类是涉及利润表和现金流量表中的投资和筹资项目，目的是将利润表中有关投资和筹资方面的收入和费用列入现金流量表投资、筹资现金流量中去。此外，还有一些调整分录并不涉及现金收支，只是为了核对资产负债表项目的期末期初变动。

在调整分录中，有关现金和现金等价物的事项，并不直接借记或贷记现金，而是分别记入“经营活动产生的现金流量”“投资活动产生的现金流量”“筹资活动产生的现金流量”有关项目，借记表明现金流入，贷记表明现金流出。

第三步，将调整分录过入工作底稿中的相应部分。

第四步，核对调整分录，借贷合计应当相等，资产负债表项目期初数加减调整分录中的借贷金额以后，应当等于期末数。

第五步，根据工作底稿中的现金流量表项目部分编制正式的现金流量表。

采用T形账户法，就是以T形账户为手段，以利润表和资产负债表数据为基础，对每一项目进行分析并编制调整分录，从而编制出现金流量表。采用T形账户法编制现金流量表的程序如下。

第一步，为所有的非现金项目（包括资产负债表项目和利润表项目）分别开设T形账户，并将各自的期末期初变动数过入各该账户。

第二步，开设一个大的“现金及现金等价物”T形账户，每边分为经营活动、投资活动和筹资活动三个部分，左边记现金流入，右边记现金流出。与其他账户一样，过入期末期初变动数。

第三步，以利润表项目为基础，结合资产负债表分析每一个非现金项目的增减变动，并据此编制调整分录。

第四步，将调整分录过入各T形账户，并进行核对，该账户借贷相抵后的余额与原先过入的期末期初变动数应当一致。

第五步，根据大的“现金及现金等价物”T形账户编制正式的现金流量表。

（六）内部会计报表的设计

随着我国社会主义市场经济体制的建立，基层企业已成为一个相对独立的经济实体，成为自主经营、自负盈亏的社会主义商品生产者和经营者，企业必须加强管理，从生产型向生产经营型转化，提高企业的竞争能力。这就要求企业广泛搜集信息资料，并充分利用企业内部的会计信息，提高企业管理水平。

外部会计报表，主要是从满足外部会计信息使用者需要来进行设计的，统一会计报表不能满足微观管理需要。首先，对于企业的再生产经济活动过程，包括企业再生产的各个环节和企业各种形态的资金，统一会计报表只能作概括的、综合的全面反映，不可能列明所有详细指标，更不可能专题进行详细、深入的分析；其次，企业的具体情况千差万别，不同企业出现的问题不同，即使同一企业，在不同期间出现的问题也不一定相同，因此统一会计报表不能反映某一单位的特有情况，不能作为诊断、反馈和决策的依据；再次，统一会计报表反映企业会计对象的全面情况，必须在每一会计期间（月、季、年）终了、账务处理完毕、全部账户结平后才能编报，因而无法及时反馈有关信息；还有，统一会计报表只能反映事后的有关财务状况及经营成果，不能用于事先规划与对经营活动进行控制；最后，统一会计报表不能用于考核分析企业内部有关部门及个人工作业绩，不利于明确经济责任及进行必要的奖惩。

为解决统一对外会计报表存在的问题，必须适当增加内部会计报表，使内部会计报表和统一会计报表形成一个有机的会计信息体系。内部会计报表的种类多种多样，格式没有统一规定，编报时间也不确定。内部会计报表通常无需单独进行设计，一般是结合有关具体分项业务处理设计进行的。如结合货币资金核算可以进行现金、银行存款收支日报表（见表5-7）设计，结合销售核算可以进行销售日报表（见表5-8）设计，结合成本计划编制可以进行有关成本表（见表5-9～表5-12）设计，结合成本核算及业绩考核可以进行车间制造费月考核表（见表5-13）设计。

表5-7　现金、银行存款收支日报表

现金、银行存款收支日报表

年　　月　　日

项　　目	库存现金	银行存款
一、昨日结存		
二、本日收入合计		
其中：销售收入		
应收款收入		
银行借款		

续表

项　　目	库存现金	银行存款
其他收入		
三、本日付出合计		
其中：购货支出		
归还应付款		
归还银行借款		
上交税金		
支付工资		
暂付款项		
其他支出		
四、本日结存		

会计主管：　　　　会计：　　　　出纳：

表 5-8　销售日报表

销售日报表

年　　月　　日

商品名称	计量单位	数量	本日发出商品（按售价计）	发出商品收入	其他销售收入	发出商品累计	销售收入累计	余额

会计主管：　　　　审核：　　　　制表：

表 5-9　车间产品成本计划

车间　　产品成本计划

年　　月　　日

成本项目	单位成本						本期费用		完工成本	
	上年预计	本年计划			降低额	降低率%	投入约当量	金额	完工产量	金额
		消耗定额	计划单价	金额						
原材料										
A										
燃动										
焦炭										
电										
生产工人工资										
制造费用										
合计										

表 5-10　全厂单位成本计划表

全厂单位成本计划表

产品：　　　　　　　　　　　　　　年　　月　　日

成本项目	上年预计	本年计划			降低额	降低率%
		一车间	二车间	合计		
原材料						
燃料动力						
生产工人工资						
制造费用						
合计						

表 5-11　商品产品成本计划（产品别）

商品产品成本计划（产品别）

年　　月　　日

产品名称	计量单位	计划产量	单位成本		总成本			
			上年预计	本年计划	上年预计	本年计划	降低额	降低率%
一、可比产品								
甲								
乙								
二、不可比产品								
丙								
合计								

表 5-12　商品产品成本计划（项目别）

商品产品成本计划（项目别）

年　　月　　日

成本项目	可比产品总成本				不可比产品总成本	全部产品总成本
	上年预计	本年计划	降低额	降低率%		
原材料						
燃动						
生产工人工资						
制造费用						
合计						

表 5-13　车间制造费用考核表

车间制造费用考核表

费用项目	计划数	实际数	差异
工资			
办公费			
劳保费			
消耗材料			
折旧费			
修理费			
水电费			
低值易耗品			
其他			
合计			

第六章　货币资金业务内部会计制度设计

一、货币资金业务内部会计制度设计概述

（一）货币资金业务的内容及其特点

货币资金是指企业在生产经营过程中停留在货币形态的那部分资金，包括现金、银行存款和其他货币资金三部分内容。货币资金业务的特点主要有三个方面。

1. 流动性强

由于货币资金是企业进行生产经营必不可少的物质条件，又是流动性最强的一项资产，容易导致非法挪用、侵吞的犯罪行为，因此，无论是投资者、债权人，还是企业管理当局都非常关心、重视货币资金的管理。

2. 与其他业务的联系广泛

企业的一切生产经营业务都与货币资金相联系，都可以通过货币资金表现出来。抓住了货币资金的管理，同时也就抓住了生产经营业务管理的主要方面。

3. 国家宏观管理要求严格

为加强货币资金的宏观管理，国务院颁布有《现金管理暂行条例》，中国人民银行发布有《银行账户管理办法》和《支付结算办法》等相关规定。

（二）货币资金业务可能发生的风险及应对控制措施

货币资金业务会计制度设计应当根据设计目标，即内部控制的目标明确、具体列示至少应当关注的货币资金业务风险，并针对风险提出相适应的应对控制措施，以建立相应货币资金业务流程及货币资金业务会计制度设计。货币资金业务可能发生的风险及应对控制措施主要包括以下内容。

① 收款不入账，设置设账外账（小金库）。针对该项风险，货币资金业务内部会计制度

应当加强银行账户管理、发票（收据）管理、收款控制、货币资金清查。

② 资金挪用（改变用途）、侵占（占为己有）、抽逃（套取）、受骗。针对该项风险，货币资金业务内部会计制度应当加强银行账户管理、结算票据管理、付款控制、货币资金清查。

③ 资金收付不及时（临时占用、拖延支付）。针对该项风险，货币资金业务内部会计制度应当加强现金预算管理，收款、付款控制，结算票据管理。

④ 资金冗余或不足（现金流时间、数额不匹配）。针对该项风险，货币资金业务内部会计制度应当加强现金预算管理，收款、付款控制，货币资金清查。

⑤ 现金丢失，账实不符。针对该项风险，货币资金业务内部会计制度应当加强银行账户管理，发票（收据）管理，收款、付款控制，结算票据管理，货币资金保管，货币资金清查。

⑥ 未能真实、合法、准确、完整反映销货币资金业务，货币资金业务（收入，支出）确认、计量、记录不正确，证证、证账、账账不符。针对该项风险，货币资金业务内部会计制度应当加强会计核算控制。

（三）货币资金业务内部会计制度具体设计基本要求

基本要求见表 6-1。

表 6-1　货币资金业务内部会计制度具体设计基本要求

一	建立业务处理流程	建立符合本企业需要的业务处理流程，确定本企业关键内部控制点。 货币资金基本业务流程一般包括：银行账户管理、编制现金预算、发票（收据）管理、★收款、结算票据管理、★付款、★货币资金保管、★货币资金清查、★会计系统控制（★为关键控制点，也是小企业控制点和评价考核点）
1	按规定实施银行账户管理	按国家有关规定开立、使用、变更与撤销账户，并按规定的权限和程序进行审批；不得随意开立多个账户，禁止企业内设管理部门自行开立银行账户。 定期检查、清理银行账户的开立及使用情况，对发现问题，及时查明原因，分清责任，作出处理，并按规定的权限和程序进行审批
2	建立预算控制措施	根据有关业务预算，结合企业实际情况，编制现金预算（财务收支计划），现金预算应当与全面预算相互协调，并按规定的权限和程序进行审核、批准。 预算指标应当分解落实、明确责任，对预算的执行实行授权批准控制（此项授权批准实施在后面评价）。 定期对现金预算执行情况进行考核、分析，对出现的差异应当分析原因、明确责任、提出措施，执行预算发生重大差异确需调整预算的，应当按规定的权限和程序进行审批
3	建立付款管理措施	建立货币资金（付款）管理制度，明确负责付款的有关部门及岗位，办理支付申请、支付审批、支付复核、支付结算付款等手续的具体措施。 业务经办人员应当按规定办理付款申请，填制取得有关原始凭证（请款单、报销单、发票、运费结算单等）。 有关部门及人员应当按规定的权限和程序进行审批。 会计人员应当严格审核支付申请、发票、预算、合同、检验报告、验收证明等原始凭证的真实性、合法性、完整性、准确性，发现问题，应当查明原因，分清责任，作出如拒绝付款等处理，并按规定的权限和程序进行审批。 出纳人员应当根据国家有关支付结算的相关规定和企业的实际，选择恰当的结算方式，根据审批后的原始凭证办理支付结算，填制取得有关原始凭证（结算凭证）。 按照国家有关规定，结合本企业的实际情况，确定本企业的现金开支范围和现金支付限额。 应当严格按照国家有关规定取得、开具、背书转让票据（支票等）。 严格遵守银行结算纪律，不得签发没有资金保证的票据或远期支票，套取银行信用；不得签发、转让没有真实交易和债权债务的票据；不得无理拒绝付款，任意占用他人资金。 应当妥善保存空白票据，作废票据，票据存根。企业因填写、开具失误或者其他原因导致作废的法定票据，应当按规定予以保存，不得随意处置或销毁。 应当对票据（支票等）取得、领用、开具、回收、保管进行登记。 实行网上交易、电子支付等方式办理货币资金支付业务的，应当与承办银行签订网上银行操作协议。操作人员应当根据操作授权和密码进行规范操作。严格实行授权批准制度、不相容岗位相互分离制度，配备专人加强对交易和支付行为的审核

续表

4	建立发票管理措施	建立发票管理制度,明确授权负责开具发票的部门及岗位、发票(收据)取得、使用、保管、登记等具体措施。 应当明确授权财会部门或有关部门及岗位开具发票(收据)。开具发票人员应当与业务经办人员相互分离。 应当严格按照国家有关规定取得、开具销售发票(收据)。除即时结清方式外,应当对有关原始凭证进行审核,审核无误后方可开具发票,严禁开具虚假发票或开具非正式收据。 应当妥善保存空白发票(收据),作废发票(收据),发票(收据)存根。 应当对发票(收据)取得、领取、开具、回收、保管进行登记
5	建立收款管理措施 并且得以有效实施	建立货币资金(收款)管理制度,明确不同收款业务的结算方式,现金库存限额等具体措施。 按照国家有关规定,选择恰当的结算方式,办理收款结算业务,填制取得有关结算凭证。 收取的现金、银行存款等应当通过核定的账户,及时缴存银行和登记人账,不得账外设账,严禁收款不人账,不得坐支现金,不得超限额保留库存现金。 应当防止由销售人员直接收取款项,如必须由销售人员收取的,应由财会部门加强监控
6	建立货币资金保管管理措施	建立货币资金(保管)管理制度,明确货币资金保管人员,日记账设置、登记,现金盘点等措施。确保现金账面余额与实际库存现金相符。 应当指定专人负责货币资金收入、支出、保管,严禁未经授权的机构或人员办理货币资金收入、支出、保管业务或直接接触货币资金。 应当建立和及时登记货币资金日记账,做到日清日结。 出纳人员每日进行现金盘点,发现不符,应当查明原因,作出处理,并按规定的权限和程序进行审批
7	按规定进行会计核算	按规定审核原始凭证,保证原始凭证真实、合法、准确、完整。 按国家统一的会计准则规定确认、计量、记录货币收支,按规定填制、审核记账凭证,按规定登记有关明细分类账、总分类账,保证会计科目、记账方向、数量金额正确。 应当进行原始凭证与记账凭证、记账凭证与会计账簿、会计账簿与有关部门实物账、总账与明细账日记账核对,保证证证、证账、账账相符(记账凭证、会计账簿其他评价,在前面评价处计分)
二	建立适合本企业的授权批准控制措施	应当建立严格的货币资金分级、分类授权批准制度,明确审批人员授权批准流程、范围、权限、方式、责任。 审批人应当根据授权批准制度的规定,在授权范围内进行审批,不得超越审批权限。 重要货币资金支付业务,应当实行集体决策和审批或联签。 经办人应当在职责范围内,按照审批人的批准意见办理货币资金业务。对于审批人超越授权范围审批的货币资金业务,经办人员有权拒绝办理,并及时向审批人的上级授权部门报告。 授权批准内容一般包括:银行账户开立变更撤销、专人(出纳)负责货币资金收付业务、现金预算(财务收支计划)、货币支付、长短款处理
三	设置有关机构和岗位 分离不相容岗位和职务	明确有关机构和岗位设置、岗位分工。有关机构和岗位一般包括:各项业务经办、出纳、复核(稽核)、会计记录、货币资金清查。 在贯彻不相容职务分离的前提下,可以一人一岗、一人多岗、多岗一人。 对办理货币资金收付款业务的人员定期进行岗位轮换。 按照国家有关规定,明确印章特别是银行预留印鉴的启用、保管使用、封存管理措施。 明确规定职责权限(岗位责任制)。 分离不相容岗位和职务。货币资金不相容职务一般包括以下几种。 ①以上各项审批与经办。 ②各项业务经办与款项收付(出纳)。 ③款项收付、记账、保管(出纳)与货币资金清查(银行对账)。 ④空白结算票据保管、开具与印鉴保管使用。 ⑤销售业务经办与发票开具、管理。 ⑥印鉴保管使用。不得由一个人保管支付款项所需的全部印章。财务专用章应当由专人保管使用,个人名章应当由本人或其授权人员保管,财务专用章要与企业法人章分管。 ⑦出纳人员不得兼任稽核、会计档案保管和收入、支出、费用、债权债务账目的登记工作

续表

四	建立健全原始记录管理措施	建立完整的货币资金业务处理记录制度，按照业务处理流程各个环节设置相关的记录填制相应的凭证，明确各种原始凭证填制、审核、审批、传递、保管过程。 原始记录种类齐全。原始记录主要包括：现金预算、发票、收据、发票登记簿、各种结算票据、结算票据登记簿、支付申请（请款单）、现金盘点表、现金清查表、银行对账单、银行存款余额调节表等文件和凭证。 各种原始凭证格式规范、内容完整，保证满足有关部门的管理需要。 各种原始凭证填制、审核、传递有序，保证有效地进行信息沟通。 各种原始凭证保管责任明确，及时归档，保证安全（原始凭证其他评价，在前面评价处计分）

二、货币资金业务内部会计制度具体设计

（一）货币资金业务流程设计

1. 货币资金基本业务流程及内部控制要点（内部控制基本要求）

货币资金业务内部会计制度应当建立符合本企业需要的业务处理流程，确定本企业关键内部控制点。

货币资金基本业务流程一般包括：银行账户管理、编制现金预算、发票（收据）管理、收款、结算票据管理、付款、货币资金保管、货币资金清查、会计核算控制。其中关键控制点包括收款、付款、货币资金保管、货币资金清查、会计核算控制。关键控制点是企业货币资金业务的基本控制环节和评价考核点。

（1）按规定实施银行账户管理

① 经办人员填制开户（变更、撤销）申请书。

经办人员按国家有关规定开立、使用、变更、撤销账户，并按规定的权限和程序进行审批；不得随意开立多个账户，禁止企业内设管理部门自行开立银行账户。

定期检查、清理银行账户的开立及使用情况，对发现问题，及时查明原因，分清责任，作出处理，并按规定的权限和程序进行审批。

② 出纳人员填写结算票据领用单并签章，购买结算票据。

存款人（通常为出纳人员）领购结算票据，必须填写票据和结算凭证领用单并签章，填写票据和结算凭证领用单并签章，签章应与预留银行的签章相符。存款账户结清时，必须将全部剩余空白商业汇票交回银行注销。

（2）建立预算控制措施 预算管理人员编制现金预算。

预算管理人员应当根据有关业务预算，结合企业实际情况，编制现金预算（财务收支计划）。

现金预算应当与全面预算相互协调；现金预算与全面预算应当按规定的权限和程序进行审核、批准；预算指标应当分解落实、明确责任，对预算的执行实行授权批准控制；执行预算发生重大差异确需调整预算的，应当按规定的权限和程序进行审批。

（3）建立付款管理措施

① 业务经办人员办理付款申请。

业务经办人员应当按规定办理付款申请，填制请款单（申请付款单或借据）。

业务经办人员应当按规定也可以取得有关原始凭证，如报销单、发票、运费结算单等办理付款申请。

② 有关领导及人员审核批准付款申请。

有关领导及人员应当按规定的权限和程序进行审核批准；会计人员应当严格审核支付申请、发票、预算、合同、检验报告、验收证明等原始凭证的真实性、合法性、完整性、准确性，发现问题，应当查明原因，分清责任，作出如拒绝付款等处理，并按规定的权限和程序进行审批。

通常企业应当建立付款审批权限一览表，如表 6-2 所示。

表 6-2 公司各类单项资金管理审批权限一览表

工作事项		有关部门	财务会计部	相关系统总监	财务总监	总经理	董事长
固定资产购置	5 万元以下		审核①	审核②	核准④	审批③	
	5 万元以上		审核①	审核②	核准④		审批③
货款支付	50 万元以下	审核①	审核②	审批③	核准④		
	50 万～200 万元以下	审核①	审核②	审核③	核准⑤	审批④	
	200 万元以上	审核①	审核②	审核③	核准⑥	审批④	审批⑤
行政费	1000 元以下	审批①	审核②				
	1000～2000 元以下	审核①	审核②	审批③			
	2000 元以上	审核①	审核②	审核③	核准⑤	审批④	
业务招待费	400 元以下	审核①	审核②	审批③	核准④		
	400 元以上	审核①	审核②	审核③	核准⑤	审批④	
差旅费	3000 元以下	审核①	审核②	审批③	核准④		
	3000～1 万元以下	审核①	审核②	审核③	核准⑤	审批④	
	1 万元以上	审核①	审核②	审核③	核准⑥	审批④	审批⑤
广告费用	5000 元以下	审批①	审核②		核准③		
	5000～1 万元以下	审核①	审核②	审批③	核准④		
	1 万元以上	审核①	审核②	审核③	核准⑤	审批④	

注：① 上表所指“……以下”均含本数。

② 以上单项资金使用系指预算内开支。单项资金预算外开支的审核与核准按相应规定办理，审批则以超支部分占预算内金额的百分比为基础，20%（含）以内的由总经理批准，20%以上的由董事长批准。

③ 审批权限分以下三类。

审核指管理部门及主管领导对该项开支的合理性提出初步意见。

审批指有关领导经参考“审核”的意见后进行批准。

核准指各级财务负责人根据财务管理制度对已审批的支付款项从单据和数量上加以核准并备案。

④ 审批顺序为先下级，后上级；先定性审批，后集中标准；先经业务线、行政线有关部门，后报财务线（按表中所标号的顺序即可）。若遇有关人员出差在外，可由其授权人代核、代批，但事后必须请有关人员追认。

③ 出纳人员支付款项。

企业应当明确负责付款的有关部门及岗位；出纳人员根据审核批准付款申请办理付款结算，支付现金或填制付款结算票据。

出纳人员应当根据国家有关支付结算的相关规定和企业的实际，选择恰当的结算方式，根据审批后的原始凭证办理支付结算，填制取得有关原始凭证（结算凭证）。

严格按顺序号签发有关票据，作废票据应妥善保管不得销毁。

款项付讫后，出纳必须及时在付款凭证上加盖“现金付讫”或“银行付讫”图章，以防止重付或漏付。

应当严格按照国家有关规定取得、开具、背书转让结算票据（支票等）。

严格遵守银行结算纪律，不得签发没有资金保证的空头支票、空白支票、远期支票，套取银行信用；不得出借支票，也不得将支票交收款人代签；不得签发、转让没有真实交易和债权债务的票据；不得无理拒绝付款，任意占用他人资金。

按照国家有关规定，结合本企业的实际情况，确定本企业的现金开支范围和现金支付限额。

实行网上交易、电子支付等方式办理货币资金支付业务的，应当与承办银行签订网上银行操作协议。操作人员应当根据操作授权和密码进行规范操作。严格实行授权批准制度、不相容岗位相互分离制度，配备专人加强对交易和支付行为的审核。

④ 出纳人员结算票据登记。

建立结算票据管理制度，明确发票（收据）取得、使用、保管登记等具体措施，应当对结算票据（支票等）取得、领用、开具、回收、保管进行登记。

应当妥善保存空白票据，作废票据，票据存根。企业因填写、开具失误或者其他原因导致作废的法定票据，应当按规定予以保存，不得随意处置或销毁。

⑤ 会计人员编制付款凭证。

会计人员根据根据审核批准付款申请和结算票据有关原始凭证填制付款凭证，填制的该记账凭证和有关原始凭证进入账务处理流程后返回，进行日记账登记。

以上付款业务流程既适用于对外支付的货款、费用，也同样适用于对内支付的工资、奖金和职工报销费用等。

（4）建立发票管理措施

① 经办人员办理发票领购簿。

企业领取税务登记证件后，应当持税务登记证件、经办人身份证明、按照国务院税务主管部门规定式样制作的发票专用章的印模，向主管税务机关办理发票领购手续。

主管国税机关在对用票单位和个人的领购发票申请及有关证件审核后，根据领购单位和个人的经营范围和规模，确认领购发票的种类、数量以及领购方式，发给企业发票领购簿。

② 经办人员领购发票（收据）。

用票企业凭发票领购簿上核准的发票种类、数量以及购票方式，向主管国税机关领购发票。单位和个人领购发票时，应当按照税务机关的规定报告发票使用情况，税务机关应当按照规定进行查验。

③ 经办人员发票（收据）登记。

建立发票管理制度，明确授权负责开具发票的部门及岗位、发票（收据）取得、使用、保管登记等具体措施，应当对发票（收据）取得、领取、开具、回收、保管进行登记。

④ 开具发票人员开具发票（收据）。

应当明确授权财会部门或有关部门及岗位开具发票（收据），开具发票人员应当与业务经办人员相互分离。

应当严格按照国家有关规定取得、开具销售发票（收据）。除即时结清方式外，应当对有关原始凭证进行审核，审核无误后方可开具发票，严禁开具虚假发票或开具非正式收据。

所有收款收据和发票都必须连续编号，应当妥善保存空白发票（收据）、作废发票（收据）、发票（收据）存根。

(5) 建立收款管理措施

① 业务（收款）人员收取款项。

业务（收款）人员应当按照国家有关规定，明确不同收款业务的结算方式，选择恰当的结算方式，办理收款结算业务，取得有关结算票据（如支票）或收取的现金。

应当防止由销售人员直接收取款项，如必须由销售人员收取的，应由财会部门加强监控。

应当建立现金、支票、汇票等货币资金收入的防伪检验制度。

② 业务（收款）人员编制收款日报表。

业务（收款）人员编制收款日报表通常为一式两联。

③ 出纳人员核对收款。

出纳人员收款，并收收据或发票的收款联及收款日报表，出纳人员将收取的款项收款与收据或发票的收款联及收款日报表进行核对，将收款日报表留存一联并返给业务（收款）人员一联。

④ 出纳人员存款。

出纳人员根据收取的款项（结算票据或现金）填制存款单（进账单），将款项存入开户银行，开户银行返回一联存款单。

收取的现金、银行存款等应当通过规定的账户及时缴存银行和登记入账；不得账外设账，严禁收款不入账；不得坐支现金；企业应当建立现金库存限额措施，不得超限额保留库存现金。

以上是企业收款业务的基本留存，具体企业可以演变不同具体业务流程，如零售企业家乐福是收款人员先收取款项，如果需要开具发票的话，后由开具发票人员开具发票；如零售药店、书店也有不同的具体业务流程等。

⑤ 会计人员编制记账收款凭证。

会计人员根据收据或发票的收款联、收款日报表、存款单有关原始凭证填制收款凭证，填制的该记账凭证和有关原始凭证进入账务处理业务流程后返回，进行日记账登记。

(6) 建立货币资金保管、清查、核算管理措施

① 出纳人员登记日记账。

应当指定专人负责货币资金收入、支出、保管，严禁未经授权的机构或人员办理货币资金收入、支出、保管业务或直接接触货币资金。

应当建立货币资金日记账，出纳人员应当根据账务处理业务流程的经过审核的收款凭证、付款凭证，及时登记现金、银行存款货币资金日记账，做到日清日结。

② 预算管理人员现金预算分析

预算管理人员应当定期对现金预算执行情况进行考核分析，编制现金预算执行分析报告，对出现的差异应当分析原因、明确责任、提出措施。

③ 出纳人员或稽核人员现金清查。

企业应当建立现金清查管理制度，明确清查的组织、范围、时间、方法、处理等措施。

出纳人员每日应当进行现金盘点编制现金盘点表。

企业应当指派出纳人员以外的其他人员定期和不定期地进行现金清查编制现金清查表。

应当对库存现金实行实地盘点，将盘点结果与现金日记账余额相核对，查明库存现金是否账实相符。

现金清查还应审核现金收付凭证和有关账簿等资料，检查现金收付业务的合理、合法性，账簿资料是否完整、齐全，有无遗漏、多计、计算错误等情况；检查库存现金限额的遵守情况；有无“白条”顶库、挪用情况，并在清查盘点报告的“备注”栏说明。清查结束后无论是否发现问题，都应将清查盘点结果填列在“库存现金清查盘点报告”上，并由清查人员和现金出纳签字盖章，以确保其效力。

现金清查发现不符，应当查明原因，分清责任，并将短款或长款记入“其他应收款”或“其他应付款”账户。查明原因后，应分别情况处理，提出处理建议：属于记账差错的应及时予以更正；对无法查明原因的长款记入营业外收入；无法查明原因或由出纳人员失职造成的短款应由出纳人员赔偿。

④ 出纳人员或稽核人员银行存款对账。

企业应当指定专人定期核对银行账户，每月至少核对一次，编制银行存款余额调节表，并指派对账人员以外的其他人员进行审核，确定银行存款账面余额与银行对账单余额是否调节相符。

通常出纳人员不得同时从事银行对账单的获取、银行存款余额调节表的编制等工作。如果规定出纳人员核对银行账户，则应当指定专人定期不定期监督检查银行存款对账工作，实现不相容职务分离控制。

如调节后不符，应当填制有关原始凭证，并查明原因，分清责任，提出处理建议，确保调节后银行存款账面余额与银行对账单余额相符。

⑤ 有关领导及人员审核批准现金盈亏处理。

对于现金清查发现的盘盈盘亏，在查明原因、分清责任基础上，按规定的权限和程序进行审核批准处理。

⑥ 会计人员填制记账凭证。

对于按规定的权限和程序进行审核批准处理的现金盈亏处理，会计人员应当填制相应的记账凭证。填制的该记账凭证和有关原始凭证进入账务处理业务流程后返回，进行日记账登记。

2. 货币资金基本业务流程

货币资金基本业务流程见表 6-3～表 6-5。

（二）货币资金业务基本业务流程的授权批准控制制度

应当建立严格的货币资金分级、分类授权批准制度，明确审批人员授权批准流程、范围、权限、方式、责任。

审批人应当根据授权批准制度的规定，在授权范围内进行审批，不得超越审批权限。

表 6-3　货币资金基本业务流程图（一）——支付业务处理流程

序号	人员	业务
(1)	经办人员	填制开户变更撤销申请书
(2)	出纳人员	填写结算票据领用单
(3)	预算管理人员	编制现金预算
(4)	业务经办人员	办理付款申请
(5)	有关领导及人员	审核批准付款申请
(6)	出纳人员	支付款项
(7)	出纳人员	结算票据登记
(8)	会计人员	编制付款凭证

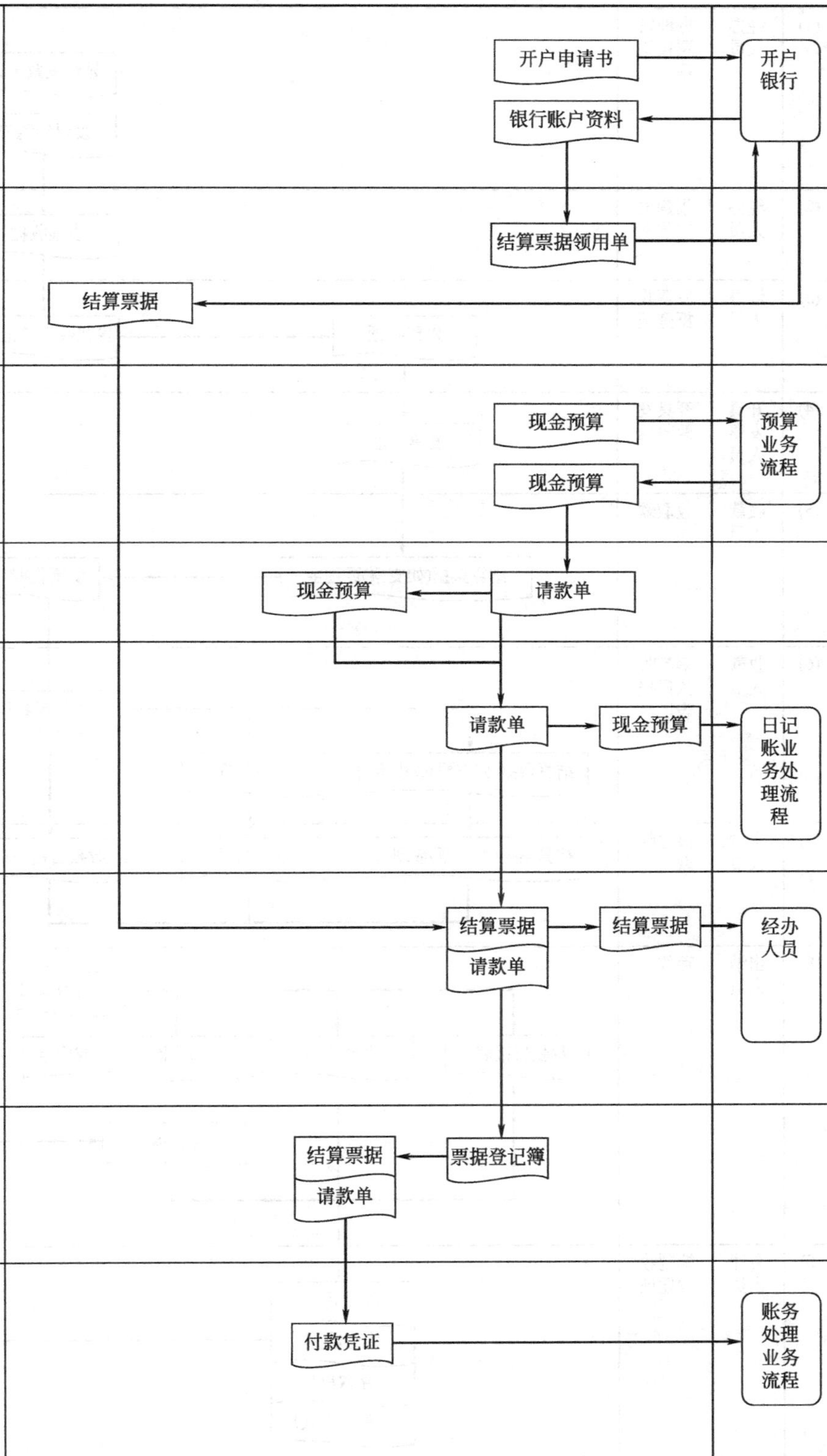

表 6-4　货币资金基本业务流程图（二）——收款业务处理流程

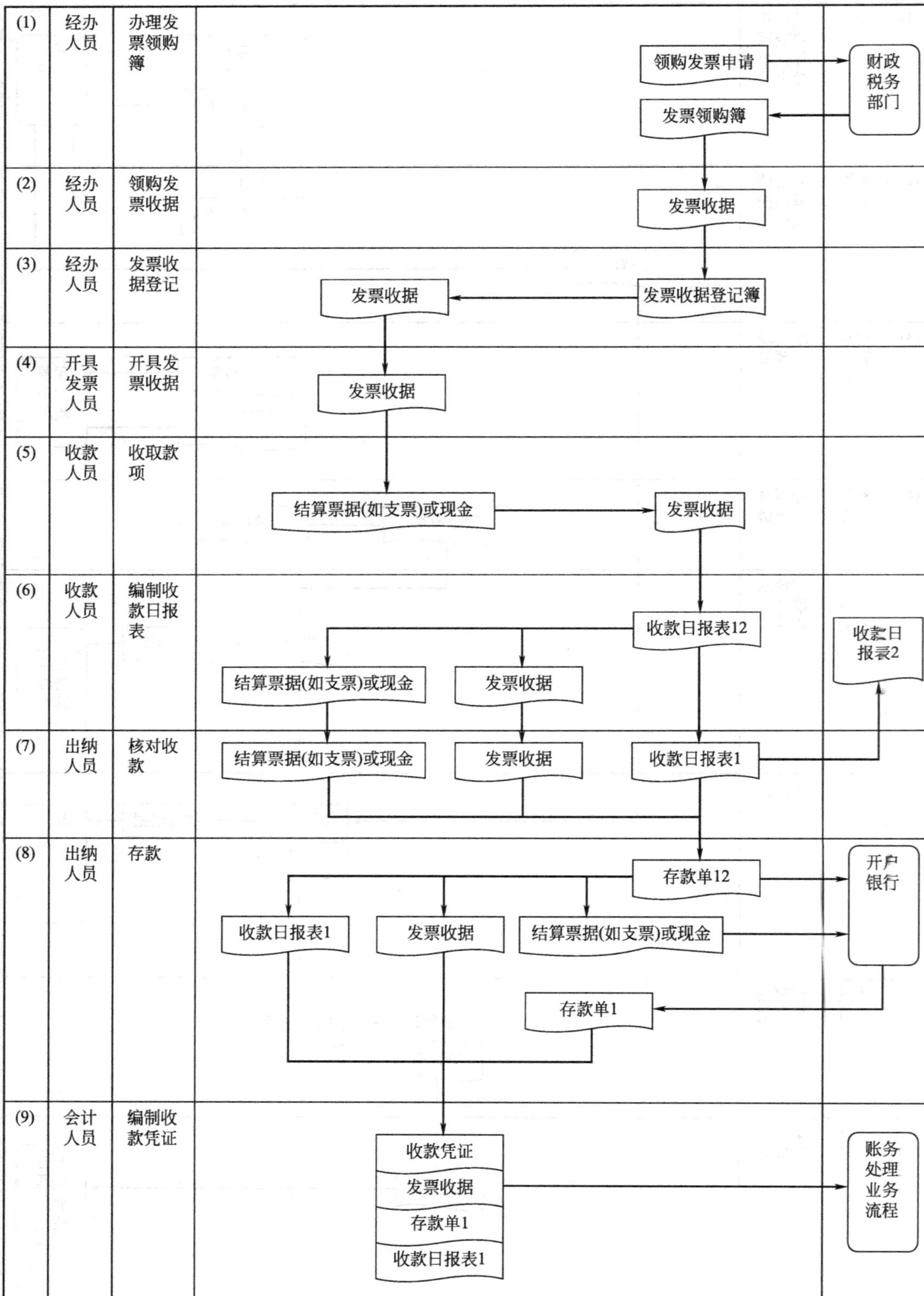

表 6-5 货币资金基本业务流程图（三）——日记账业务处理流程

项目				
			收款凭证、付款凭证	账务处理业务流程
(1)	出纳人员	登记日记账	货币资金日记账	
(2)	预算管理人员	现金预算分析	货币资金日记账、现金预算、现金预算执行分析报告	
(3)	出纳人员或稽核人员	现金清查	现金盘点表、货币资金日记账、现金盘盈盘亏报告表	
(4)	出纳人员或稽核人员	银行存款对账	货币资金日记账、未达清单、银行对账单、银行存款余额调节、原始凭证	
(5)	有关领导及人员	审核批准现金盈亏处理		
(6)	会计人员	填制记账凭证	收款或付款凭证 →	账务处理业务流程

重要货币资金支付业务，应当实行联签制度或集体决策审批。

经办人应当在职责范围内，按照审批人的批准意见办理货币资金业务。对于审批人超越授权范围审批的货币资金业务，经办人员有权拒绝办理，并及时向审批人的上级授权部门报告。

货币资金的收付及保管应由被授权批准的出纳人员负责，其他人员不得接触。严禁未经授权的机构或人员办理货币资金业务或直接接触货币资金。

授权批准内容一般包括：银行账户开立、变更、撤销，专人（出纳）负责货币资金收付业务，现金预算（财务收支计划）、货币资金支付、货币资金长短款处理。

（三）货币资金基本业务流程的不相容职务分离控制制度

应当明确有关机构和岗位设置、岗位分工。有关机构和岗位一般包括：各项业务经办、出纳、复核（稽核）、会计记录、货币资金清查。

在贯彻不相容职务分离的前提下，可以一人一岗、一人多岗、多岗一人。

对办理货币资金收付款业务的人员定期进行岗位轮换。

按照国家有关规定，明确规定印章特别是银行预留印鉴的启用、保管使用、封存管理措施。

应当明确规定职责权限（岗位责任制）。

分离不相容岗位和职务，货币资金不相容职务一般包括以下几种。

① 以上各项审批与经办。

② 各项业务经办与款项收付（出纳）。

③ 款项收付、记账、保管（出纳）与货币资金清查（现金清查、银行对账）。

④ 空白结算票据保管、开具与印鉴保管使用。

⑤ 销售业务经办与发票开具、管理。

⑥ 印鉴保管使用。不得由一个人保管支付款项所需的全部印章。财务专用章应当由专人保管使用，个人名章应当由本人或其授权人员保管，财务专用章要与企业法人章分管。

⑦ 出纳人员不得兼任稽核、会计档案保管和收入、支出、费用、债权债务账目的登记工作。

⑧ 编制记账凭证与填制、取得收付款原始凭证分离，出纳人员与总分类账的登记。

(四) 货币资金业务的表格设计

企业应当建立完整的货币资金业务处理记录制度，按照业务处理流程各个环节设置相关的记录、填制相应的凭证，明确各种原始凭证填制、审核、审批、传递、保管过程。

企业各种原始凭证应当格式规范、内容完整，保证满足有关部门的管理需要。

企业各种原始凭证应当填制、审核、传递有序，保证有效地进行信息沟通。

企业各种原始凭证应当保管责任明确，及时归档，保证安全。

企业原始记录应当种类齐全。货币资金业务原始记录主要包括：现金预算、发票、收据、发票登记簿、各种结算票据、结算票据登记簿、支付申请（请款单）、现金盘点表、现金清查表、银行对账单、银行存款余额调节表等文件和凭证。

1. 增值税专用发票

增值税专用发票见表 6-6。

2. 请款单

请款单见表 6-7。

3. 现金预算

现金预算见表 6-8。

4. 现金支票

现金支票见表 6-9。

5. 转账支票

转账支票见表 6-10。

表 6-6 增值税专用发票

省增值税专用发票　　　No00000000

发票联

校验码：　　　　　　　　　　开票日期：　　年　　月　　日

<table>
<tr><td rowspan="4">购货单位</td><td>名称</td><td colspan="13"></td><td rowspan="4">密码区</td><td colspan="9"></td></tr>
<tr><td>纳税人识别号</td><td colspan="13"></td><td colspan="9"></td></tr>
<tr><td>地址、电话</td><td colspan="13"></td><td colspan="9"></td></tr>
<tr><td>开户行与账号</td><td colspan="13"></td><td colspan="9"></td></tr>
<tr><td colspan="2" rowspan="2">货物或应税劳务名称</td><td rowspan="2">单位</td><td rowspan="2">数量</td><td rowspan="2">单价</td><td colspan="10">金额</td><td rowspan="2">税率</td><td colspan="9">金额</td></tr>
<tr><td>千</td><td>百</td><td>十</td><td>万</td><td>千</td><td>百</td><td>十</td><td>元</td><td>角</td><td>分</td><td>百</td><td>十</td><td>万</td><td>千</td><td>百</td><td>十</td><td>元</td><td>角</td><td>分</td></tr>
<tr><td colspan="2"></td><td></td><td></td><td></td><td></td><td></td><td></td><td></td><td></td><td></td><td></td><td></td><td></td><td></td><td></td><td></td><td></td><td></td><td></td><td></td><td></td><td></td><td></td></tr>
<tr><td colspan="2"></td><td></td><td></td><td></td><td></td><td></td><td></td><td></td><td></td><td></td><td></td><td></td><td></td><td></td><td></td><td></td><td></td><td></td><td></td><td></td><td></td><td></td><td></td></tr>
<tr><td colspan="2"></td><td></td><td></td><td></td><td></td><td></td><td></td><td></td><td></td><td></td><td></td><td></td><td></td><td></td><td></td><td></td><td></td><td></td><td></td><td></td><td></td><td></td><td></td></tr>
<tr><td colspan="2">合计</td><td></td><td></td><td></td><td></td><td></td><td></td><td></td><td></td><td></td><td></td><td></td><td></td><td></td><td></td><td></td><td></td><td></td><td></td><td></td><td></td><td></td><td></td></tr>
<tr><td colspan="2">价税合计(大写)</td><td colspan="23">仟 佰 拾 万 仟 佰 拾 元 角 分(小写)</td></tr>
<tr><td rowspan="4">销货单位</td><td>名称</td><td colspan="14"></td><td rowspan="4">备注</td><td rowspan="4" colspan="8"></td></tr>
<tr><td>纳税人识别号</td><td colspan="14"></td></tr>
<tr><td>地址、电话</td><td colspan="14"></td></tr>
<tr><td>开户行及账号</td><td colspan="14"></td></tr>
</table>

第一联：发票联　购买方核算采购成本和增值税进项税额的记账凭证

收款人：　　　　　　复核：　　　　　　开票人：　　　　　　销货单位：

表 6-7 请款单

请款单

年　　月　　日

<table>
<tr><td>借款类别</td><td colspan="4">现金□　　　　　　支票□</td></tr>
<tr><td>借款金额</td><td colspan="4">(小写)：　　　　　　(大写)：</td></tr>
<tr><td>借款用途</td><td colspan="4"></td></tr>
<tr><td rowspan="2">批准人</td><td>部门经理</td><td></td><td>副总经理</td><td></td></tr>
<tr><td>总会计师</td><td></td><td>总经理</td><td></td></tr>
</table>

经办人：　　　　　　出纳员：

表 6-8　现金预算

现金预算

年　　　　　　　　　　单位：元

季度	1	2	3	4	全年
期初现金余额					
加：销售现金收入					
其他收入					
现金收入合计					
减：现金支出					
直接材料					
直接人工					
制造费用					
销售费用					
管理费用					
所得税					
设备购置					
长期贷款利息					
投资者利润					
合计					
现金余缺					
筹资与运用					
银行短期借款					
偿还银行借款					
支付借款利息					
期末现金余额					

表 6-9　现金支票

银行
现金支票存根(湘)
X Ⅳ00000000
附加信息
出票日期　　年　月　日

收款人：
金　额：
用　途：

单位主管　　会计

本支票付款期限十天

银行**现金支票**(湘)　　X Ⅳ00000000

出票日期(大写)　　　年　月　日　　付款行名称：
收款人：　　　　　　　　　　　　出票人账号

人民币(大写)	亿	千	百	十	万	千	百	十	元	角	分

用途

上列款项请从
我账户内支付
出票人签章

复核　　记账

表 6-10　转账支票

______银行
转账支票存根(湘)
X Ⅳ00000000
附加信息
出票日期　　年　月　日

收款人：
金　额：
用　途：

单位主管　　会计

本支票付款期限十天

______**银行转账支票**(湘)　　X Ⅳ00000000

出票日期(大写)　　　年　月　日　　付款行名称：
收款人：　　　　　　　　　　　　出票人账号：

人民币(大写)	亿	千	百	十	万	千	百	十	元	角	分

用途

上列款项请从
我账户内支付
出票人签章

复核　　记账

6. 银行进账单

银行进账单见表 6-11。

表 6-11 银行进账单

银行 进账单 （回 单） 1

年 月 日

<table>
<tr><td rowspan="3">收款人</td><td>全称</td><td colspan="2"></td><td rowspan="3">付款人</td><td>全称</td><td colspan="11"></td></tr>
<tr><td>账号</td><td colspan="2"></td><td>账号</td><td colspan="11"></td></tr>
<tr><td>开户银行</td><td colspan="2"></td><td>开户银行</td><td colspan="11"></td></tr>
<tr><td rowspan="2">金额</td><td colspan="5" rowspan="2">人民币
（大写）</td><td>亿</td><td>千</td><td>百</td><td>十</td><td>万</td><td>千</td><td>百</td><td>十</td><td>元</td><td>角</td><td>分</td></tr>
<tr><td></td><td></td><td></td><td></td><td></td><td></td><td></td><td></td><td></td><td></td><td></td></tr>
<tr><td colspan="2">票据种类</td><td></td><td>票据张数</td><td></td><td colspan="12" rowspan="3">开户银行盖章</td></tr>
<tr><td colspan="2">票据张数</td><td colspan="3"></td></tr>
<tr><td colspan="5">复核 记账</td></tr>
</table>

此联是开户银行交给持（出）票人的回单

7. 支票使用登记簿

支票使用登记簿见表 6-12。

表 6-12 支票使用登记簿

支票使用登记簿

序号	开具日期	支票类型	支票号码	支票金额	用途	到期日	开具人	使用人	接收单位	备注

8. 现金清查盘点报告表

现金清查盘点报告表见表 6-13。

表 6-13 现金清查盘点报告表

现金清查盘点报告表

单位名称： 年 月 日

<table>
<tr><td rowspan="2">实存金额</td><td rowspan="2">实存金额</td><td colspan="2">实存账存对比</td><td rowspan="2">备注</td></tr>
<tr><td>盘盈</td><td>盘亏</td></tr>
<tr><td></td><td></td><td></td><td></td><td></td></tr>
</table>

分析原因： 审批意见：

9. 银行存款余额调节表

银行存款余额调节表见表 6-14。

表 6-14 银行存款余额调节表

银行存款余额调节表

年 月 日 金额单位：元

项目	金额	项目	金额
银行存款日记账余额 加： 银行已收企业未收 减： 银行已付企业未付		银行对账单余额 加： 企业已收银行未收 减： 企业已付银行未付	
调节后余额		调节后余额	

对账人签章： 出纳签章：

10. 库存现金日记账

库存现金日记账见表 6-15。

11. 银行存款日记账

银行存款日记账见表 6-16。

（五）货币资金业务处理流程的具体控制与处理方法的说明

1. 备用金的控制

备用金是指财会部门按企业有关制度规定，拨付给所属报账单位和企业内部有关业务与职能管理部门，用于零售找零、收购零星商品物资或日常业务零星开支的备用现金。

① 设置批准制度。对哪些部门、哪些业务实施备用金管理，应建立一个规范的申请、批准制度。

② 定额管理制度。对批准使用备用金的部门，必须根据需要事先核定一个科学合理的备用金定额。由使用部门按核定的金额填制借款单，一次从财会部门领出现金，实际使用后凭审核后的原始凭证向财会部门报销，再由财会部门用现金补足其定额。

③ 日常管理责任制度。备用金实质上也是现金，因此，使用部门必须对备用金指定专人管理，并明确管理人员必须执行的现金管理制度、按规定的使用范围和开支权限使用、接受财会部门的管理及定期报账等各项责任制度。

④ 清查盘点制度。财会部门必须对备用金建立定期与不定期相结合的清查盘点，防止挪用或滥用，保证备用金的安全完整。

⑤ 审查入账制度。对备用金使用部门报销的所有票据，财会部门都要像对其他原始凭证一样，进行严格的审核后方能付款记账。

2. 结算方式

(1) 支票结算方式 在这种结算方式下，企业收进的支票，应在当日填制进账单，连同支票送交银行，根据银行盖章退回的进账单第一联和有关原始凭证编制收款凭证；开出的支票，应根据支票存根和取得的有关原始凭证编制付款凭证。

以现金存入银行的，应根据银行盖章退回的送款单回单联编制现金付款凭证（不再编制银行收款凭证）；以现金支票向银行提取现金的，根据现金支票存根编制银行付款凭证（不再编制现金收款凭证）。

表 6-15 库存现金日记账

库存现金日记账

年		凭证号数	对方科目	摘要	总页	收入（借方）										付出（贷方）										结存									
月	日					千	百	十	万	千	百	十	元	角	分	千	百	十	万	千	百	十	元	角	分	千	百	十	万	千	百	十	元	角	分

表 6-16　银行存款日记账

银行存款日记账

总第________页

分第________页

年		凭证		银行凭证		摘要	对应科目	借(增加)方										√	贷(减少)方										√	借或贷	金额									
月	日	字	号	名称	号数			千	百	十	万	千	百	十	元	角	分		千	百	十	万	千	百	十	元	角	分			千	百	十	万	千	百	十	元	角	分

(2) **银行汇票结算方式** 在这种结算方式下，收款单位应根据银行的收账通知和有关原始凭证编制收款凭证；付款单位应在收到银行签发的银行汇票后，根据“银行汇票委托书”存根联编制付款凭证。如有多余款项，或因汇票超过付款期等原因退款时，应根据银行的多余款项收账通知或退票通知编制收款凭证。

(3) **银行本票结算方式** 在这种结算方式下，收款单位收进的银行本票，应在当日填制进账单，连同本票送交银行，根据银行盖章退回的进账单第一联和有关原始凭证编制收款凭证；付款单位应在收到银行签发的银行本票后，根据“银行本票申请书”存根联编制付款凭证。如因银行本票超过付款期限或其他原因要求退款时，应交回本票并填制进账单，经银行审核盖章后，根据进账单第一联编制收款凭证。

(4) **商业汇票结算方式**

① 在商业承兑汇票结算方式下，收款单位将要到期的商业承兑汇票送交银行办理收款后，收到银行的收账通知时，据以编制收款凭证；付款单位在收到银行的付款通知时，据以编制付款凭证。

② 在银行承兑汇票结算方式下，收款单位将要到期的银行承兑汇票、解讫通知连同进账单送交银行办理转账，根据银行盖章退回的进账单第一联编制收款凭证；付款单位在收到银行的付款通知时，据以编制付款凭证。

(5) **汇兑结算方式** 在这种结算方式下，收款单位对于汇入的款项，应在收到银行的收账通知时，据以编制收款凭证；付款单位对于付出的款项，应在向银行办理汇款后，根据汇款单等有关原始凭证编制付款凭证。

(6) **委托收款结算方式** 在这种结算方式下，收款单位对托收的款项，应在收到银行的收账通知时，根据收账通知编制收款凭证；付款单位收到银行转来的委托收款凭证，并据以付款后，在付款期满的次日根据委托收款凭证的付款通知联编制付款凭证。如拒绝付款，全部拒付的，不作账务处理；部分拒付的，企业应在付款期内出具部分拒付理由书并退回有关凭证，根据银行盖章退回的拒付理由书第一联，编制付款部分的付款凭证。

(7) **异地托收承付结算方式** 在这种结算方式下，收款单位对于托收的款项，应在收到银行的收账通知时，根据收账通知编制收款凭证；付款单位对于承付的款项，应在承付后根据托收承付结算凭证的承付通知，编制付款凭证。

(六) 货币资金业务涉及的会计科目使用说明书设计

1. 现金

企业的库存现金是通过“现金”账户进行核算的。为了详细了解库存现金的收支和结存情况，及时发现现金收支工作中存在的问题和可能出现的差错，企业除了对现金进行总分类核算以外，还须设置“现金日记账”进行序时核算。现金日记账应采用订本式账簿，由出纳人员根据现金收款凭证和付款凭证，按照业务发生的先后顺序逐笔登记。每日终了，应计算当日的现金收入合计数、现金支出合计数、结出账面余额，并与实际库存额核对相符。有外币现金的企业，应分别人民币和各种外币设置“现金日记账”进行明细核算。

2. 银行存款

企业在银行和其他金融机构的存款业务是通过“银行存款”账户进行核算的。为了及时掌握银行存款的收支和结存情况，便于与银行核对账目，及时发现银行存款收支工作中存在的问题和可能出现的差错，企业除了对银行存款进行总分类核算以外，还必须按各开户银行开设的不同银行账号进行明细核算，分别设置“银行存款日记账”。银行存款日记账应采用订本式账簿。由出纳人员根据银行收款凭证、付款凭证及所附的有关原始凭证，按照业务发生的先后顺序逐笔登记。每日终了，应计算银行存款收入合计、银行存款支出合计，并结出账面余额。有外币银行存款的企业，应分别人民币和各种外币设置银行存款日记账进行明细核算。

3. 备用金

企业的备用金在财会部门是通过“其他应收款——××部门备用金”账户，或单独设置“备用金”账户进行核算的。备用金使用部门领用时记入借方，收回时记入贷方。尚未收回时，本账户的余额表示核定的备用金定额。平时备用金使用部门报账时不通过本账户核算。表 6-17、表 6-18 列出相关样例。

表 6-17　会计科目使用说明书（库存现金）

会计科目使用说明书

会计科目名称：库存现金　　编号：1001　　说明书编号：01

科目性质:资产类	
核算内容:本科目核算企业的库存现金	
明细科目设置:应当分别按人民币和各种外币币种进行明细核算	
使用方法(用途和结构)	
借方:企业收到现金,借记本科目,贷记相关科目	贷方:支出现金做相反的会计分录
余额:本科目期末借方余额,反映企业持有的库存现金	
备注	

表 6-18　会计科目使用说明书（银行存款）

会计科目使用说明书

会计科目名称：银行存款　　编号：1002　　说明书编号：02

科目性质:资产类	
核算内容:本科目核算企业存入银行或其他金融机构的各种款项。 外埠存款、银行本票存款、银行汇票存款、信用卡存款、信用证保证金存款、存出投资款等,在“其他货币资金”科目核算	
明细科目设置:按开户行及币种设置明细科目	
使用方法(用途和结构)	
借方:企业将款项存入银行或其他金融机构,借记本科目,贷记“现金”等有关科目	贷方:提取和支出存款,借记“现金”等有关科目,贷记本科目
余额:本科目期末借方余额,反映企业存在银行或其他金融机构的各种款项	
备注:	

第七章　采购业务内部会计制度设计

一、采购业务内部会计制度设计概述

（一）采购业务的内容及特点

对于生产企业来说，采购是生产的准备阶段，为了生产适销对路的盈利产品，必须采购生产适用、价格公道、质量合格的原材料。对于流通企业来说，要使企业获得尽可能多的销售收入，必须采购适销对路且价格公道的商品。因此，要保证企业获得良好的经济效益，必须加强物资采购业务的控制与核算，根据企业的生产经营特点建立相应的物资采购业务会计制度。要实现物资采购业务会计制度设计的目标，首先必须了解物资采购业务的特点。物资采购业务一般具有以下特点。

1. 它与生产和销售计划联系密切

无论是生产性质的企业还是流通性质的企业，其经济利益的取得都是通过最大限度地获取销售收入来实现的，而销售收入的实现主要取决于物资采购的质量。只有在物资采购业务中以最优惠的价格取得所需的优质材料、包装物、低值易耗品或适销对路的商品，才能保证获取预期的销售收入。

2. 它直接导致货币资金的支出或对外负债的增加

物资采购时无论是现金交易还是靠商业信用，它都会以现金的即时支出或未来支出为前提，因而，我们应该清醒地意识到物资采购的交易代价，这种代价要么是现金的流出，要么是信誉的支付，两者都是企业的珍贵资源。

3. 业务发生频繁，工作量大，运行环节多，容易产生管理漏洞

由企业的生产或销售规律所决定，企业的采购业务会频繁发生，而它的业务运行既涉及企业外部的供应商、运输商，又和企业内部的采购、储运、财务、会计和生产、销售等部门发生着各种直接和间接的联系，运行环节多，风险因素多，控制难度大，极易产生舞弊和低效率。

（二）采购业务可能发生的风险及应对控制措施

采购会计制度设计应当根据设计目标，即内部控制的目标，明确、具体列示至少应当关注的采购业务风险，并针对风险提出相适应的应对控制措施，以建立相应货币资金业务流程及货币资金业务会计制度设计。采购业务可能发生的风险及应对控制措施主要包括以下内容。

① 采购过量或不足。应加强预算控制、请购控制、合同控制。

② 质量不合格。应加强合同控制、供应商控制、验收控制。

③ 价格不合理。应加强合同控制、供应商控制、价格控制、验收控制。

④ 品种规格不符数量短缺。应加强合同控制、供应商控制、取得控制、验收控制。

⑤ 资金损失、信用受损或遭受欺诈或存在舞弊行为。应加强合同控制、供应商控制、价格控制、验收控制、付款控制。

⑥ 未能真实、合法、准确、完整反映采购业务，采购业务（采购付款、成本，应付款项等）确认、计量、记录不正确，证证、证账、账账不符。应加强会计控制。

二、采购业务内部会计制度具体设计基本要求

基本要求见表 7-1。

表 7-1　采购业务内部会计制度具体设计基本要求

一	建立业务处理流程	建立符合本企业需要的业务处理流程，确定本企业关键内部控制点。 采购基本业务流程一般包括编制需求计划和采购计划、★请购、确定供应商、确定采购价格、★订立采购合同、交货、★检验收货（检验、收货、退货）★付款、★会计系统控制（★为关键控制点，也是小企业控制点和评价考核点）
1	建立预算计划控制措施	根据有关业务预算，结合企业实际情况，编制采购计划（预算），采购计划应当与全面预算相互协调，并按规定的权限和程序进行审批。 预算指标应当分解落实、明确责任，对预算的执行实行授权批准控制（此项授权批准实施在后面评价）。 定期对预算执行情况进行考核、分析，对出现的差异应当分析原因、明确责任、提出措施，执行预算发生重大差异确需调整预算的，应当按规定的权限和程序履行进行审批
2	建立请购管理措施	建立采购（请购）管理制度，明确请购授权、明确物资（劳务）需求申请、物资（劳务）采购申请、审批环节请购程序及相关部门或人员的职责权限等措施。 应当明确授权不同种类采购的请购权的归口管理部门。 有关部门及人员应当根据实际，提出需求申请，并按规定的权限和程序进行审核。 按授权具有请购权的归口管理部门及人员，根据实际需求、结合库存和在途情况及采购计划提出采购申请，填制请购单（采购申请单），按规定的权限和程序进行审批。 请购单应当明确采购类别、质量等级、规格、数量、相关要求和标准、到货时间等。 审批应重点关注采购申请内容是否准确、完整，是否符合生产经营需要，是否符合采购计划，是否在采购预算范围内等

3	建立选择供应商管理措施	建立选择供应商管理制度，明确选择供应商的调查、评估、准入、记录、调整等具体措施。 选择供应商应当对供应商提供物资或劳务及质量、价格、交货及时性、供货条件及其资信、经营状况等进行调查、评估、记录。 可委托具有相应资质的中介机构对供应商进行调查、评估。 采购部门按照公平、公正和竞争的原则，择优选择供应商，提出选择供应商申请，并按规定的权限和程序审核批准。 建立和不断更新维护供应商动态档案。按照供应商管理制度对供应商进行调整，新增准入供应商和淘汰不合格供应商。 应当对紧急、小额零星、临时采购情况供应商的选择作出原则规定
4	建立确定采购价格管理措施	建立采购价格管理制度，明确采购价格管理部门及岗位、采购订价方式及不同种类采购应当选择的订价方式、采购价格跟踪监控，建立采购价格数据档案等具体措施。 应当指定专门的部门及岗位负责采购价格管理，具体负责确定不同种类采购应当选择的订价方式，跟踪及分析重要物资品种的价格，制订、修改采购执行价格、参考价格、最高限价，建立采购价格数据档案，检查存货的减值情况。 发现存货的减值迹象或以前减记存货价值的影响因素已经消失的，应当向财会部门提供存货减值情况表(书面报告)，参与采购合同签订，按照规定的权限和程序进行审核采购合同。 确定采购价格，可以采用招标采购、限价采购、协议采购、谈判采购、询价比价采购等多种方式。 对市场竞争充分的大宗采购主要采用招标方式订价或限价方式订价；对市场竞争不充分的一般采购主要采用定向合同协议方式订价或谈判方式订价；对市场供应渠道多样的小额零星采购主要采用谈判订价或询价比价订价。询价比价订价通常是基本的订价方法，往往各种订价方法是结合使用的。 应当根据不同种类采购确定合理订价方式，应当按照规定的权限和程序进行审核批准
5	建立订立采购合同管理措施	建立采购合同管理制度，确定合同归口管理部门，规定应当签订合同的范围，明确合同调查、谈判、拟定、审批、签署、履行、补充、变更、解除、结算、登记等环节要求，定期检查合同履行情况，发现问题采取相应的控制措施。 对外订立采购合同应当明确授权归口管理部门(如法律部门等)。 企业对外发生经济行为，除即时结清方式外，应当订立书面合同。 合同订立前，应当充分了解合同对方的主体资格、信用状况、履约能力等有关内容。 订立采购合同，应当与供应商进行业务洽谈、磋商、谈判，双方达成一致意见。 采购合同应当明确采购价格，信用政策，收货方式，结算方式，发货方式，交货地点，运输方式(或另签运输合同)，商品短缺、毁损或变质的责任，到货验收方式，运输费用承担，保险，权利与义务条款等相关内容，保证内容完整、描述准确。签订合同应当符合《中华人民共和国合同法》的规定。 采购合同应当按规定的权限和程序进行审核、审批。 企业相关部门或人员对合同审核应当重点关注合同的主体、内容和形式是否合法，内容是否完整、描述是否准确。审核情况和意见应有完整的书面记录。 应当按照规定的权限和程序与对方当事人签署合同，在合同上签名或加盖有关印章。合同专用章应当指定专人负责保管使用。 企业需补充、变更、解除采购合同的，也应当进行洽谈、磋商或谈判，双方达成一致意见后签署书面协议，并按照规定权限和程序办理审核、审批。 应当详细登记合同的订立、执行、变更、完结等情况，依据合同中主要条款跟踪合同履行情况，对有可能影响生产或工程进度的异常情况，应出具书面报告并及时提出解决方案

续表

6	建立货物取得管理措施	建立存货(取得)管理制度,明确负责货物取得的部门及岗位,选择合理的交货方式和运输方式,办理提货、运输、投保手续等的具体措施。 交货方式和运输方式选择应当在采购合同中予以明确,订立采购合同应当根据可能的实际条件尽量选择在本企业货物保管使用地为交货地点。 交货地点不在本企业货物保管使用地的,应当明确授权有关部门及岗位办理提货、运输、投保手续,填制取得有关原始凭证,并按规定的权限和程序进行审批 货物取得也应当取得货物交接有关原始凭证(发货通知单、发票、货物运输单、质量保证书、商检证书、合格证等),并检查进行核对。 货物交接时,发现货物短缺、毁损等问题,应当查明原因,分清责任,办理索赔、退货等手续,填制有关原始凭证,并按规定的权限和程序进行审批
7	建立验收管理措施	建立验收(存货验收入库)管理制度,明确负责验收的部门及岗位,核查品种、规格、数量,检验质量,办理货物验收、入库、退货等手续的具体措施。 存货验收应当取得货物交接的有关原始凭证(发货通知单、发票、货物运输单、质量保证书、商检证书、合格证等),并检查进行核对。 存货验收应当按照验收标准核查品种、规格、数量,检验质量,办理货物验收(入库)等手续,填制验收凭证及质量检验报告。 应当明确货物计量验收措施,使用符合国家标准的计量工具,定期校对计量工具的精度,对存货入库数量使用必要的计量工具。 涉及技术性强的、大宗的和新、特物资,还应当进行专业质量检验。 对验收过程中发现品种、规格、数量与合同、发票等原始凭证不符的,质量不合格等问题,应当查明原因,分清责任,办理让步接收(或折让)、退货、索赔等手续,填制有关原始凭证,并按规定的权限和程序进行审核、审批。 对验收、保管过程中发现需办理退货的,应当由原负责采购人员(负责请购、签订合同、取得人员),办理退货、索赔及退款手续,填制有关原始凭证,并按规定的权限和程序进行审核、审批(与存货验收入库控制重复,涉及存货的在存货验收入库控制处评价计分,其他如服务、设备等此处评价计分)
8	建立付款管理措施	采购付款的现金、银行存款支付业务按货币资金内部会计控制制度要求处理。 应当建立赊购商品、预付账款或定金管理制度,明确负责赊购商品申请、审核、批准的部门及岗位,申请、审核、批准的手续,应付票据(商业票据)、应付款项、预付账款、定金管理的具体措施。 赊购商品、预付账款或定金应当明确授权申请、审核、批准归口管理部门及岗位(采购部门、财会部门)。 财会部门应当参与对供应商付款的条件的商定及采购合同的订立。 赊销商品、预付账款或定金应当根据订立采购合同等,按规定办理相关手续,填制有关原始凭证,并按规定的权限和程序进行审批。 应当对商业票据(应付票据)取得、保管、开具、承付情况在备查簿中进行登记。 应当指定专人保管商业票据,定期与供应商核对应付票据,对即将到期的应付票据,及时办理支付手续,取得有关原始凭证。发现不符的,应当查明原因,明确责任,办理相应手续,取得有关原始凭证,并按规定的权限和程序进行审批。 应当按供应商设置和登记应付票据、应付款项、预付账款、定金明细账(台账)。 应当指定专人定期检查、核对与供应商往来款项,发现未结清的及时办理结清手续,发现不符的,应当查明原因,明确责任,办理相应手续,取得有关原始凭证,并按规定的权限和程序进行审批

续表

9	按规定进行会计核算	按规定填制、取得、审核原始凭证,保证原始凭证真实、合法、准确、完整。 按国家统一的会计准则规定确认、计量、记录采购支出及应付款项,按规定填制、审核记账凭证,按规定登记账簿,保证会计科目、记账方向、数量金额正确。 应当进行原始凭证与记账凭证、记账凭证与会计账簿、会计账簿与有关部门账簿、总账与明细账日记账核对,保证证证、证账、账账相符(记账凭证、会计账簿其他评价,在前面评价处计分)
二	建立适合本企业的授权批准控制措施	应当建立严格的采购分级、分类授权批准制度,明确审批人员授权批准流程、范围、方式、权限、责任。 审批人应当根据授权批准制度的规定,在授权范围内进行审批,不得超越审批权限。 对于非常规大宗、特殊的采购业务,应当进行集体决策和审批或联签。 经办人应当在职责范围内,按照审批人的批准意见办理采购业务。对于审批人超越授权范围审批的采购业务,经办人员有权拒绝办理,并及时向审批人的上级授权部门报告。 重要和技术性较强的采购业务,应当组织专家进行论证,实行集体决策和审批。 授权批准内容一般包括:需求计划和采购计划,采购申请,采购合同,付款申请,退货
三	设置有关机构和岗位 分离不相容岗位和职务	明确有关机构和岗位设置、岗位分工。有关机构和岗位一般包括:请购、询价、采购、验收、付款、会计记录。 在贯彻不相容职务分离的前提下,可以一人一岗、一人多岗、多岗一人。 当根据具体情况对办理采购业务的人员进行岗位轮换。 明确规定职责权限(岗位责任制)。 分离不相容岗位和职务。采购不相容岗位一般包括以下几种。 ①以上各项审批与经办; ②询价与确定供应商; ③采购与验收; ④采购、验收与相关会计记录; ⑤付款的申请与执行
四	建立原始记录管理措施	建立完整的采购付款业务处理记录制度,按照业务处理流程各个环节设置相关的记录、填制相应的凭证,明确各种原始凭证填制、审核、审批、传递、保管过程。 原始记录种类齐全。原始记录主要包括:采购计划、采购申请、供应商档案、采购合同、采购合同登记台账、采购通知单、发(提)货凭证、运货凭证、采购发票、入库凭证、付款申请、应付账款函证、退货索赔凭证等文件和凭证。 各种原始凭证格式规范、内容完整,保证满足有关部门的管理需要。 各种原始凭证填制、审核、传递有序,保证有效地进行信息沟通。 各种原始凭证保管责任明确,及时归档,保证安全(原始凭证其他评价,在前面评价处计分)

三、采购业务内部会计制度具体设计表格示例

表格示例见表7-2～表7-12。

表7-2 物资需求单

物资需求单

需求部门: 　　　　年　　月　　日 　　　　字第　　号

物资种类		物资代码		品名	
规格型号		用途		需求数量	
需用日期		可替代物资名称		备注	

批准: 　　　　审核: 　　　　制单:

表 7-3　缺货报告

缺货报告

日期：　　　　　　　　　　　　　　　　　　　　　　　　　　　　　　　（日表或周表）

物资编号	物资名称	规格	单位	缺货数量	正常单价	最低储量	所需资金
合计							

表 7-4　供应商调查表

供应商调查表

<table>
<tr><td colspan="2">供应商全称</td><td colspan="4"></td></tr>
<tr><td colspan="2">供应商性质</td><td></td><td colspan="2">上级主管机关</td><td></td></tr>
<tr><td colspan="2">建厂(经营部)日期</td><td></td><td colspan="2">建筑面积(m²)</td><td></td></tr>
<tr><td colspan="2">固定资产</td><td></td><td colspan="2">年销售产值</td><td></td></tr>
<tr><td colspan="2">职工总数</td><td></td><td colspan="2">企业负责人</td><td></td></tr>
<tr><td rowspan="3">其中</td><td>质量负责人</td><td></td><td colspan="2">营销负责人</td><td></td></tr>
<tr><td>技术人员数</td><td></td><td colspan="2">研究/开发负责人</td><td></td></tr>
<tr><td>高/中级职称人数</td><td></td><td colspan="2">检测员</td><td></td></tr>
<tr><td colspan="3">设备总数</td><td rowspan="6">主要机构设置</td><td colspan="2">机构名称</td></tr>
<tr><td rowspan="5">其中</td><td></td><td></td><td colspan="2"></td></tr>
<tr><td></td><td></td><td colspan="2"></td></tr>
<tr><td></td><td></td><td colspan="2"></td></tr>
<tr><td></td><td></td><td colspan="2"></td></tr>
<tr><td></td><td></td><td colspan="2"></td></tr>
<tr><td colspan="3">物资名称</td><td colspan="2">型号</td><td>产地</td></tr>
<tr><td rowspan="6">供应物资</td><td></td><td></td><td colspan="2"></td><td></td></tr>
<tr><td></td><td></td><td colspan="2"></td><td></td></tr>
<tr><td></td><td></td><td colspan="2"></td><td></td></tr>
<tr><td></td><td></td><td colspan="2"></td><td></td></tr>
<tr><td></td><td></td><td colspan="2"></td><td></td></tr>
<tr><td></td><td></td><td colspan="2"></td><td></td></tr>
<tr><td colspan="6">供应商发展简介及质量保证能力</td></tr>
<tr><td colspan="6"></td></tr>
<tr><td colspan="6"></td></tr>
<tr><td colspan="6"></td></tr>
<tr><td colspan="6"></td></tr>
<tr><td colspan="6"></td></tr>
<tr><td colspan="2">供应商贯标名称及日期</td><td colspan="4"></td></tr>
<tr><td colspan="2">是否通过第三方认证</td><td colspan="4"></td></tr>
<tr><td colspan="2">认证标准</td><td></td><td colspan="2">通过认证日期</td><td></td></tr>
<tr><td colspan="2">认证机构名称</td><td colspan="4"></td></tr>
<tr><td colspan="2">证书号</td><td colspan="4"></td></tr>
<tr><td colspan="6">供方负责人签字(盖章)：
日期：</td></tr>
<tr><td colspan="6">审批意见：
审批人/日期：</td></tr>
</table>

表 7-5　采购申请单

采购申请单

申请部门：　　　　　　　　　　年　　月　　日　　　　　　　编号：

序号	物品名称	规格型号	数量	估计价格	用途	需用日期	备注

申请人：　　　　　　　　　申请部门经理：　　　　　　　　　批准人：

表 7-6　物资请购单

物资请购单

请购部门：　　年　　月　　日　　字第　　号

物资种类：　　物资代码：　　品名：　　规格型号：　　用途：

请购数量		最低储量		现存数量	
二次购进单价		可替代物资名称		可替代物资单价	
需用日期		预计到货日期		备注	
资金管理部门意见					
采购部门意见					

批准：　　　　　　　　审核：　　　　　　　　制单：

表 7-7　询价比价单

询价比价单

编号：　　　　　　　　　　　　月　　日

采购申请单号		寻价单号		采购物品名称		
供应厂商		电话	厂商报价(单价)(元)			备注
			出厂价	批发价	零售价	
		平均价				
比价结果： 领导签字/日期：						

寻价比价员：

表 7-8　采购请款单

采购请款单

请款单位：　　　　　　　请款日期：　　年　　月　　日　　　　编号：

受款 单位			详细地址 银行账号			主管领导	
用途			合同号			借款人	
金额		（大写）					
付款日期　　年　月　日			预计报销日期　　年　月　日				
借款			年		冲销	余额	核销人
月	日	金额	月	日	金额		

科长：　　　　出纳：　　　　记账：　　　　审核：　　　　经办：

表 7-9　订货单

订货单

订货单号：　　　　订货日期：　　　　原订货日期：　　　　□新单□修改□取消　　页次：

供货方 编码： 单位名称： 地址： 邮编：　电话： 联系部门：　传真： 联系人：　E-mail					需货方 编码： 单位名称： 地址： 邮编：　电话： 联系部门：　传真： 联系人：　E-mail：					合同号： 交货方式： 运输方式： 运费承担方式： 货款结算方式： 收货日期： 收货地址：				
序号	商品代码	商品名称	规格型号	等级	产地	可保质期	包装单位	计量单位	数量	无税单价	无税金额	税率	税额	含税金额
销售方式：				付款方式：				合计						
销售折扣：				付款折扣：				总金额大写：						
备注：														

主管：　　　　订货人：

表 7-10 收货单

收货单

编号　　　　　　　　　　采购申请单号　　　　　　　　年　　月　　日

<table>
<tr><td rowspan="2">进货单位</td><td rowspan="2">品名</td><td rowspan="2">规格型号</td><td rowspan="2">单位</td><td colspan="3">数量</td><td rowspan="2">票据种类</td><td rowspan="2">票号</td><td rowspan="2">备注</td></tr>
<tr><td>进货量</td><td>实收量</td><td>量差</td></tr>
<tr><td></td><td></td><td></td><td></td><td></td><td></td><td></td><td></td><td></td><td></td></tr>
<tr><td></td><td></td><td></td><td></td><td></td><td></td><td></td><td></td><td></td><td></td></tr>
<tr><td></td><td></td><td></td><td></td><td></td><td></td><td></td><td></td><td></td><td></td></tr>
<tr><td></td><td></td><td></td><td></td><td></td><td></td><td></td><td></td><td></td><td></td></tr>
<tr><td></td><td></td><td></td><td></td><td></td><td></td><td></td><td></td><td></td><td></td></tr>
</table>

库管员：　　　　　　　　采购员：　　　　　　　　送货人：

表 7-11 退货单

退货单

编号　　　　　　　　　　采购申请单号　　　　　　　　年　　月　　日

<table>
<tr><td>收货单工作号</td><td></td><td>采购计划单号</td><td></td><td>订货合同号</td><td></td><td>合同签订人（我方）</td><td></td></tr>
<tr><td>物品名称</td><td>物品号</td><td>收货数量</td><td>单位</td><td colspan="2">供货方</td><td>退货原因</td><td>处理意见</td></tr>
<tr><td></td><td></td><td></td><td></td><td colspan="2"></td><td></td><td></td></tr>
<tr><td></td><td></td><td></td><td></td><td colspan="2"></td><td></td><td></td></tr>
<tr><td></td><td></td><td></td><td></td><td colspan="2"></td><td></td><td></td></tr>
<tr><td></td><td></td><td></td><td></td><td colspan="2"></td><td></td><td></td></tr>
<tr><td></td><td></td><td></td><td></td><td colspan="2"></td><td></td><td></td></tr>
<tr><td></td><td></td><td></td><td></td><td colspan="2"></td><td></td><td></td></tr>
</table>

采购部经理：　　　　采购员：　　　　收货员：　　　　填单人：

表 7-12 入库单

入库单

请款单号：　　　　　　　　年　　月　　日　　　　　　编号：

<table>
<tr><td rowspan="2">共货单位</td><td rowspan="2"></td><td colspan="2">合同号</td><td>发票号</td><td colspan="2" rowspan="2">车号或运单号</td><td colspan="2" rowspan="2"></td></tr>
<tr><td colspan="2"></td><td></td></tr>
<tr><td rowspan="2">材料名称</td><td rowspan="2">规格型号</td><td rowspan="2">单位</td><td colspan="2">数量</td><td colspan="4">实际价格</td></tr>
<tr><td>发票</td><td>实际</td><td>单价</td><td>运杂费</td><td>总价</td><td>平均单价</td></tr>
<tr><td></td><td></td><td></td><td></td><td></td><td></td><td></td><td></td><td></td></tr>
<tr><td colspan="4">计划价格</td><td rowspan="2">检查员</td><td rowspan="3">备注</td><td colspan="3" rowspan="3"></td></tr>
<tr><td colspan="2">单价</td><td colspan="2">总价</td></tr>
<tr><td colspan="2"></td><td colspan="2"></td><td></td></tr>
</table>

主管：　　　　经办人：　　　　保管员：　　　　入库：　　　　月　　日

第八章　销售业务内部会计制度设计

一、销售业务内部会计制度设计概述

（一）销售业务的内容及其特点

工商企业无论是自行生产的产品还是外购的商品，都只有通过销售业务的完成才能获得营业收入并赚取利润。而销售的收款水平又决定了营业收入的质量，进而决定了利润的质量。从销售业务运行的环节看，包括接受顾客订单、批准销售折扣和赊销信用、编制销售通知单、按销售通知单发货、记录销售、办理收款以及办理和记录销售退回、销售折让、处理坏账等业务。可见，销售业务一般地说具有以下几个特点。

1. 业务发生频繁，工作量大，运行环节多，容易产生管理漏洞

销售业务不但运行的环节复杂、涉及企业内部的多部门，如销售部门、信用管理部门、仓储保管部门和财会部门等，而且还涉及企业外部的供应商、运输商等，运行环节多，风险因素多，控制难度大，极易产生舞弊和低效率。如何杜绝经营管理人员舞弊行为，使多环节、多部门运行的销售业务相互协调，提高效率，保证最大限度地获取有质量的销售收入就成了企业经营管理中的大问题。

2. 营业收入的确认具有复杂性

按《收入准则》和《企业会计制度》的规定，销售商品的收入，应在下列条件均能满足时予以确认：一是企业已将商品所有权上的主要风险和报酬转移给购货方；二是企业既没有保留通常与所有权相联系的继续管理权，也没有对已售出的商品实施控制；三是与交易相关的经济利益能够流入企业；四是相关的收入和成本能够可靠地计量。

从以上规定中我们不难看出，销售收入如何确认，准则、制度都规定得很具体，但当一项具体的销售发生时，如何确认收入？何时确认收入？由于经济业务的复杂性，规定没有、也不可能逐项作出具体规定，在很大程度上都要靠会计人员进行职业判断。而判断只是“一种基本的思维形式”，是在主观上肯定或否定某种事物的存在的思维过程，它并不代表事物本身。

3. 营业收入的计量具有复杂性

从销售业务发生到收回款项有商业折扣、发票价格、销售折扣、销售退回和销售折让等多种因素影响到营业收入的计量金额。

按《收入准则》和《企业会计制度》的规定，销售商品的收入，应按企业与购货方签订的合同或协议金额或双方接受的金额确定。现金折扣在实际发生时确认为当期费用；销售折让在实际发生时冲减当期收入。企业已经确认收入的售出商品发生销售退回的，应冲减退回当期的收入；年度资产负债表日及以前售出的商品，在资产负债表日至财务会计报告批准报出日之间发生退回的，应作为资产负债表日后调整事项，进行相关的会计处理，调整资产负债表日编制的会计报表有关收入、费用、资产、负债、所有者权益等项目的数字。以上种种都需要企业制定会计政策选择的规范，严格执行企业内部会计制度的规定，保证会计信息的可靠性。

4. 销售业务直接导致货币资金或应收账款的增加

销售业务的发生一方面使营业收入增加，同时导致货币资金的流入或应收账款的增加。确认商品销售时直接收取货币资金当然是收入的最佳质量，但过分强调现货现款，经营是稳健了，可它会以减少销售额、牺牲市场占有率为代价。因此，如何处理好销售的质与量就成为衡量销售业务控制制度设计是否科学的重要标准，做好应收账款的控制就成为内部会计制度设计的一个重要组成部分。

（二）销售业务可能发生的风险及应对控制措施

销售会计制度设计应当根据设计目标，即内部控制的目标，明确、具体列示至少应当关注的销售业务风险，并针对风险提出相适应的应对控制措施，以建立相应货币资金业务流程及货币资金业务会计制度设计。销售业务可能发生的风险及应对控制措施主要包括以下内容。

① 销售不畅、库存积压。应加强计划控制、客户及信用控制、合同控制、发货控制。

② 客户流失或市场拓展不利。应加强销售计划控制、客户信用控制、销售定价控制、发货控制、收款加强、客户服务控制。

③ 销售价格过高或过低。应加强销售计划控制、客户信用控制、定价控制、合同控制、客户服务控制。

④ 销售货物损失、销售款项不能收回或遭受欺诈或存在舞弊行为。应加强客户及信用控制、合同控制、发货控制、收款控制。

⑤ 未能真实、合法、准确、完整反映销售业务，销售业务（销售收款、收入，应收款项等）确认、计量、记录不正确，证证、证账、账账不符。应加强会计控制。

二、销售业务内部会计制度具体设计基本要求

基本要求见表 8-1。

表 8-1　销售业务内部会计制度具体设计基本要求

一	建立业务处理流程	建立符合本企业需要的业务处理流程，确定本企业关键内部控制点。 销售基本业务流程一般包括：销售计划管理、客户信用管理、★销售定价、★订立销售合同、★发货、★收款、客户服务、★会计系统控制（★为关键控制点，也是小企业控制点和评价考核点）
1	建立预算控制措施	根据有关业务预算，结合企业实际情况，编制销售计划（预算），销售计划应当与全面预算相互协调，并按规定的权限和程序进行审核、批准。 预算指标应当分解落实、明确责任，对预算的执行实行授权批准控制（此项授权批准实施在后面评价）。 定期对预算执行情况进行考核、分析，对出现的差异应当分析原因、明确责任、提出措施，执行预算发生重大差异确需调整预算的，应当按规定的权限和程序履行进行审批
2	建立客户信用管理措施	建立客户及信用管理制度，明确负责客户信用管理的部门及岗位，明确客户及信用调查、信用评定，制定信用政策、赊销管理，建立客户信用档案等具体措施。 应当设立独立于销售业务的信用管理部门或岗位，负责制定企业信用政策，监督各部门信用政策执行情况。 应当根据市场调查、销售策略、目标市场、目标客户，提出划分、调整客户信用等级的方案，制定企业信用政策（信用标准、信用条件）。 应当进行客户及信用调查，充分了解客户的信誉、财务状况等有关情况，持续跟踪、监控客户付款情况，评定客户信用等级。 可委托具有相应资质的中介机构对供应商进行调查、评估。 根据企业信用政策和客户信用等级，制定具体客户信用条件（信用期限、信用额度、现金折扣），并按规定的权限和程序进行审批。 建立和不断更新维护客户信用动态档案，掌握客户资信变动情况
3	建立制定价格管理措施	建立销售价格管理制度，明确销售价格管理部门及岗位，销售订价方式，销售折扣，销售折让，建立销售价格数据等具体措施。 应当指定专门的部门及岗位负责销售价格管理，具体负责确定订价方式、跟踪及分析重要物资品种的价格，制订、修改销售基准价格，销售折扣，销售折让、最低售价，建立销售价格数据档案等。 应当根据不同种类销售确定合理订价方式，应当按照规定的权限和程序进行审核批准。 应当根据国家有关价格政策、综合考虑营销目标、产品成本、市场状况及竞争对手等多方面因素制订、调整商品基准价格，并按规定的权限和程序进行审批。 应当制订销售折扣、销售折让政策，对某些种类销售授予销售部门一定限度的价格浮动权，并按规定的权限和程序进行审批。 销售折扣、销售折让授予的实际金额、数量、原因及对象应予以记录，并归档备查
4	建立订立销售合同管理措施	建立销售合同管理制度，确定合同归口管理部门，规定应当签订合同的范围，明确合同调查、谈判、拟定、审批、签署、履行、补充、变更、解除、结算、登记等环节要求，定期检查合同履行情况，发现问题采取相应的控制措施。 对外订立销售合同应当明确授权归口管理部门（如法律部门等）。 企业对外发生经济行为，除即时结清方式外，应当订立书面合同。 合同订立前，应当充分了解合同对方的主体资格、信用状况、履约能力等有关内容。 订立销售合同，应当与客户进行业务洽谈、磋商、谈判，双方达成一致意见。 销售合同应当明确销售定价，信用政策，收货方式，结算方式，发货方式，交货地点，运输方式（或另签运输合同），商品短缺、毁损或变质的责任，到货验收方式，运输费用承担，保险，权利与义务条款等相关内容，保证内容完整、描述准确。签订合同应当符合《中华人民共和国合同法》的规定。 销售合同应当按规定的权限和程序进行审核、审批。 企业相关部门或人员对合同审核应当重点关注合同的主体、内容和形式是否合法，内容是否完整、描述是否准确。涉及较高专业技术或法律关系复杂的合同，应当组织法律、技术、财会等专业人员参与谈判，必要时可聘请外部专家参与相关工作。审核情况和意见应有完整的书面记录。 应当按照规定的权限和程序与对方当事人签署合同，在合同上签名或加盖有关印章。合同专用章应当指定专人负责保管使用。 企业需补充、变更、解除采购合同的，也应当进行洽谈、磋商或谈判，双方达成一致意见后签署书面协议，并按照规定权限和程序办理审核、审批。 应当详细登记合同的订立、执行、变更、完结等情况，依据合同中主要条款跟踪合同履行情况，对有可能出现的异常情况，应出具书面报告并及时提出解决方案

续表

5	建立发货管理措施	建立发货管理制度，明确负责发货的部门及岗位，选择合理的发货方式和运输方式，开具销售通知单，办理发货、运输、投保手续等的具体措施。 发货方式和运输方式选择应当在销售合同中予以明确。 销售部门应当根据销售合同及其他有关原始凭证填制发(提)货凭证[具体可以是销售(发票)通知单、发货通知单、出库单、销售小票、发票等]，并按规定的权限和程序进行审批后传递给仓储、财会等部门。 交货地点不在本企业货物保管地的，应当明确授权有关部门及岗位办理发货、运输、投保手续，填制取得有关原始凭证，并按规定的权限和程序进行审批。 发货部门应当审核的发(提)货凭证的内容，根据发(提)货凭证单办理发货手续，并与接货人当面核对、签章确认、点清交付货物及有关货物交接的原始凭证(发货通知单、发票、货物运输单、质量保证书、商检证书、合格证等)。 发生销售退回的，应当查明原因，分清责任，办理退库等相关手续，填制有关原始凭证，并按规定的权限和程序进行审批。 应当做好销售业务各环节的记录，填制相应的凭证，设置与登记销售台账，反映各种商品、劳务等销售的开单、发货、收款情况
6	建立收款管理措施	销售收款的发票开具与现金、银行存款收取按货币资金内部会计控制制度要求处理(发票开具与现金、银行存款收取在货币资金业务处理流程中) 建立赊销商品管理制度，明确负责赊销商品审核、批准的部门及岗位，审核、批准的手续，应收票据(商业票据)管理，应收款项管理的具体措施。 赊销的商品应由信用管理部门根据企业信用政策和客户信用等级，规定具体客户信用条件进行审核。 赊销商品应当根据企业信用政策和客户信用等级，遵循规定具体客户信用条件，办理相关手续，填制有关原始凭证，并按规定的权限和程序进行审批。 超出企业信用政策、客户信用等级规定的具体客户信用条件的赊销业务，应当实行例外的或集体的决策审批。 赊销商品一般应当取得客户的书面确认，必要时，要求客户办理资产抵押、担保等收款保证手续，填制有关原始凭证。 对于境外客户和新开发客户，应当建立严格的信用保证制度，填制有关原始凭证。 对收回的非货币性资产，应当办理资产评估相关手续，填制有关原始凭证，并按规定的权限和程序进行审批。 对于代销业务，除规定正常办理销售收款外，还应当及时与代销商办理款项结算手续，填制有关原始凭证，并按规定的权限和程序进行审批
7	建立应收票据管理措施	建立应收票据(商业票据)管理制度，明确应收票据(商业票据)的受理范围、取得、保管、背书、贴现、注销、登记等具体措施。 企业应当结合销售政策和信用政策，明确应收票据的受理范围。 应当按规定的受理范围取得商业票据，严格审查应收票据的真实性和合法性，防止票据欺诈，并按规定的权限和程序进行审批；不得签发、取得和转让没有真实交易和债权债务的商业票据。 应当指定专人保管应收票据，定期盘点、检查、核对(与客户)应收票据，对即将到期的应收票据，及时办理托收手续，取得有关原始凭证。发现不符的，应当查明原因，明确责任，办理相应手续，取得有关原始凭证，并按规定的权限和程序进行审批。 按规定办理票据贴现、背书手续，取得有关原始凭证，并按规定的权限和程序进行审批。 应当对商业票据取得、保管、背书、贴现、注销情况在备查簿中进行登记。对已贴现、背书但仍承担收款风险的票据以及逾期票据，应当进行追索监控和跟踪管理

续表

8	建立应收账款管理措施	应当建立应收款项管理制度，明确应收款项管理部门、岗位及职责分工，应收款项核对，应收款项坏账处理等具体措施。 应收账款应当由财会部门负责办理资金结算、账目登记、监督款项回收。 销售部门负责应收款项的催收，并妥善保存催收记录(如往来函电)。 应收账款应当实行分类管理，采取适当的收账、考核措施(保全、起诉)，明确收款责任、清收奖励措施、责任追究和处罚措施。 应当按客户设置与登记应收账款明细账(台账)，评估每一客户信用额度使用情况。 应当定期进行收账款账龄分析，应当指定专人通过函证等方式定期与客户核对应收账款、预收账款等往来款项，发现不符的，应当查明原因，明确责任，办理相应手续，取得有关原始凭证，并按规定的权限和程序进行审批。 对于可能成为坏账的应收账款，应当按照国家统一的会计制度规定计提坏账准备，并按照权限范围和审批程序进行审批。 应收款项全部或部分无法收回的，应当查明原因，明确责任，办理相应(法律)手续，取得有关原始凭证，并按规定的权限和程序进行审批。 对于已核销的坏账应当进行备查登记，做到账销案存。已核销的坏账又收回的应当及时办理相应手续，取得有关原始凭证，登记入账，防止形成账外款
9	建立客户服务措施	建立客户服务管理制度，明确负责客户服务的部门及岗位、客户申述接待、回访、记录、三包服务等具体措施。 客户服务应当明确授权归口管理部门及岗位。 应当建立与信用管理部门共享的客户档案，并不断更新维护。 通过采取接待客户申述、回访等措施，及时了解、解答、反馈、解决用户的问题，并进行相应的记录。 根据国家有关规定，建立企业三包服务管理制度。 根据国家有关规定和企业三包服务管理制度，对于出现的修、换、让、退等问题，应当查明原因，明确责任，办理相应手续，取得有关原始凭证，并按规定的权限和程序进行审批
10	按规定进行会计核算	按规定填制、取得、审核原始凭证，保证原始凭证真实、合法、准确、完整。 按国家统一的会计准则规定确认、计量、记录销售收入(满足规定的条件)、成本、应收款项，按规定填制、审核记账凭证，按规定登记账簿，保证会计科目、记账方向、数量金额正确。 应当进行原始凭证与记账凭证、记账凭证与会计账簿、会计账簿与有关部门实物账、总账与明细账日记账核对，保证证证、证账、账账相符。 企业应当定期抽查、核对销售会计记录、销售业务记录、商品出库记录，发现问题，应当查明原因，明确责任，办理相应手续，取得有关原始凭证，并按规定的权限和程序进行审批
二	建立适合本企业的授权批准控制措施	应当建立严格的销售分级、分类授权批准制度，明确审批人员授权批准流程、范围、方式、权限、责任。 审批人应当根据授权批准制度的规定，在授权范围内进行审批，不得超越审批权限。 对于超过单位既定销售政策和信用政策规定范围的特殊销售业务，应当进行集体决策和审批或联签。 经办人应当在职责范围内，按照审批人的批准意见办理销售业务。对于审批人超越授权范围审批的销售业务，经办人员有权拒绝办理，并及时向审批人的上级授权部门报告。 授权批准内容一般包括：销售预算及销售计划，销售价格及折扣政策，信用政策，赊销业务，销售合同，销售发货，销售退回，坏账准备，坏账核销，票据贴现

续表

三	设置有关机构和岗位 分离不相容岗位和职务	明确有关机构和岗位设置、岗位分工。有关机构和岗位至少包括销售、发货、信用管理、会计记录、收款。 在贯彻不相容职务分离的前提下,可以一人一岗、一人多岗、多岗一人。 应当根据具体情况对办理销售业务的人员进行岗位轮换。 明确规定职责权限。 分离不相容岗位和职务。销售不相容岗位一般包括以下几种。 ①以上各项审批与经办。 ②客户信用管理与销售合同协议的签订。 ③销售业务经办(发货)与发票开具、管理。 ④销售业务经办(发货)与货款的收取。 ⑤销售发货、收款与相关会计记录。 ⑥销售退回货品的验收、处置与相关会计记录
四	建立健全原始记录管理措施并且得以有效实施	建立完整的货币资金业务处理记录制度,按照业务处理流程各个环节设置相关的记录、填制相应的凭证,明确各种原始凭证填制、审核、审批、传递、保管过程。 原始记录种类齐全。原始记录主要包括:销售计划、客户档案、信用政策文件、价格目录、销售合同、销售合同登记台账、销售通知单、发(提)货凭证、运货凭证、销售发票、应收账款函证、应收票据等文件和凭证。 各种原始凭证格式规范、内容完整,保证满足有关部门的管理需要。 各种原始凭证填制、审核、传递有序,保证有效地进行信息沟通。 各种原始凭证保管责任明确,及时归档,保证安全

三、销售业务内部会计制度具体设计表格示例

表格示例见表 8-2～表 8-5。

表 8-2　销售费用预算

<u>销售费用预算</u>

年　　月　　　　　　　　　　单位:元

销售费用项目	金额
销售佣金	
办公费	
运输费	
其他	
变动性销售费用小计	
管理人员工资	
广告费	
保险费	
其他	
固定性销售费用	
合计	

表 8-3　发货单

发货单

购货单位　　　　　　　　　　　　　　年　　月　　日　　　　　　　编号：

合同编号	产品编号	产品名称	单位	数量	单价	金额
备注						

提货人：　　　　　　　　　保管人：　　　　　　　　　审批人：

表 8-4　销货日报表

销货日报表

销售部门：　　　　　　　　　　　　年　　月　　日　　　　　　　　金额单位：元

品名及规格	计量单位	数量	单价	金额			本月销售累计
				合计	现销	赊销	

表 8-5　应收账款账龄分析表

应收账款账龄分析表

年　　月　　日　　　　　　　　　　　　单位：元

项目	户数	金额	占全部应收款%	备注
折扣期内				
过折扣期但未到期				
过期 1～30 天				
过期 31～60 天				
过期 61～90 天				
过期 91～180 天				
过期 181 天				
合计				

第九章　存储业务内部会计制度设计

一、存储业务内部会计制度设计概述

（一）存储业务的内容及其特点

存货是指企业在生产经营过程中为销售或耗用而储备的各种有形资产，包括库存的、加工中的和在途的各种原料、燃料、包装物、低值易耗品、在产品、委托加工材料、外购商品、自制半成品、产成品及发出商品等内容。企业为了保证生产经营活动连续不断地正常进行，必须不断地购入、耗用、销售存货，因此存货总是处在不断流转的过程之中。

储存业务就是从存货入库开始到出库为止，即存货在仓库滞留期间所发生的相关业务，它具体包括三个环节：一是存货入库环节。它与前述采购业务衔接，是企业存货数量以及价值的增加，具体操作有物资验收准备、核对有关业务凭证、验收实物。二是存货储存环节。各种存货在仓库中停留，处于相对静止状态，其数量保持不变，其具体业务包括物资保管、物资养护管理、仓库设备管理。三是存货出库环节。它与销售业务或生产业务直接衔接，具体操作是存货出库管理。

储存业务一般具有以下特点：①占压资金数量大；②储存量的大小直接影响着产品生产或商品销售的顺利进行；③容易发生积存日久变质或市场供求关系变动而导致存货损失；④存货的种类繁多，流动性强，进出频繁，极易产生管理疏漏，给违法犯罪行为以可乘之机；⑤实物规模较大，自然灾害或人为原因造成的损失随时可能发生。

（二）存储业务可能发生的风险及应对控制措施

存储会计制度设计应当根据设计目标，即内部控制的目标，明确、具体列示至少应当关注的存储业务风险，并针对风险提出相适应的应对控制措施，以建立相应货币资金业务流程及货币资金业务会计制度设计。存储业务可能发生的风险及应对控制措施主要包括以下内容。

① 存货储备积压、不足。存货取得数量不足、质量不合格；存货保管造成变质、毁损、缺失、报废、过期、贬值等损失，存货遭受意外损失；抵押存货价值低估和资产流失；存货变质报废等处置不当造成经济损失。应加强存货预算、存货入库、存货保管处置、存货保险、存货出库、存货清查控制。

② 未能真实、合法、准确、完整反映存货业务，存货业务（收入、发出、存储等）确认、计量、记录不正确，证证、证账、账账不符。应加强会计控制。

二、存储业务内部会计制度具体设计基本要求

基本要求见表 9-1。

表 9-1　存储业务内部会计制度具体设计基本要求

一	建立业务处理流程	建立符合本企业需要的业务处理流程，确定本企业关键内部控制点。 存货基本业务流程一般包括：存货预算、存货取得、★存货入库、★存货保管与处置、存货保险、★存货出库、★存货清查、★会计系统控制（★为关键控制点，是企业基本控制点和评价考核点）
1	建立存货预算控制措施	根据有关业务预算，结合企业实际情况，编制存货计划（或采购计划含存货计划），大宗重要存货合理确定存货资金占用额、合理储备量、保险（最低）储备量、订货提前期、订货批量与间隔期等，存货预算应当与全面预算相互协调，并按规定的权限和程序进行审核、批准。 预算指标应当分解落实、明确责任，对预算的执行实行授权批准控制（此项授权批准实施在后面评价）。 定期对存货预算执行情况进行考核、分析，对出现的差异应当分析原因、明确责任、提出措施，执行预算发生重大差异确需调整预算的，应当按规定的权限和程序进行审批
2	建立存货验收入库管理措施	建立存货（验收入库）管理制度，明确负责验收的部门及岗位，核查品种、规格、数量、检验质量，办理货物验收、入库、退货手续等具体措施。 存货验收应当取得货物交接的有关原始凭证（发货通知单、发票、货物运输单、质量保证书、商检证书、合格证等），并进行检查核对。 存货验收应当按照验收标准核查品种、规格、数量，检验质量，办理货物验收、入库等手续，填制入库凭证及质量检验报告。 应当明确货物计量验收措施，使用符合国家标准的计量工具，定期校对计量工具的精度，对存货入库数量使用必要的计量工具。 涉及技术性强的、大宗的和新、特物资，还应当进行专业质量检验。 对于返货的入库（退库），除办理复核品种、规格、数量，检验质量，办理货物验收、入库等手续，填制入（退）库凭证外，还应当查明原因，分清责任，作出处理，并按规定的权限和程序进行审批。 对验收过程中发现品种、规格、数量与合同、发票等原始凭证不符的，质量不合格等问题，应当查明原因，分清责任，办理让步接收（或折让）、退货、索赔等手续，填制有关原始凭证，并按规定的权限和程序进行审核、审批。 对验收、保管过程中发现需办理退货的，应当由原负责采购人员（负责请购、签订合同、取得人员），办理退货、索赔及退款手续，填制有关原始凭证，并按规定的权限和程序进行审核、审批。 取得存货不入库而直接投入生产或使用的存货，应当比照上述方法办理验收等交接手续，并进行相应的记录（与采购与付款验收入库控制重复，涉及存货采购的在此处评价计分，其他如服务、设备等在采购与付款验收入库控制处评价计分）

续表

3	建立存货保管与处置管理措施	建立存货(保管与处置)管理制度,明确存货保管人员,存货保管账设置、登记,存货巡查、抽检、盘点,存货处置的种类、标准、程序、方式、价格等措施。确保存货账面余额与实际库存相符。 应当指定专人负责存货收入、发出、保管,严禁未经授权的机构或人员办理存货收发存业务或直接接触存货。 应当建立和及时登记存货保管账。 存货保管应当建立货位卡,做到存放有序、保证安全。对代管、代销、暂存、受托加工的存货,应单独存放和记录。 贵重物品、危险品、生产用关键备件、精密仪器,应当建立、实施额外管理制度。如经过严格授权批准,且在同一环节有两人或两人以上同时经办。 保管人员定期进行存货巡查、抽检、盘点,发现存货积压、不足、变质、毁损、缺失、报废、过期、贬值等问题,应当查明原因,明确责任,办理相应手续,填制有关原始凭证,并按规定的权限和程序进行审批。 对保管过程中发现需办理退货的,应当由原负责采购人员(负责请购、签订合同、取得人员),办理退货、索赔及退款手续,填制有关原始凭证,并按规定的权限和程序进行审核、审批。 存货在不同仓库、地点之间流动时,应当办理出入库手续,填制有关原始凭证,并按规定的权限和程序进行审批。 生产现场的存货,应当比照上述方法进行保管,并进行相应记录
4	建立存货保险管理措施	结合实际情况,建立存货保险投保制度,明确应投保的范围、标准、种类、担保方、投保手续、索赔手续等内容。 对于重要存货项目的投保,应当考虑采取招标方式确定保险人。 按规定办理投保手续,填制(取得)相关原始凭证,并按规定的权限和程序进行审核批准。 已投保的存货发生损失的,应当查明原因及受损金额,明确责任,向保险公司办理相关的索赔手续,填制(取得)相关原始凭证,并按规定的权限和程序进行审核批准
5	建立存货出库管理措施	建立存货(出库)管理制度,明确出库凭证填制、审批、审核、存货计量、出库等措施。 存货出库应当填制出库凭证(出库单、销售通知单等),并按规定的权限和程序进行审批。 存货出库时应当审核出库凭证的内容,根据经审批的出库凭证单办理货物计量、出库等手续,并与受领人当面核对、签章确认、点清交付。 应当明确货物计量验收措施,使用符合国家标准的计量工具,定期校对计量工具的精度,对存货出库数量使用必要的计量工具。 生产车间加工后直接发出至客户而不入库存货,应当比照上述方法进行交接,并进行相应记录
6	建立存货清查管理措施 并且得以有效实施	应当建立健全存货清查制度,明确清查的组织、范围、时间、方法、处理等措施。确保存货账面余额与实际库存相符。 应当组成不以保管人员为主的存货清查组定期或不定期地对各类存货进行实地清查,至少应当每年年度终了开展全面的存货清查。 存货清查时应当编制清查表、盘盈盘亏报告表,对发现存货的短缺、毁损、变质、报废、积压、过期等问题,应当查明原因,明确责任,办理相应手续,填制相关原始凭证,并按规定的权限和程序进行审批。 存货清查时应当检查存货的减值情况,发现存货的减值迹象或以前减记存货价值的影响因素已经消失的,应当向财会部门提供存货减值情况表(书面报告)(存货清查时发现存货短缺、毁损、变质、报废、积压、过期等问题,在存货保管处扣分)

续表

7	按规定进行会计核算	按规定填制、取得、审核原始凭证，保证原始凭证真实、合法、准确、完整。 应当按国家统一的会计准则规定确认、计量、记录存货收发，按规定填制、审核记账凭证，登记有关明细分类账、总分类账，保证会计科目、记账方向、数量金额正确。 应当按国家统一的会计准则规定，合理选择存货的计价方法，正确计算、结转存货入库、出库成本，填制相关原始凭证，进行会计核算。 对会计期末货物已到、发票未到的存货，应当暂估入账，填制相关原始凭证，进行会计核算。 应当按照国家统一的会计准则规定计量、计提、转回、结转存货跌价准备，填制相关原始凭证，进行会计核算。 应当进行原始凭证与记账凭证、记账凭证与会计账簿、会计账簿与有关部门实物账、总账与明细账日记账核对，保证证证、证账、账账相符。 应当定期对存货保管账及存货收发存情况进行稽核，保证存货会计明细账与实物保管账相符(记账凭证、会计账簿其他评价，在前面评价处计分)
二	建立适合本企业的授权批准控制措施	应当建立严格的存货分级、分类授权批准制度，明确审批人员授权批准流程、范围、方式、权限、责任。 审批人应当根据授权批准制度的规定，在授权范围内进行审批，不得超越审批权限。 重要存货处置业务，应当实行集体决策和审批或联签。 经办人应当在职责范围内，按照审批人的批准意见办理存货业务。对于审批人超越授权范围审批的存货业务，经办人员有权拒绝办理，并及时向审批人的上级授权部门报告。 授权批准内容一般包括：存货预算，出库，入库、保管、清查等环节发现问题进行的存货处置
三	设置有关机构和岗位 分离不相容岗位和职务	明确有关机构和岗位设置、岗位分工。有关机构和岗位一般包括：各项存货取得、存货保管、存货出库、存货领受、存货清查、会计记录稽核。 在贯彻不相容职务分离的前提下，可以一人一岗、一人多岗、多岗一人。 对办理存货收发存业务的人员定期进行岗位轮换。 明确规定职责权限(岗位责任制)。 分离不相容岗位和职务。存货不相容岗位一般包括以下几种。 ①以上各项审批与经办； ②存货的取得与验收、保管； ③存货的保管、出库与领受； ④存货的保管与清查； ⑤存货的保管与相关会计记录； ⑥存货的取得、领受、处置与相关会计记录
四	建立健全原始记录管理措施 并且得以有效实施	建立完整的存货业务处理记录制度，按照业务处理流程各个环节设置相关的记录、填制相应的凭证，明确各种原始凭证填制、审核、审批、传递、保管过程。 原始记录种类齐全。原始记录主要包括：存货预算、存货发票、货物运输单、入库凭证、质量检验报告、退货凭证、存货保管账、出库凭证、存货清查表、存货盘盈盘亏报告表、存货计提减值准备表、存货收发存汇总表等文件和凭证。 各种原始凭证格式规范、内容完整，保证满足有关部门的管理需要。 各种原始凭证填制、审核、传递有序，保证有效地进行信息沟通。 各种原始凭证保管责任明确，及时归档，保证安全(原始凭证其他评价，在前面评价处计分)

三、存储业务内部会计制度具体设计表格示例

表格示例见表9-2～表9-10。

表 9-2　入库单

入库单

请款单号：　　　　　　　　　　　　年　　月　　日　　　　　　编号：

<table>
<tr><td rowspan="2">供货单位</td><td rowspan="2"></td><td colspan="2">合同号</td><td>发票号</td><td rowspan="2" colspan="2">车号或运单号</td><td rowspan="2" colspan="2"></td></tr>
<tr><td colspan="2"></td><td></td></tr>
<tr><td rowspan="2">材料名称</td><td rowspan="2">规格型号</td><td rowspan="2">单位</td><td colspan="2">数量</td><td colspan="4">实际价格</td></tr>
<tr><td>发票</td><td>实际</td><td>单价</td><td>运杂费</td><td>总价</td><td>平均单价</td></tr>
<tr><td></td><td></td><td></td><td></td><td></td><td></td><td></td><td></td><td></td></tr>
<tr><td colspan="4">计划价格</td><td rowspan="2">检查员</td><td rowspan="3">备注</td><td rowspan="3" colspan="3"></td></tr>
<tr><td colspan="2">单价</td><td colspan="2">总价</td></tr>
<tr><td colspan="2"></td><td colspan="2"></td><td></td></tr>
</table>

主管：　　　　经办人：　　　　　　保管员：　　　　入库：　　　月　　日

表 9-3　出库单

出库单

编号：

<table>
<tr><td colspan="2">材料编码</td><td></td><td>名称规格</td><td></td><td>货位号</td><td></td><td>领料单位（公章）</td><td></td></tr>
<tr><td colspan="2">牌号</td><td>规格</td><td>单位</td><td>数量</td><td>单价</td><td>总价</td></tr>
<tr><td>申请</td><td></td><td></td><td></td><td></td><td></td><td></td></tr>
<tr><td>实发</td><td></td><td></td><td></td><td></td><td></td><td></td></tr>
<tr><td rowspan="2">订货单号</td><td rowspan="2"></td><td colspan="2">发料单位</td><td colspan="2">领料单位</td></tr>
<tr><td>审核</td><td>发料</td><td>主管</td><td>领料</td></tr>
<tr><td>用途说明</td><td></td><td></td><td></td><td></td><td></td></tr>
</table>

请领日期：　　　　年　　月　　日　　实发日期：　　　　　月　　日

表 9-4　材料耗用汇总表

材料耗用汇总表

年　　月

<table>
<tr><td rowspan="3">编号名称</td><td rowspan="3">计量单位</td><td rowspan="3">数量</td><td rowspan="3">单价</td><td rowspan="3">金额</td><td colspan="10">用途</td></tr>
<tr><td colspan="2">生产领用</td><td colspan="2">移出</td><td colspan="2">委托加工</td><td colspan="2">销售</td><td colspan="2">管理费用</td></tr>
<tr><td>数量</td><td>金额</td><td>数量</td><td>金额</td><td>数量</td><td>金额</td><td>数量</td><td>金额</td><td>数量</td><td>金额</td></tr>
<tr><td></td><td></td><td></td><td></td><td></td><td></td><td></td><td></td><td></td><td></td><td></td><td></td><td></td><td></td><td></td></tr>
<tr><td></td><td></td><td></td><td></td><td></td><td></td><td></td><td></td><td></td><td></td><td></td><td></td><td></td><td></td><td></td></tr>
<tr><td></td><td></td><td></td><td></td><td></td><td></td><td></td><td></td><td></td><td></td><td></td><td></td><td></td><td></td><td></td></tr>
<tr><td colspan="4">合计</td><td></td><td></td><td></td><td></td><td></td><td></td><td></td><td></td><td></td><td></td><td></td></tr>
<tr><td colspan="4">材料成本差异</td><td></td><td></td><td></td><td></td><td></td><td></td><td></td><td></td><td></td><td></td><td></td></tr>
<tr><td colspan="4">实际价格</td><td></td><td></td><td></td><td></td><td></td><td></td><td></td><td></td><td></td><td></td><td></td></tr>
</table>

主管：　　　　　　保管部门主管：　　　　复核：　　　　　制表：

表 9-5　材料成本差异计算表

材料成本差异计算表

年　　月　　　　　　　　　　　　　　单位：元

材料类别	计划成本			材料成本差异			材料成本差异率/%	本月发出材料负担的差异额					月末余额	
	月初余额	本月收入	合计	月初余额	本月收入	合计		生产领用	移出	委托加工	销售	管理费用	计划成本	成本差异

表 9-6　材料盘盈盘亏报告表

材料盘盈盘亏报告表

部门（仓库）：　　　　　　　　　年　　月

材料编号	材料名称及规格	盘盈		盘亏		原因
		数量	计划成本	数量	计划成本	
处置意见	使用部门		清查小组		审批部门	

审核：　　　　　　　　　　制表：

表 9-7　材料控制账

材料控制账

仓库名称：________　　　　材料类别：________　　　　明细类别：________

年		摘要	收入				支出				余额
月	日		购入	自制加工	移入		生产	耗用移出	销售		

表 9-8 材料明细账

<table>
<tr><td colspan="2">材料库别</td><td></td><td colspan="4" rowspan="2">材料明细账</td><td>材料编号</td><td></td><td>账页编号</td><td></td></tr>
<tr><td>区域号</td><td>区</td><td>段</td><td>计划单价</td><td></td><td>材料类别</td><td></td></tr>
<tr><td>货架号</td><td>排</td><td>层</td><td>最高储备量</td><td></td><td>最低储备量</td><td></td><td>单位</td><td></td><td>材料名称</td><td></td></tr>
<tr><td>格号</td><td>格</td><td>号</td><td>材质</td><td colspan="3"></td><td>换算单位</td><td></td><td>规格型号</td><td></td></tr>
</table>

年		摘要	收入				支出				余额
月	日		购入	自制加工	移入		生产	耗用移出	销售		

表 9-9 材料成本差异明细账

材料成本差异明细账

材料类别： 二级账户： 金额单位：元

年		凭证号数	本月收入			差异率%	本月发出			月末结存		
月	日		计划成本	借方差额	贷方差额		计划成本	借方差额	贷方差额	计划成本	借方差额	贷方差额

表 9-10 产品（半成品）入库单（完工产品、在产品报告）

产品（半成品）入库单（完工产品、在产品报告）

车间：　　　　　　　　　　　　年　　月　　日　　　　　　编号：

<table>
<tr><th rowspan="2">工作号</th><th rowspan="2">名称</th><th rowspan="2">单位</th><th rowspan="2">数量</th><th rowspan="2">材质</th><th colspan="2">工时</th><th colspan="2">重量(kg)</th><th colspan="2">价格(元)</th></tr>
<tr><th>单位</th><th>总计</th><th>单重</th><th>总重</th><th>单价</th><th>总价</th></tr>
<tr><td></td><td></td><td></td><td></td><td></td><td></td><td></td><td></td><td></td><td></td><td></td></tr>
<tr><td></td><td></td><td></td><td></td><td></td><td></td><td></td><td></td><td></td><td></td><td></td></tr>
<tr><td></td><td></td><td></td><td></td><td></td><td></td><td></td><td></td><td></td><td></td><td></td></tr>
<tr><td></td><td></td><td></td><td></td><td></td><td></td><td></td><td></td><td></td><td></td><td></td></tr>
<tr><td></td><td></td><td></td><td></td><td></td><td></td><td></td><td></td><td></td><td></td><td></td></tr>
<tr><td></td><td></td><td></td><td></td><td></td><td></td><td></td><td></td><td></td><td></td><td></td></tr>
<tr><td></td><td></td><td></td><td></td><td></td><td></td><td></td><td></td><td></td><td></td><td></td></tr>
<tr><td></td><td></td><td></td><td></td><td></td><td></td><td></td><td></td><td></td><td></td><td></td></tr>
<tr><td></td><td></td><td></td><td></td><td></td><td></td><td></td><td></td><td></td><td></td><td></td></tr>
<tr><td>备注</td><td colspan="10"></td></tr>
</table>

检查员：　　　　　　交出人：　　　　　　　签收人：　　　　　年　　月　　日

第十章　固定资产业务内部会计制度设计

一、固定资产业务内部会计制度设计概念

（一）固定资产业务的内容及其特点

固定资产是指使用期限较长，单位价值较高，并且在使用过程中能够保持原有实物形态的资产。企业作为固定资产来核算和管理的劳动数据，一般应具有以下三个基本特征：一是用于主产、提供商品或服务、出租或用于行政管理等目的；二是预计使用年限在一年以上；三是该项资产的成本及其为企业提供的未来经济利益能够可靠地计量。根据现行有关制度规定，企业使用期限在一年以上的房屋、建筑物、机器、设备、运输工具等资产，均应作为固定资产；不属于生产经营主要设备的物品，单位价值在 2000 元以上，并且使用期限超过两年的，也作为固定资产。从固定资产投资的角度看，与流动资产相比，它具有下列明显的特性。

1. 盈利性较强

固定资产是企业生产经营的主要劳动资料，是企业创造财富不可或缺的手段。特别是在科学技术迅猛发展的今天，只有配置高效率的生产经营设备，使之与相应的流动资产相结合，才能生产出高效益的产品。

2. 风险性较大

固定资产的价值的固定性、使用价值的专用性，与新工艺、新技术的层出不穷以及市场需求的多变性矛盾，在今天表现得越来越突出。这使得巨额固定资产投资面临着巨大的投资风险，这是风险之一；风险之二是，固定资产投资虽然较少发生，但投资具有不可分性，一项投资只有达到相当规模才能形成有效的生产能力，一旦后续投资跟不上，前期投资就会变成企业的沉重负担，甚至是毁灭性的灾难。

3. 占资产总额的比重大

在很多行业，固定资产金额在总资产中都占有较大的比重。随着社会生产力水平的不断提高和科学技术的迅猛发展，固定资产的单位价值和在企业整个资产中的比重越来越大，因而它对企业的财务状况和经营成果的影响也会越来越大。

4. 资金耗费的缓慢性与价值补偿的任意性

这主要表现在两个方面：一是固定资产的使用价值是逐渐被消耗掉的，其周转期的长短取决于它的经济使用年限；二是固定资产损耗价值的补偿是通过会计选用的折旧计算方法计算出来的，使用不同的计算方法，就会有不同甚至差异很大的计算结果，这直接影响着企业财务状况和经营成果的信息揭示。

（二）固定资产业务可能发生的风险及应对控制措施

固定资产会计制度设计应当根据设计目标，即内部控制的目标，明确、具体列示至少应当关注的固定资产业务风险，并针对风险提出相适应的应对控制措施，以建立相应货币资金业务流程及货币资金业务会计制度设计。固定资产业务可能发生的风险及应对控制措施主要包括以下内容。

① 新增固定资产质量不符要求。固定资产遭受意外损失；固定资产遭受流失、毁损、贬值等损失；固定资产使用效率低下；固定资产操作不当、失修或维护过剩，技术落后；抵押固定资产价值低估和资产流失；固定资产处置造成企业经济损失。应加强预算计划、取得验收、保管使用、抵押投保、维修保养、更新改造、处置转移、清查盘点控制。

② 未能真实、合法、准确、完整反映固定资产业务，固定资产业务（取得、使用、处置等）确认、计量、记录不正确，证证、证账、账账不符。应加强会计控制。

二、固定资产业务内部会计制度具体设计基本要求

基本要求见表10-1。

表10-1　固定资产业务内部会计制度具体设计基本要求

一	建立业务处理流程	建立符合本企业需要的业务处理流程，确定本企业关键内部控制点。 固定资产基本业务流程一般包括：预算计划、★取得验收、★保管使用、抵押投保、维修保养、更新改造、★处置转移、★清查盘点、★会计系统控制（★为关键控制点，也是小企业控制点和评价考核点）
1	建立固定资产计划控制措施	根据有关业务预算，结合企业实际情况，编制固定资产需用计划、大修理计划、更新改造计划，明确大修理、更新改造的项目、工期、费用等内容。固定资产计划应当与全面预算相互协调，并按规定的权限和程序进行审核、批准。 预算指标应当分解落实、明确责任，对预算的执行实行授权批准控制（此项授权批准实施在后面评价）。 定期对固定资产计划算执行情况进行考核、分析，对出现的差异应当分析原因、明确责任、提出措施，执行预算发生重大差异确需调整预算的，应当按规定的权限和程序履行进行审批

续表

2	建立固定资产取得验收管理措施	建立固定资产管理制度（取得验收），明确复核品种、规格、数量，检验质量，办理取得验收、退货等具体措施。 取得固定资产交接有关原始凭证（发票、合同、产品说明书、合格证等），区别固定资产的不同取得方式，对外购、自行建造、投资者投入、接受捐赠、外单位调入、融资租赁以及通过其他方式获取的固定资产，按照标准复核品种、规格、数量，检验质量，办理固定资产计量验收手续，出具验收报告（验收单、交接单、质量检验报告等）。 固定资产管理部门、使用部门和财会部门应当参与固定资产验收工作。 涉及技术性强的、大型特殊固定资产，应当进行专业检验。 涉及非货币支出取得固定资产取得，应当进行价值评估。 对需要办理产权登记手续的固定资产，应当及时到相关部门办理、取得合法的权属证书。 对验收过程中发现品种、规格、数量与合同、发票等原始凭证不符的，质量不合格等问题，应当查明原因，明确责任，办理退货、索赔等手续，填制有关原始凭证，并按规定的权限和程序进行审核、审批
3	建立固定资产保管使用管理措施	建立固定资产管理制度（保管使用），明确固定资产保管使用人员，固定资产目录、备查登记簿、固定资产卡片设置与登记，固定资产检查、监控等措施。确保存货账面余额与实际库存相符。 应当指定专人负责固定资产保管使用，严禁未经授权的机构或人员保管使用固定资产。 应当编制固定资产目录，建立和及时登记备查登记簿、固定资产卡片。 对于经营性租入、借用、代管等固定资产，应当设立专门备查登记簿进行登记。 对生产线等关键、特殊设备应当建立、实施额外管理制度，指定专人负责监控生产线等关键设备的运转；建立设备操作流程；实行岗前培训和岗位许可制度。 指定专人负责定期检查固定资产的标签、固定资产附属配件，封存固定资产的完整性等情况，发现短缺、毁损、报废、未使用、不需用或不适用等问题，应当查明原因，明确责任，办理相应手续，填制相关原始凭证，并按规定的权限和程序进行审批。 固定资产保管使用部门、地点（内部调拨）、状态（封存、启封）等发生变动的，应当提出申请，办理相应的手续，填制相关原始凭证（内部调动通知单、封存单、启封单），并按规定的权限和程序进行审批。 库存的固定资产，应当比照存货进行保管
4	建立固定资产投保抵押管理措施	结合实际情况，建立固定资产保险投保制度，明确应投保的范围、标准、种类、担保方、投保手续、索赔手续等。 对于重大固定资产项目的投保，应当考虑采取招标方式确定保险人。 按规定办理投保手续，填制相关原始凭证，并按规定的权限和程序进行审批。 已投保的固定资产发生损失的，应当查明原因及受损金额，明确责任，向保险公司办理相关的索赔手续，填制相关原始凭证，并按规定的权限和程序进行审批。 固定资产用作抵押的，应当建立抵押管理制度，应当合理评估抵押资产的价值，应当由相关部门提出申请，按照规定办理相应的手续，填制相关原始凭证，并按规定的权限和程序进行审核批准。 应当对固定资产抵押的办理、清理、结算、收缴、注销手续进行登记记录

续表

5	建立固定资产更新改造、修理管理措施	建立固定资产更新改造、修理管理制度，明确更新改造、修理的管理人员，固定资产状态检查措施，更新改造、修理申请、承担更新改造、修理的单位或人员的确定，更新改造、修理的工期、项目、记录、费用支出等内容。 授权具体部门或人员负责固定资产的更新改造、修理的管理。 应当定期对固定资产使用及技术等状况进行检查。 根据对固定资产检查的结果及固定资产更新改造、修理计划，提出修理、更新改造申请及技术方案，办理相应手续，填制相关原始凭证，并按规定的权限和程序进行审批。 重大的固定资产更新改造、修理项目应当组织相关部门进行可行性论证。 需对外发包实施固定资产更新改造、修理的项目，应审核施工单位资质和资信。 更新改造、修理完成后应当检验工程质量，办理验收手续，出具验收报告，并按规定的权限和程序进行审批。 验收发现问题，应当查明原因，明确责任，办理相应手续，填制相关原始凭证，并按规定的权限和程序进行审批。 重大的固定资产更新改造、修理项目应当进行专项审计。 应当定期对固定资产进行日常维护保养，固定资产的日常维护保养应当授权具体部门或人员负责。 应当建立固定资产更新改造、修理、日常维护保养记录档案。 固定资产固定资产更新改造、修理、日常维护保养费用支出，应当办理相应手续，填制相关原始凭证，并按规定的权限和程序进行审批
6	建立固定资产处置转移管理措施	建立固定资产处置的相关管理制度，确定固定资产处置的范围、价格、程序、审核和审批权限等。 应当根据对使用期满、正常报废的固定资产，使用期限未满、非正常报废的固定资产，未使用、不需用或不适用的固定资产，拟出售或投资转出的固定资产，出租、出借固定资产等固定资产的不同处置情况，提出处置申请，填制处置申请单（报废单、出售申请报告、投资申请报告等），办理相应手续，并按规定的权限和程序进行审核、审批后对该固定资产进行处置。 固定资产报废处置应当进行技术鉴定，技术鉴定结果应当形成书面记录文件（如技术鉴定报告）。 重大的固定资产处置，应当聘请具有资质的中介机构进行资产价值评估，并形成书面记录文件（如资产评估报告）。 重大的固定资产处置，应当采取决策和审批或联签制度。 固定资产处置涉及产权变更的，应及时办理产权变更手续，取得有关原始凭证。 出售、投资转出、出租、出借固定资产，应当签订合同，并按规定的权限和程序进行审批
7	建立固定资产清查盘点管理措施	应当建立健全固定资产清查制度，明确清查的组织、范围、时间、方法、处理等措施。确保固定资产账面余额与实际库存相符。 应当组成不以保管使用人员为主的固定资产清查组定期或不定期地对各类固定资产进行实地清查，至少应当每年年度终了开展全面的固定资产清查。 固定资产清查时应当编制清查表、盘盈盘亏报告表，对发现的短缺、毁损、报废、未使用、不需用或不适用等问题，应当查明原因，明确责任，办理相应手续，填制相关原始凭证（处置申请单），并按规定的权限和程序进行审批。 固定资产清查时应当检查固定资产的减值情况，发现固定资产的减值迹象，应当向财会部门提供固定资产减值情况表（书面报告）（固定资产清查时发现固定资产短缺、毁损、报废、未使用、不需用或不适用等问题，在固定资产保管处扣分）

续表

8	按规定进行会计核算	按规定填制、取得、审核原始凭证，保证原始凭证真实、合法、准确、完整。 按国家统一的会计准则规定确认、计量、记录固定资产价值的增减变动，按规定填制、审核记账凭证，按规定登记有关明细分类账、总分类账，保证会计科目、记账方向、数量金额正确。 按照国家统一的会计准则规定确认、计量取得固定资产的价值，进行会计核算。 按照国家统一的会计准则规定计量、计提、转销固定资产减值准备，填制相关原始凭证，进行会计核算。 按照国家统一的会计准则规定，结合企业实际，确定计提折旧的固定资产范围、折旧方法、折旧年限、净残值率等折旧政策。 计提减值准备固定资产，应当调整未来的折旧额。 至少应当每年年度终了，对固定资产的使用寿命、预计使用年限和折旧方法进行复核，按照国家统一的会计准则规定，调整使用寿命、预计预计净残值。 折旧政策一经确定，不得随意变更。确需变更的，按照国家统一的会计准则规定变更，按规定的权限和程序进行审批。 按照国家统一的会计准则规定和企业的折旧政策，计提折旧，填制相关原始凭证，进行会计核算。 按照国家统一的会计准则规定，对固定资产处置、盘盈盘亏和发生的相关费用进行会计核算。 按照国家统一的会计准则规定，区分融资租赁和经营租赁进行会计核算。 应当进行原始凭证与记账凭证、记账凭证与会计账簿、会计账簿与有关部门实物账、总账与明细账日记账核对，保证证证、证账、账账相符。 固定资产核算应当定期核对财会部门、固定资产管理和保管使用部门相关账簿或记录，保证账账相符
二	建立适合本企业的授权批准控制措施	应当建立严格的固定资产分级、分类授权批准制度，明确审批人员授权批准流程、范围、方式、权限、责任。 审批人应当根据授权批准制度的规定，在授权范围内进行审批，不得超越审批权限。 重要固定资产收发业务，应当实行集体决策和审批或联签。 经办人应当在职责范围内，按照审批人的批准意见办理固定资产业务。对于审批人超越授权范围审批的固定资产业务，经办人员有权拒绝办理，并及时向审批人的上级授权部门报告。 授权批准内容一般包括：固定资产计划，固定资产验收、保管、清查过程中发现问题的处理，投保及损失、抵押、修理申请及修理方案、更新改造申请及技术改造方案，固定资产处置、出租、出借、内部调动，封存或启封
三	设置有关机构和岗位 分离不相容岗位和职务	建立固定资产归口分级管理制度，明确有关固定资产管理部门、保管使用部门和财会部门和岗位设置、岗位分工。有关机构和岗位一般包括：各项固定资产取得、固定资产验收、固定资产保管使用、固定资产处置转移、固定资产抵押投保、固定资产清查、会计记录。 在贯彻不相容职务分离的前提下，可以一人一岗、一人多岗、多岗一人。 明确规定职责权限(岗位责任制)。 分离不相容岗位和职务。固定资产不相容岗位一般包括以下几种。 ①以上各项审批与经办； ②固定资产的取得与验收、保管使用； ③固定资产的管理部门和保管使用部门与处置转移； ④固定资产的保管使用与清查； ⑤固定资产的取得、验收、保管使用、处置转移与相关会计记录。 单位不得由同一部门或个人办理固定资产的全过程业务

续表

<table>
<tr><td>四</td><td>建立健全原始记录管理措施</td><td>建立完整的固定资产业务处理记录制度，按照业务处理流程各个环节设置相关的记录、填制相应的凭证，明确各种原始凭证填制、审核、审批、传递、保管过程。
原始记录种类齐全。原始记录主要包括：固定资产需用计划、大修理计划、更新改造计划、发票、合同、产品说明书、合格证、验收报告、质量检验报告、验收单、交接单、介值评估表、产权证、固定资产目录、固定资产卡片、备查登记簿、投保或抵押记录、修理记录、更新改造申请及技术改造方案处置申请（报废单等）、内部调动通知单启封或封存记录、清查盘点表、盘盈盘亏报告表、计提减值准备表、固定资产汇总表等。
各种原始凭证格式规范、内容完整，保证满足有关部门的管理需要。
各种原始凭证填制、审核、传递有序，保证有效地进行信息沟通。
各种原始凭证保管责任明确，及时归档，保证安全</td></tr>
</table>

三、固定资产业务内部会计制度具体设计表格示例

表格示例见表10-2～表10-8。

表10-2　固定资产入库验收单

固定资产入库验收单

年　　月

<table>
<tr><td colspan="2">验收单位</td><td colspan="2"></td><td colspan="2">耐用年限</td><td colspan="4"></td></tr>
<tr><td colspan="2">验收日期</td><td colspan="2"></td><td colspan="2">大修理次数</td><td colspan="4"></td></tr>
<tr><td colspan="2">机械出厂编号</td><td colspan="2"></td><td>类型</td><td></td><td colspan="3">附带技术资料件数</td><td></td></tr>
<tr><td rowspan="2">设备编号</td><td rowspan="2">设备名称</td><td rowspan="2">规格性能</td><td rowspan="2">单位</td><td colspan="2">数量</td><td rowspan="2">单价</td><td rowspan="2">金额</td><td rowspan="2">运费</td><td rowspan="2">总价</td></tr>
<tr><td>凭证数</td><td>实收数</td></tr>
<tr><td></td><td></td><td></td><td></td><td></td><td></td><td></td><td></td><td></td><td></td></tr>
</table>

表10-3　设备安装试车移交验收单

设备安装试车移交验收单

<table>
<tr><td>设备编号</td><td></td><td>设备名称</td><td></td><td>设备型号</td><td></td><td>制造厂</td><td></td></tr>
<tr><td>出厂日期</td><td></td><td>出厂编号</td><td></td><td>安装日期</td><td></td><td>使用单位</td><td></td></tr>
<tr><td>出厂价格</td><td></td><td>运杂费</td><td></td><td>安装费</td><td></td><td>合计</td><td></td></tr>
<tr><td colspan="8">检查结果</td></tr>
<tr><td colspan="8">基础及安装情况：</td></tr>
<tr><td colspan="8">精度（性能）应检：　项　　　实检：　项　　　合格：　项</td></tr>
<tr><td colspan="8">传动系统：</td></tr>
<tr><td colspan="8">润滑系统：</td></tr>
<tr><td colspan="8">电气系统：</td></tr>
<tr><td colspan="8">安全、保险系统：</td></tr>
<tr><td colspan="8">其他：</td></tr>
<tr><td colspan="8">结论：
年　　月　　日</td></tr>
</table>

设备动力科长：　　　使用单位负责人：　　　验收负责人：　　　安装负责人：

表 10-4　固定资产备查登记簿

固定资产备查登记簿

固定资产类别：

<table>
<tr><td colspan="2">年</td><td colspan="2">记账凭证</td><td rowspan="2">摘要</td><td colspan="2">一车间</td><td colspan="2"></td><td colspan="2">合计</td></tr>
<tr><td>月</td><td>日</td><td>种类</td><td>号数</td><td>增加</td><td>减少</td><td></td><td></td><td>增加</td><td>减少</td></tr>
<tr><td></td><td></td><td></td><td></td><td></td><td></td><td></td><td></td><td></td><td></td><td></td></tr>
<tr><td></td><td></td><td></td><td></td><td></td><td></td><td></td><td></td><td></td><td></td><td></td></tr>
<tr><td></td><td></td><td></td><td></td><td></td><td></td><td></td><td></td><td></td><td></td><td></td></tr>
<tr><td></td><td></td><td></td><td></td><td></td><td></td><td></td><td></td><td></td><td></td><td></td></tr>
</table>

表 10-5　固定资产卡片

固定资产卡片

使用单位：　　　　　　　　　年　　月　　日

<table>
<tr><td>建安单位</td><td colspan="3"></td><td rowspan="4">附属设备</td><td colspan="2">名称</td><td colspan="2">型号规格</td><td>数量</td></tr>
<tr><td>出厂编号</td><td></td><td>建安时间</td><td></td><td colspan="2"></td><td colspan="2"></td><td></td></tr>
<tr><td>型号</td><td></td><td>规格</td><td></td><td colspan="2"></td><td colspan="2"></td><td></td></tr>
<tr><td>（其他特征）</td><td colspan="3"></td><td colspan="2"></td><td colspan="2"></td><td></td></tr>
<tr><td></td><td colspan="3"></td><td rowspan="3">房屋或建筑物现状</td><td>结构</td><td colspan="2"></td><td colspan="2">建筑面积：</td></tr>
<tr><td></td><td colspan="3"></td><td>层数</td><td colspan="2"></td><td colspan="2">占地面积：</td></tr>
<tr><td></td><td colspan="3"></td><td>间数</td><td colspan="2"></td><td colspan="2"></td></tr>
<tr><td>资产编号</td><td></td><td>资产名称</td><td colspan="7"></td></tr>
<tr><td>资产类别</td><td></td><td>投产时间</td><td colspan="4"></td><td>原值</td><td colspan="2"></td></tr>
</table>

固定资产卡片（背面）

<table>
<tr><td colspan="2">折旧</td><td>时间</td><td>%</td><td>折旧额</td><td colspan="2">主体及附属设备</td><td colspan="3">不提取折旧登记</td></tr>
<tr><td rowspan="6">年度</td><td rowspan="3">折旧</td><td></td><td></td><td></td><td>名称及规格</td><td>金额</td><td>年　月启</td><td>年　月封</td><td></td></tr>
<tr><td></td><td></td><td></td><td></td><td></td><td>年　月封</td><td>年　月启</td><td></td></tr>
<tr><td></td><td></td><td></td><td></td><td></td><td>年　月启</td><td>年　月封</td><td></td></tr>
<tr><td rowspan="3">大修理</td><td></td><td></td><td></td><td></td><td></td><td>年　月封</td><td>年　月启</td><td></td></tr>
<tr><td></td><td></td><td></td><td></td><td></td><td>年　月启</td><td>年　月封</td><td></td></tr>
<tr><td></td><td></td><td></td><td></td><td></td><td>年　月封</td><td>年　月启</td><td></td></tr>
<tr><td rowspan="6">月份</td><td rowspan="3">折旧</td><td></td><td></td><td></td><td></td><td></td><td>年　月启</td><td>年　月封</td><td></td></tr>
<tr><td></td><td></td><td></td><td></td><td></td><td>年　月封</td><td>年　月启</td><td></td></tr>
<tr><td></td><td></td><td></td><td></td><td></td><td>年　月启</td><td>年　月封</td><td></td></tr>
<tr><td rowspan="3">大修理</td><td></td><td></td><td></td><td rowspan="2">销账时间</td><td rowspan="2"></td><td rowspan="2">销账记录</td><td rowspan="2"></td><td rowspan="2"></td></tr>
<tr><td></td><td></td><td></td></tr>
<tr><td></td><td></td><td></td><td rowspan="2">报废残值</td><td rowspan="2"></td><td rowspan="2">处理记录</td><td rowspan="2"></td><td rowspan="2"></td></tr>
<tr><td colspan="2">计得折旧</td><td></td><td></td><td></td></tr>
</table>

表 10-6 固定资产折旧计算表

固定资产折旧计算表

使用部门： 年 月 金额单位：元

固定资产类别	上月计提			上月增加			上月减少			本月计提		
	原值	折旧率	折旧额	原值	折旧率	折旧额	原值	折旧率	折旧额	原值	折旧率	折旧额
房屋建筑物												
机器设备												
合计												

表 10-7 固定资产折旧计算表

固定资产折旧计算表

年 月 金额单位：元

使用部门	房屋及建筑物	机器设备	电子设备	运输设备	其他设备	合计
一车间						
二车间						
合计						

表 10-8 固定资产盘盈盘亏报告表

固定资产盘盈盘亏报告表

部门： 年 月

固定资产编号	固定资产名称	盘盈			盘亏			原因
		数量	重置价值	估计已提折旧额	数量	原价	已提折旧	
处置意见	使用部门			清查小组		审批部门		

参 考 文 献

[1] 张明霞．会计制度设计．北京：科学出版社，2017.

[2] 牛慧．会计制度设计．北京：中国人民大学出版社，2017.

[3] 陈艳利．会计制度设计．北京：中国人民大学出版社，2017.

[4] 孙光国，陈艳利．会计制度设计．大连：东北财经大学出版社，2017.

[5] 李建军．企业财务通则与财务管理规章制度设计．上海：立信会计出版社，2017.

[6] 王淑平．企业会计制度设计．北京：中国电力出版社，2017.

[7] 李端生，王玉兰．会计制度设计．大连：东北财经大学出版社，2016.

[8] 曲远洋．会计制度设计．上海：上海财经大学出版社，2016.

[9] 周亚荣．会计制度设计．武汉：武汉大学出版社，2016.

[10] 段敏生．企业会计制度设计．上海：立信会计出版社，2016.

[11] 段春明，柳延峥．财务与会计制度设计理论与实务．大连：东北财经大学出版社，2015.

[12] 李凤鸣．会计制度设计．北京：中国财政经济出版社，2015.

[13] 刘卫红．会计制度设计．上海：上海财经大学出版社，2015.

[14] 唐立新．会计制度设计．北京：北京大学出版社，2014.

[15] 宋波，朱大为．会计制度设计：北京：化学工业出版社，2014.

[16] 高丽萍．企业会计制度设计．北京：高等教育出版社，2014.

[17] 程淑珍．会计制度设计．北京：中国财政经济出版社，2013.

[18] 吴淑芳．中小企业会计制度设计．北京：北京师范大学出版社，2013.

[19] 董惠良，许政梅．企业会计制度设计．上海：立信会计出版社，2013.

[20] 王清刚．会计制度设计．北京：中国财政经济出版社，2013.